D1743756

Angewandte Sozialforschung

Von

Dr. Werner Habermehl

Associate Professor of Sociology of the Family
Emile-Durkheim-Institute for Advanced Study

R. Oldenbourg Verlag München Wien

Die Deutsche Bibliothek — CIP-Einheitsaufnahme

Habermehl, Werner:
Angewandte Sozialforschung / Werner Habermehl. — München ;
Wien : Oldenbourg, 1992
    ISBN 3-486-21000-9

Gesamtherstellung: WB-Druck, Rieden

ISBN 3-486-21000-9

INHALT

Vorwort 7
Einleitung 11

GRUNDLAGEN 25

Theorie 27
Forschungskonzeptionen 49
Konstruktionsprinzipien 79
Ethik 101

MODELLE 111

Postalische Befragung 113
Mündliche Befragung 157
  Telefonische Befragung 161
  Persönliche Befragung 181
  Tiefeninterview 188
Beobachtung 195
  Teilnehmende Beobachtung 205
  Nicht-teilnehmende Beobachtung 214
Nicht-reaktive Verfahren 223
Inhaltsanalyse 227

Schrifttum 233

VORWORT

Obwohl über drei Viertel der Soziologen in Deutschland außerhalb der Hochschulen tätig sind, ist die Blickrichtung der deutschen Soziologie weitgehend auf die akademische Lehre und Forschung konzentriert. Selbst Kollegen, die regelmäßig innerhalb nichtakademischer Verwertungszusammenhänge arbeiten, starren wie gebannt auf die Diskussionen im Elfenbeinturm und schämen sich geradezu, daß sie wirtschaftlich, sozial oder politisch verwertbare Leistungen erbringen.

Erfreulicherweise ist hier einiges im Umbruch begriffen. Dies nicht zuletzt durch den BERUFSVERBAND DEUTSCHER SOZIOLOGEN. Trotzdem hat die angewandte Soziologie, insbesondere die angewandte Sozialforschung, im Hinblick auf die innerdisziplinäre Akzeptanz noch erheblichen Nachholbedarf.

Dieses Buch soll einen Beitrag zur Diskussion um den vielfach unterschätzten Stellenwert der angewandten Sozialforschung leisten. Und zwar im unmittelbaren Rückgriff auf die in Jahrzehnten von Praktikern des In- und Auslandes gelegten Fundamente unserer Tätigkeit.

Der erste Teil über die *Grundlagen* der angewandten Sozialforschung umreißt einige Ergebnisse meines Nachdenkens im Zusammenhang mit prinzipiellen Problemen und Schwierigkeiten. Der zweite Teil über *Modelle* für die angewandte Sozialforschung stellt bewährte Verfahren und Vorgehensweisen nach dem aktuellen Erkenntnisstand dar.

Zu Dank für großzügigste Unterstützung bin ich Prof. Dr. THEODOR HARDER verpflichtet. Wichtige Anregungen verdanke ich den Herren Prof. Dr. KLAUS EICHNER, cand. phil. CLAUS FRANK, dr. FRANS LEEUW und Sir KARL POPPER. Herr Dipl.-Soz. THORSTEN KLINGER hat Übertragungen ins Deutsche besorgt und große Teile der Kapitel über *mündliche Befragung* und *Beobachtung* aus eigener Feder beigesteuert. Frl. cand. phil. JANET GAEDE war mir bei der Literaturbeschaffung von großer Hilfe. Frau RENATE BROKMANN und Frl. BETTINA GUDEL haben wesentliche Aufgaben der Textver- und -bearbeitung erledigt.

EINLEITUNG

Der Begriff "angewandte Sozialforschung" klingt nach Pleonasmus. Er ist allerdings durchaus gebräuchlich. Schon das von PAUL LAZARSFELD 1940 gegründete BUREAU OF APPLIED SOCIAL RESEARCH bediente sich seiner. An der UNIVERSITÄT ZU KÖLN besteht ein INSTITUT FÜR ANGEWANDTE SOZIALFORSCHUNG, in Saarbrücken ein INSTITUT FÜR ANGEWANDTE WIRTSCHAFTS- UND SOZIALFORSCHUNG, in Bielefeld ein ZENTRUM FÜR ANGEWANDTE SOZIALFORSCHUNG UND PRAXISBERATUNG. Die ARBEITS-GEMEINSCHAFT FÜR INTERDISZIPLINÄRE ANGEWANDTE SOZIALFORSCHUNG (AIAS) gibt die Zeitschrift »Angewandte Sozialforschung« heraus. Manche Autoren sprechen bereits von einer "Soziologie der angewandten Sozialforschung" (BADURA 1976). Und angewandte Sozialforschung stellt in der Tat einen besonderen Zweig des Systems der erfahrungswissenschaftlichen beziehungsweise empirischen Sozialforschung dar. Andererseits wird der Begriff - ähnlich wie im Falle der "angewandten Sozialwissenschaften" - nichts weniger als streng und einheitlich benutzt. Es sei hier deshalb zunächst eine weite Definition vorgeschlagen, die später noch enger gefaßt werden kann.

Von *angewandter Sozialforschung* wollen wir sprechen, wenn ein erfahrungswissenschaftliches Untersuchungsvorhaben unmittelbar auf die Lösung praktischer Probleme hin angelegt ist: Politikberatung, Marketing, Gemeindearbeit der Kirchen und so weiter. KLAUS EICHNER (1988: 14ff) schlägt hierfür den Begriff der "Angebotsorientierung" vor. Denn es geht in der angewandten Sozialforschung darum, Grundlagen für außerwissenschaftliche Entscheidungen zu liefern. Und zwar nicht zufällig und gewissermaßen als Abfallprodukt, sondern gezielt und systematisch. Abweichend von anderen Vorschlägen (etwa: ANONYMUS 1981: 38/39) wollen wir die Reflektion der gesellschaftlichen Relevanz des jeweiligen Forschungsgegenstandes nicht als Spezifikum angewandter Sozialforschung betrachten.

Ein typisches Beispiel für angewandte Sozialforschung in diesem Sinne stellt die sogenannte Sonntagsfrage dar. Aber es gehören hierher natürlich auch "anspruchsvollere" Aufgabenstellungen. Insbesondere die Evaluierung staatlicher und nicht-staatlicher Maßnahmen. Zum Beispiel: Familienförderung, Berufsberatung, Entwicklungshilfe, Stadtsanierung, Geburtenkontrolle.

Als leicht faßliches, wenn auch nicht hundertprozentig zuverlässiges Kriterium zur Unterscheidung angewandter von *reiner Sozialforschung* kann die Art der Finanzierung dienen. Vor allem Auftragsforschung soll in der Regel zur Bewältigung außerwissenschaftlicher Probleme beitragen und ist daher meistens angewandte Sozialforschung. (Vgl. MARK VAN DE VALLS (1985) Überlegungen zum Verhältnis zwischen "praxis-" und "disziplinorientierter" Sozialforschung.)

Unter *Auftragsforschung* wollen wir dabei - in Anlehnung an IRVING HOROWITZ (1976: 31/32) und zur Abgrenzung gegenüber *geförderter Forschung* - solche Vorhaben verstehen, bei denen die Initiative nicht vom Sozialforscher, sondern von der "finanzierenden Stelle" ausgeht. *Cum grano salis* freilich: "(...) tatsächlich, wenn auch nicht rechtlich, erfolgt (...) der Anstoß zur Auftragsforschung häufig von Sozialwissenschaftlern" (*ibidem*). Denn: "Die unternehmerische Einstellung von Sozialwissenschaftlern, speziell derjeniger, die in nicht-akademischen Forschungseinrichtungen arbeiten, macht sie enorm erfinderisch, wenn es darum geht herauszufinden, wofür" beispielsweise "Regierungsstellen zu zahlen bereit sind" (*ibidem*).

Eine interessante Spielart der angewandten Sozialforschung stellt die *Aktionsforschung* dar. Während der "normale Auftragsforscher", zum Beispiel der Marktforscher, seinem Untersuchungsgegenstand gegenüber weitestgehende Distanz zu halten pflegt und auch halten soll, sieht sich der Aktionsforscher zu Engagement und Betroffenheit geradezu verpflichtet. Darüberhinaus ist er bestrebt, die "Beforschten" in den Untersuchungsprozeß einzubinden. Sie sollen mitforschen. Die Aktionsforschung kann daher den Anspruch einer *emanzipativen Methode* erheben: Ihr Ziel ist erst dann erreicht, wenn es gelingt, die "Beforschten" unabhängig vom Forscher zu machen (HAAG und andere 1972).

JÜRGEN HABERMAS (1968) hat den Hintergrund dieses Ansatzes am Beispiel der *Psychoanalyse* entwickelt. Es ist dabei irrelevant, wie man zu FREUDS Theoriengebäude steht. HABERMAS vermag jedenfalls zu zeigen, daß eine Auffächerung verschiedener Erkenntnisinteressen sehr wohl möglich ist. Der Erfolg der psychoanalytischen Behandlung setzt die gemeinsame Einsicht in die Bedingungen der Erkrankung voraus. Solange der Psychoanalytiker mit seinen Hypothesen allein bleibt, kann er auch keine Heilung erhoffen. Und insofern unterscheidet sich das Erkenntnisinteresse des Psychoanalytikers von dem des Ingenieurs, von dem des Chirurgen oder - um im Beispiel zu bleiben - von dem des Marktforschers. Einsicht oder Aufklärung, eben Emanzipation, muß der Marktforscher weder seinem Auftraggeber noch den Verbrauchern vermitteln. Im Gegenteil. Speziell im Hinblick auf die Verbraucher könnte Aufklärung die Forschungsergebnisse sogar unbrauchbar machen.

Angesichts des gegenwärtigen Entwicklungsstandes der am *social engineering* ausgerichteten Orientierung einerseits und der emanzipativ inspirierten Sozialforschung andererseits erschiene es allerdings verfrüht, ein abschließendes Urteil über die Möglichkeiten und Grenzen der beiden Strategien fällen zu wollen. Sicher hat die Aktionsforschung dem Fliegenbeinzählen vieles voraus. Auf der anderen Seite läßt sich jedoch nicht bestreiten, daß die klassischen Muster der Datenerhebung zu Recht immer noch als Paradigmata der angewandten Sozialforschung gelten.

Selbst die besonders übel beleumundete *Umfrage* hat im Vergleich etwa zu den von der Aktionsforschung bevorzugten "weichen" Verfahren entschieden mehr zu bieten als nur den Glanz oder, wenn man so will, den Muff der Tradition. Dies verdeutlicht unter anderem die wegweisende Arbeit des INSTITUTS FÜR DEMOSKOPIE ALLENSBACH. Genannt sei exemplarisch die 1981 veröffentlichte Langzeit-Studie "Eine Generation später".

Trotzdem wäre es vielleicht ein Fehler, die manchmal auch als *qualitative Methoden* diskutierten Techniken zu vernachlässigen. Dies nicht zuletzt deshalb, weil Aktionsforschung und qualitative Sozialforschung keineswegs in einem gegenseitigen Implikationsver-

| Forschungsansätze/ | Qualitative | | Quantitative | |
Vorgehensweisen	Befragung	Beobach-tung	Befragung	Beobach-tung
Experimentell	Projekti-ver Test	Milgram-Experiment	Bogus-Pipeline	Skinner-Box
Nicht-experimentell	Tiefen-interview	Feldstudie	Umfrage	Inhalts-analyse

Abbildung 1: Vereinfachendes Schema der Verfahren der angewandten Sozialforschung (mit einschlägigen Beispielen)

hältnis stehen. Es mag sein, daß Aktionsforschung nur mit qualitativen Methoden möglich ist. Aber zweifellos gilt das nicht umgekehrt.

Wir sehen uns daher in der angewandten Sozialforschung einem in seiner Vielfalt exotisch anmutenden Strauß von Verfahren gegenüber: narratives Interview, teilnehmende Beobachtung, standardisiertes Interview, postalische Befragung, Gruppendiskussion, Soziometrie, Inhaltsanalyse und so weiter. Beachtet man nur die gröbsten Differenzierungen, ergibt sich bereits ein 8-Felder-Schema (Abb. 1).

Die Besonderheiten der angewandten Sozialforschung liegen denn auch nicht in einer wie auch immer gearteten Spezifizität der Methoden. Sie unterscheidet sich von der *reinen Sozialforschung* vielmehr lediglich durch eine Reihe zusätzlicher Schwierigkeiten. Dazu gehören: ein oft fast unerträglicher Zeitdruck, höchste Anforderungen an die Verständlichkeit der Ergebnisdarstellung, datenschutzbezogene Probleme.

Im Rahmen einer 1983 durchgeführten Studie ($n=23$) berichteten Auftragsforscher unter anderem über folgende Erfahrungen:

1) Der Auftraggeber wünscht die Analyse eines bestimmten Zweiges des Einzelhandels in Norddeutschland. In die Analyse sollen alle einschlägigen Geschäfte einbezogen werden (*Totalerhebung*). Als relevant erscheinen dem Auftraggeber unter anderem folgende Veränderliche: Umsatz, Rohertrag, Kundenfrequenz, Sortimentsbreite und -tiefe, Anzahl der Mitarbeiter. Auf Grund der geringen Zahl der Erhebungseinheiten ($n < 50$) kann der Auftragnehmer Anonymität schon für einfachste Kreuztabellen nicht mehr gewährleisten. Er sieht sich so veranlaßt, die Auftragsdurchführung von einer Ausweitung des Erhebungsgebietes abhängig zu machen.

2) Der Auftraggeber benötigt innerhalb von 48 Stunden Informationen über die Einschätzung eines neuen Produktes durch "Vielverbraucher" entsprechender Alternativprodukte. Das zu untersuchende Verbrauchersegment umfaßt weniger als 5 Prozent der Bevölkerung. Der Auftragnehmer kann die Untersuchung nur durchführen, weil er über ein hinreichend breites und mit vergleichbaren Fragestellungen vertrautes Interviewernetz verfügt. (Eingehendere Betrachtungen zu *Timing*-Problemen haben unter anderen DROR (1971) und DiMAGGIO und USEEM (1979) angestellt.)

3) Der Auftraggeber läßt eine größere Befragung durchführen ($n > 2000$), ist aber mit der Interpretation von Statistiken wenig vertraut. Bei der ersten Präsentation der Ergebnisse wird unter anderem klar, daß bereits Angaben wie "13 Prozent" dem Auftraggeber nicht verständlich

sind: "Heißt das 'jeder Dreizehnte'?" Dem Auftragnehmer gelingt es auch nach mehrfachen Überarbeitungen seines Abschlußberichtes nicht, alle Mißverständnisse auszuräumen. (Vgl. die von NAGEL (1980) resümierte Erfahrung vieler praxisorientierter Forscher: "As (...) increasingly sophisticated methodologies are applied (...), the resultant acceptance of the study has often been diminished rather than enhanced.")

Zur relativen Häufigkeit ähnlicher und zusätzlicher Hindernisse einer allein an Grundsätzen wissenschaftlicher Arbeit ausgerichteten Untersuchungsabwicklung lassen sich keine präzisen Angaben machen. Es scheint jedoch so zu sein, daß insbesondere interessen- und ideologiebestimmte Eingriffe der Auftraggeber nahezu allen Auftragsforschern geläufig sind: als Marktforschung getarnte Wirtschaftsspionage; sachlich durch nichts gerechtfertigte, aber politisch nützliche Einengungen der Fragestellung; Forderungen nach "aussagekräftigen" Zahlen und Schaubildern.

Natürlich unterliegt auch die reine Sozialforschung derartigen Störfaktoren. Begriffe wie "Datenstrategie" oder "Theoriebaupolitik" kommen keineswegs nur im Vokabular anwendungsorientierter Sozialforscher und ihrer Auftraggeber vor. Aber in der angewandten Sozialforschung verschärfen und häufen sich die Konflikte. Der anwendungsorientierte Sozialforscher ist neben dem Druck seiner bisherigen theoretischen Linie sowie bereits vorliegender älterer Untersuchungsergebnisse zusätzlich den Zwängen praktischer Absichten ausgesetzt.

Auf der anderen Seite jedoch stellen die geschilderten Risiken einer Beeinträchtigung der wissenschaftlichen Sauberkeit angewandter Sozialforschung keine immanenten Schwierigkeiten dar. Ganz abgesehen davon, daß es dem Sozialforscher stets unbenommen bleibt, einen Forschungsauftrag abzulehnen: Es gibt kein in der Natur der Sache liegendes Problem, durch das die angewandte Sozialforschung sich von der reinen Sozialforschung unterscheidet; außer einem. Sozialforschung in praktischer Absicht verlangt besondere Aufmerksamkeit für manipulierbare Veränderliche. Bei ausschließlich theoretischen Zwecken mag es genügen, beispielsweise die wichtigsten ursächlichen Bedingungen einer sozialen Erscheinung zu isolieren - unabhängig von ihrer Veränderbarkeit durch entsprechende Eingriffe. Bei auch praktischen Zwecken gilt das Augenmerk quasi notwendigerweise vor allem den Variablen, die sich durch geeignete Interventionen manipulieren lassen.

Witterungseinflüsse etwa oder Entwicklungen der *terms of trade* auf dem Weltmarkt dürften sich gegenwärtig dem Zugriff aller in Betracht kommenden Instanzen entziehen. Selbst nationale oder auch nur lokale Phänomene können aber selbstverständlich jenseits des Interventionsspielraumes der Auftraggeber beziehungsweise Initiatoren eines Forschungsprojektes liegen. Es geht in der angewandten Sozialforschung also stets vor allem darum, Veränderliche zu finden, die in der jeweiligen Perspektive nicht nur bedeutsam, sondern auch mit angebbaren und nennenswerten Effekten zu kontrollieren sind.

Das heißt nicht, daß die angewandte Sozialforschung unbeeinflußbare Variable vernachlässigen darf. Es wird vielmehr von ihr eine Art Draufgabe verlangt: nämlich die Analyse von Variablen, die der reinen Sozialforschung vielleicht irrelevant erscheinen würden. Daraus resultieren Beschränkungen für die angewandte Sozialforschung, zum Beispiel hinsichtlich der Einsatzmöglichkeiten parametrischer Statistik. Die kleinen Zellenbesetzungen zwingen oft zu größter Bescheidenheit bei der Wahl zwischen mächtigeren und weniger mächtigen Verfahren.

Außerdem sieht die angewandte Sozialforschung sich im besonderen Maße dem Problem des von JÜRGEN KRIZ so bezeichneten Verhältnisses *statistischer Signifikanz* zu *empirischer Relevanz* ausgesetzt. Statistische Signifikanz ist nicht selten ein äußerst unzureichender Indikator empirischer Relevanz beziehungsweise praktischen Nutzens. Geringfügige Abweichungen von Prozentsätzen oder Mittelwerten können statistisch über jeden Zweifel erhaben sein, ohne doch $\dot{\epsilon}\nu$ $\pi\rho\tilde{\alpha}\xi\epsilon\iota$ irgendein Interesse für sich beanspruchen zu dürfen.

Die Aussichten, zu brauchbaren Ergebnissen zu gelangen, sind daher in der angewandten Sozialforschung erheblich geringer als in der reinen Sozialforschung. Die geringere Mächtigkeit der parameterfreien Verfahren einerseits und die noch über strengste Signifikanzkritiken hinausgehenden Anforderungen an die empirische Relevanz der Befunde andererseits führen dazu, daß die angewandte Sozialforschung oft nicht nur das nicht zu leisten vermag, wofür sie antritt: die Anleitung etwa wirtschaftlichen oder politischen Handelns, sondern daß sie darüberhinaus nicht einmal in der Lage ist, überhaupt eine Aussage zu machen. Es sei denn die, daß "wieder einmal nicht allzuviel herausgekommen" ist bei der praxisbezogenen Forschung.

Anders sieht es freilich aus, wenn die angewandte Sozialforschung lediglich Informationen für solche Fragen bereitstellen soll wie die, ob überhaupt Handlungsbedarf besteht. Eine Gewerkschaft beispielsweise, die wissen möchte, ob sie bei anstehenden Betriebsratswahlen besondere Anstrengungen unternehmen muß, um ihre Stellung zu sichern, wird es unter Umständen ausreichend finden, über die voraussichtlichen Mehrheitsverhältnisse unterrichtet zu sein. Ihre Nachfrage nach angewandter Sozialforschung läßt sich dann leicht befriedigen, jedenfalls ohne die mit der Analyse manipulierbarer Veränderlicher zusammenhängenden Schwierigkeiten.

Zumindest in statistischer Hinsicht ebenso unproblematisch ist der Fall qualitativer Studien, in denen es darum geht, Handlungsspielräume auszuleuchten, Erlebnismöglichkeiten zu beschreiben oder, allgemeiner, Existentialsätze zu formulieren. Nehmen wir das Beispiel des Scheidungsrechts. Es kann für den Gesetzgeber ein hinreichender Grund zu einer Rechtsreform sein, wenn bestimmte "unzumutbare Härten" durch die bestehende gesetzliche Ordnung nicht ausgeschlossen sind. Dadurch erlangen *Einzelfälle* Gewicht. Das bloße, durch entsprechende Untersuchungen nachgewiesene Vorkommen solcher "unzumutbaren Härten" gibt vielleicht Anlaß, eine Neuregelung der Ehescheidung ins Auge zu fassen. Der Sozialforscher ist dann beider Fragen enthoben. Sowohl der nach der statistischen Signifikanz als auch der nach der empirischen Relevanz. Jeder Fall ist *per se* relevant. Und Statistik braucht in seiner Analyse gar nicht vorzukommen.

Es wäre allerdings nicht nur deshalb falsch, die Bedeutung der Statistik für die angewandte Sozialforschung zu überschätzen. Vor allem in der Evaluationsforschung ist es ja keine Seltenheit, daß Totalerhebungen durchgeführt werden. Das impliziert zwar mitnichten einen Verzicht auf Zahlen, aber es bedarf doch keiner statistischen Tests, um diese Zahlen "zum Sprechen" zu bringen. Wenn etwa ein Ausbildungsversuch nennenswerte Lernfortschritte der Teilnehmer nicht erkennen läßt, wird man bei der Bewertung dieses Versuches weder zum RENN (1975) noch zum SAHNER (1971) greifen wollen. Die Resultate sprechen für sich selbst.

Angewandte Sozialforschung ist kein Erbhof dieser oder jener Richtung innerhalb der Soziologie beziehungsweise ihrer methodologischen Strömungen. Auch sind nicht irgendwelche Spezialisten, sei es für Stichprobentheorie, sei es für Datenanalyse, gewissermaßen *qua* Profession allseitig und ausschließlich kompetent, wenn es darum geht, Sozialforschung "fachgerecht" bei der Lösung praktischer Probleme anzuwenden.

PAUL LAZARSFELD, den PAUL NEURATH einmal als Begründer der angewandten Sozialforschung bezeichnet hat, ist nie der Versuchung erlegen, sich auf bestimmte Techniken, Methoden und Theorien festzulegen. Er war - lax gesprochen - stets nach allen Seiten offen. Nicht zuletzt diese Offenheit dürfte der Grund dafür sein, daß so gegensätzliche Positionen wie die des *methodologischen Individualismus* (BOUDON und BOURRICAUD 1984) und die des *hermeneutischen Verstehens* (HOPF und WEINGARTEN 1979) sich auf ihn berufen. Es gibt keinen Sozialforscher, dessen Werk sich einer auch nur annähernd so breiten Wertschätzung erfreut.

Wer nicht glaubt, daß diese eher gegen als für die Vorbildlichkeit LAZARSFELDS spricht, wird daher bei der Untersuchungsplanung jeden auch noch so unorthodox erscheinenden Ansatz sorgfältig prüfen, bevor er sich für ein bestimmtes Design entscheidet. Es ist zwar gerade in der angewandten Sozialforschung nicht immer ganz einfach, neuartige oder ungewöhnliche Vorgehensweisen (insbesondere gegenüber den Auftraggebern) durchzusetzen. Um so mehr Anlaß hat der Sozialforscher jedoch, sich für vermeintliche Ab- und Umwege einzusetzen. Denn für die 49. Routinebefragung zur 17. Umgestaltung der Verpackungsaufschrift braucht der Waschmittel-Hersteller nicht den teuren Apparat eines wissenschaftlichen Instituts. Das kann auch der Fahrer des Marketing-Chefs in seinen Wartezeiten erledigen.

Damit soll keineswegs gesagt sein, daß angewandte Sozialforschung "auf Deubel komm heraus" zur Unkonventionalität verpflichtet wäre. Nur ist es auf Grund ihres hohen Entwicklungsstandes inzwischen möglich, zahlreiche Aufgaben in die Hände von Laien zu legen. Ihr eigentliches Arbeitsgebiet verschiebt sich mehr und mehr von der Durchführung anwendungsorientierter Untersuchungen in den Bereich der Entwicklung neuer sowie anwenderfreundlicherer Versionen herkömmlicher Verfahren.

Dies auch - und mit teilweise recht beachtlichen Erfolgen - auf dem Gebiet der Datenauswertung. Unter dem Stichwort "Expertensysteme" wird derzeitig der Versuch unternommen, Auswertungsprogramme so zu konzipieren, daß der Benutzer unter anderem Hinweise auf etwaige Inkompatibilitäten seines Analysemodells mit der Art und Qualität der zu analysierenden Daten erhält. (Überblick bei: TURBAN und WATKINS 1988; SCHNUPP und HUU 1989)

Es geht dabei selbstverständlich nicht nur darum, "idiotensichere" Instrumente zu schaffen. Im Vordergrund steht vielmehr die Absicht, den Einsatzmöglichkeiten des Computers als Mittel der Zeit- und Arbeitsersparnis voll Rechnung zu tragen.

Die gleichen Ziele verfolgen Experimente mit maschinenlesbaren Frage- und Beobachtungsbogen sowie Untersuchungen zu der erstmals von HANS GIESE und Mitarbeitern (GIESE und SCHMIDT 1968) benutzten Deckblatt-Technik der schriftlichen Befragung, bei der die Fragebogen bereits von den Befragten kodiert werden (*vide infra*).

Zu nennen wären ferner die Arbeiten PAYNES (1956), COOPERS (1964), DILLMANS (1978) und anderer zu der nicht nur unter Kostengesichtspunkten, sondern auch im Hinblick auf die Kontrolle über die Interviewsituation interessanten telefonischen Befragung, die sich außerdem zum Beispiel gegenüber der postalischen Befragung durch ihre Unabhängigkeit vom oft fragwürdigen Adressenmaterial der Einwohnermeldeämter und Adreßbuchverlage auszeichnet.

In bestimmten Bereichen kann man schon heute von "automatisierter" Sozialforschung sprechen. Teile der theoretischen Vorarbeiten, insbesondere Literaturrecherchen, lassen sich mit Hilfe von Datenbanken und Suchsystemen abwickeln. Für die Erstellung von Zufallsauswahlen (beispielsweise der deutschen Wahlbevölkerung) kann jeder BASIC-Anfänger innerhalb von ein oder zwei Stunden ein handliches Programm schreiben. Textverarbeitungssysteme übernehmen Standardarbeiten der Frage- und Beobachtungsbogengestaltung sowie der Berichtabfassung. Im Spezialfall der postalischen Befragung kann praktisch die ganze Untersuchungsdurchführung Maschinen übergeben werden: angefangen vom Kuvertieren bis hin zur Mahnung "säumiger" Befragter. Und wenn die Entwicklung *intelligenter Interfaces* auch noch in den Anfängen steckt, so sind doch Datenerfassung und -auswertung (einschließlich graphischer Umsetzung) inzwischen weitgehend Automatensache.

Der andere Evolutionsstrang der angewandten Sozialforschung, der sich vor allem durch die Entwicklung von Alternativen zu den traditionellen Vorgehensweisen auszeichnet, scheint sein größtes Potential im Bereich der qualitativen Methoden zu haben. Ausgehend von Überlegungen EDMUND HUSSERLS, ALFRED SCHÜTZ' und anderer werden hier Modelle konzipiert, die oft weit über den Entwurf neuer Techniken hinausgehen.

Exemplarisch dürfte das von BARNEY GLASER und ANSELM STRAUSS vorgeschlagene Konzept der "gegenstandsbezogenen Theorie" (*grounded theory*) sein (1979: 91-111). Die Art des Datenzugriffes steht dabei völlig am Rande. Zentral ist für GLASER und STRAUSS das Verhältnis zwischen Datenerhebung und Datenanalyse. Es geht ihnen um Strategien der Entdeckung und Bewährung von Hypothesen und um Verfahren der Erzeugung von Glaubhaftigkeit (*credibility*). Die Anregungen, die sie dazu unterbreiten, umfassen neben rhetorischen Empfehlungen (zum Beispiel zur Nützlichkeit "dramatischer Passagen" aus Forschungsnotizen) hauptsächlich erkenntnis- und wissenschaftstheoretische Regeln: "Details unterhalb der Allgemeingültigkeit einer Theorie erhöhen selten ihre Bedeutsamkeit und Anwendbarkeit" (100). Es gebe gewisse Einschränkungen der Gültigkeit von Theorien, "die der Forscher zu übergehen oder zu ignorieren lernen muß, wenn er eine gegenstandsbezogene Theorie (...) formulieren will" (104). Die wenigen im engeren Sinne des Wortes methodologischen Betrachtungen beziehen sich überwiegend auf Probleme der Kodierung und Auswertung: "Es ist kaum anzunehmen, daß nach der Datensammlung durch explizites Verkoden noch viel gewonnen wird" (95); "es ist kennzeichnend für qualitative Arbeit, daß Forscher sich von Zeit zu Zeit aus der aktiven Feldforschung zurückziehen, um über ihre Beobachtungen nachzudenken und analytische Vermerke abzufassen" (94); "die Nützlichkeit einer auf qualitativer Forschung basierenden gegenstandsbezogenen Theorie erübrigt in den Augen der meisten Soziologen (...) den Einsatz noch genauerer Forschungsmethoden" (107).

Strikt "technisch" ausgerichtete Ansätze sind in der qualitativ inspirierten Sozialforschung eine Seltenheit. In vielen Fällen ist es allerdings ohne größere Schwierigkeiten möglich, den unmittelbar verfahrensbezogenen "Unterbau" von seinem philosophisch-theoretischen "Überbau" zu lösen. Für ULRICH OEVERMANNS *objektive Hermeneutik* trifft das sicher ebensowenig zu wie für die gegenstandsbezogene Theoriebildung von GLASER und STRAUSS. Aber es gibt andere Beispiele: teilnehmende Beobachtung, Biographieforschung, Tiefeninterview, Inhaltsanalyse.

Jedenfalls besteht kein Grund, einzelne Irrtümer und Verdrehungen zum Anlaß für ein generelles Verdikt über die qualitativen Methoden zu nehmen. Im Lager der Theoretiker und Praktiker quantitativer Methoden kommt es sicher nicht weniger häufig vor, daß grundsätzlich richtige und vernünftige Gedanken auf den Kopf gestellt werden. Genannt sei nur die von HANS-HERMANN HOPPE (1981, 1982) ebenso überzeugend wie vermutlich fruchtlos kritisierte "Theologie" ungemessener Veränderlicher des *new approach to measurement error* (WERTS, JÖRESKOG, LINN und andere).

Die angewandte Sozialforschung kann nur profitieren, wenn sie die Beiträge der qualitativ ausgerichteten Methodendiskussion zur Flexibilisierung ihres Erhebungsinstrumentariums in stärkerem Maße als bisher beachtet und nutzt. Dies um so mehr als kein qualitatives Verfahren *per se* jede Quantifizierung verbietet. Manche würden zwar vielleicht beispielsweise eine Realkontaktbefragung nicht als qualitativ bezeichnen wollen, wenn die mit diesem Werkzeug arbeitende Untersuchung auf die Erzielung quantitativer Ergebnisse hin angelegt wäre. Und es scheint ja in der Tat die Unterscheidung zwischen qualitativen und quantitativen Methoden weit weniger eine zwischen Verfahren als vielmehr eine zwischen Analysestrategien zu sein. Aber eben deshalb besteht auch für den quantitative Fragestellungen verfolgenden Forscher aller Anlaß zu Aufgeschlossenheit für solche Innovationen, wie sie - was das Beispiel der Realkontaktbefragung zeigt - keineswegs ausschließlich von den Famuli des weiland Deutobold Symbolizetti Alegoriowitsch Mystifizinsky (VISCHER 1862) vorgeschlagen werden.

Die von PAUL FEYERABEND (1981) vorzugsweise an Beispielen aus der Physik veranschaulichten Folgen jeglicher Orthodoxie für die wissenschaftliche Kreativität scheinen in der angewandten Sozialforschung vielfach noch nicht bemerkt worden zu sein (392):

Der Gedanke, die Wissenschaft könne und solle nach festen und allgemeinen Regeln betrieben werden, ist sowohl wirklichkeitsfern als auch schädlich. Er ist wirklichkeitsfern, weil er sich die Fähigkeiten des Menschen und die Bedingungen ihrer Entwicklung zu einfach vorstellt. Und er ist schädlich, weil der Versuch die Regeln durchzusetzen, zur Erhöhung der fachlichen Fähigkeiten auf Kosten unserer Menschlichkeit führen muß. Außerdem ist der Gedanke für die Wissenschaft selbst von Nachteil, denn er vernachlässigt die komplizierten physikalischen und historischen Bedingungen des wissenschaftlichen Fortschritts. Er macht die Wissenschaft weniger anpassungsfähig und dogmatischer: jede methodologische Regel ist mit kosmologischen Annahmen verbunden, so daß man mit der Anwendung der Regel die Annahmen als richtig voraussetzt. Der naive Falsifikationismus setzt voraus, die Naturgesetze lägen zutage (...). Der Empirismus setzt voraus, die Sinneserfahrung sei ein besseres Abbild der Welt als das reine Denken. Die Hochschätzung der Argumentation setzt voraus, die Kunstprodukte der Vernunft führten zu besseren Ergebnissen als das freie Spiel unserer Gefühle. Solche Voraussetzungen können höchst einleuchtend und sogar wahr sein. Aber man sollte sie doch gelegentlich nachprüfen. Und das bedeutet, daß man die mit ihnen verbundene Methodologie aufhebt, die Wissenschaft auf andere Weise betreibt und sieht, was geschieht. Falluntersuchungen wie die in den vorangehenden Kapiteln berichteten zeigen, daß solche Prüfungen ständig erfolgen und gegen die Allgemeingültigkeit jeglicher Regel sprechen. Alle Methodologien haben ihre Grenzen, und die einzige Regel, die übrigbleibt, heißt »Anything goes«.

Daß und wie sich FEYERABENDS *anarchistisches Programm* in eine Vorgehensweise überführen läßt, die nicht bloß den einen Dogmatismus durch einen anderen ersetzt, zeigen unter anderem die Arbeiten von WOLFGANG SCHULZ, RICHARD GELLES und DIETER GRUNOW. Je nach Problemlage werden qualitative, quantitative oder geeignet erscheinende Kombinationen qualitativer und quantitativer Methoden eingesetzt. Beispielgebend dürften insbesondere die Versuche sein, verschiedene Methoden miteinander zu verknüpfen. Denn hierdurch eröffnet sich die Möglichkeit einer wechselseitigen Überprüfung, Vertiefung und Ergänzung mit konkurrierenden Verfahren gewonnener Ergebnisse, die - abgesehen von ihrem "inhaltlichen" Nutzen - auch für die Weiterentwicklung der Verfahren selbst bedeutsam ist.

WEBB und andere (1966) haben für diese Forschungsstrategie den aus der Geodäsie entlehnten Begriff der *Triangulation* vorgeschlagen. (Dort bezeichnet er ein Verfahren zur Bestimmung sogenannter Festpunktfelder: Soll eine großräumige Fläche vermessen werden, so schafft man sich zunächst ein Netz von Dreiecken, deren Eck- beziehungsweise Festpunkte zum Beispiel Kirchturmspitzen sein können oder Pfeiler; mit Hilfe trigonometrischer Mittel gelangt man dann zu Angaben über die Form und Größe der entsprechenden Festpunktfelder (GROSSMANN 1975, Band 2).)

DENZIN (1978: 301/302) unterscheidet noch zwischen *between (or across)* und *within*, wobei allerdings nur *triangulation between* der Verknüpfung mehrerer Methoden entspricht. *Triangulation within* ist nichts anderes als eine Meßwiederholung mit demselben Verfahren. Im Falle beispielsweise der Umfrageforschung: die Erhebung (manche sagen auch "Validierung") eines Datums vermittels von zwei oder mehr Fragen. Weder WEBB u.a. noch DENZIN oder (vielzitiert) CAMPBELL und FISKE (1959), die an Stelle des Begriffes Triangulation den Begriff *multiple operationism* benutzen, scheinen allerdings bei der Verknüpfung verschiedener Methoden ausschließlich an die Kombination qualitativer mit quantitativen Verfahren zu denken. Daß hier der Akzent liegt, kann aber wohl dennoch kaum bestritten werden (vgl. VIDICH und SHAPIRO 1955; SPINDLER 1970; SIEBER 1973; JICK 1983).

Ebenso wie im Falle der "automatisierten" Sozialforschung bleibt freilich abzuwarten, ob die gegenwärtig mit großem Engagement vorangetriebene Ausarbeitung *neuer* qualitativer Methoden zu Resultaten führen wird, die tatsächlich die Bezeichnung "Fortschritt" verdienen. Hohe Erwartungen knüpfen sich vor allem an Techniken, bei denen das, was etwa die standardisierte Befragung allenfalls in Randnotizen oder einem skizzenhaften Interviewbericht erfaßt, systematisch protokolliert wird - immer häufiger unter Einsatz von Ton- und Bildaufzeichnungsgeräten. So vermutet FRITZ SCHÜTZE (1976: 226), daß das Ob und Wie "explizit indexikaler Sprachformen" (zum Beispiel: Namen, Demonstrativa, Pronomina, exophorische deiktische Partikeln) analytisch relevant sein kann (unter anderem hinsichtlich "manipulativer Verzerrungen" seitens der Befragten).

Mit gewissen (wenn auch nicht ohne weiteres verständlichen) Vorbehalten spricht er sich sogar für Auswertungen unter "formalen grundlagentheoretischen Gesichtspunkten" aus: Diese unterliegen "jedoch zwei Bedingungen, die in der Praxis sozialwissenschaftlicher Forschung gewöhnlich nicht erfüllt sind: einerseits dem Vorhandensein von hochwertigen Transkriptionen, die auch parasprachliche Phänomene wie Pausen, Lachen usw. und suprasegmentale Elemente wie Intonationsstrukturen (...) miterfassen (...), andererseits der Bereitschaft, mit den Texten in einer eher formalen bzw. 'quasilinguistischen' Perspektive umzugehen. Beides kann und sollte vom praktizierenden Sozialforscher in der Regel nicht erwartet werden, obwohl beide Bedingungen ohne allzulange Einarbeitungszeit erfüllt werden könnten" (o.J.: 53). SCHÜTZEs *Narratives Interview* ist jedenfalls ohne die Möglichkeit des Mitschneidens fast undenkbar.

Nicht weniger interessant als solche und ähnliche Bemühungen um eine verfeinerte Beschreibung des zu deutenden Datenmaterials sind verschiedene Versuche, Einzelfallstudien fruchtbar zu machen. Der Akzent scheint dabei auf einer - man könnte vielleicht sagen - *konsequenten soziologischen Naivität* zu liegen. Der Beobachter sammelt Eindrücke. Aus seinen Aufzeichnungen (zu denen oft auch Lichtbilder gehören) ergibt sich nicht ein - wie auch immer gearteter - Befund, sondern ein

Tableau: ein unstrukturiertes Bild des Untersuchungsgegenstandes. Typisch dürften die *Milieu-Studien* unter der Leitung von RICHARD GRATHOFF sein (1982: 229):

> Da uns die Stadt unbekannt war, orientierten wir uns auf einer Stadtkarte in der Nähe des Zentrums. Es wurde schnell deutlich, daß wir uns schon in unmittelbarer Nähe des Klosters befanden, deshalb beschlossen wir, das Auto auf einem Parkplatz stehen zu lassen und zu Fuß weiterzuziehen, vor allem auch, da das Kloster in einer Einbahnstraße liegt, die von unserer Seite her nicht zu befahren war. Auf dem Weg zum Kloster wurde immer deutlicher, daß es sich genau im Stadtzentrum befindet, es ist umgeben von vielen Geschäften, Gaststätten, einer Bücherei und den Gebäuden der Stadtverwaltung. Das Kloster wurde sehr schnell als solches kenntlich, da es das abwechslungsreiche Bild der verschiedenen Geschäfte durch eine langgezogene Front mit Buntglasfenstern unterbricht und über die Straße hinweg über eine Verbindung mit der Kirche verfügt. Außerdem ist es zur Seite und nach hinten hinaus von einer hohen Mauer umgeben.

Leider fehlt bisher noch ein hinreichend bewährter Analyserahmen für die differenzierte Auswertung solcher Daten.

Als roter Faden zieht sich durch alle derzeitigen Experimente mit qualitativen Methoden, seien es neuere oder ältere, eine Tendenz zum Abbau standardisierter Erhebungen. Lange Zeit hatten die qualitativen Methoden ja gerade auf Grund ihrer eingeschränkten Standardisierbarkeit als Werkzeuge zweiter Wahl gegolten. Die Hoffnungen richteten sich auf eine allmähliche, wenn auch nie vollkommene Annäherung an die "Härte" der quantitativen Methoden. Zumindest gilt dies für den *mainstream* der Sozialforschung. Inzwischen ist immer weniger klar, wo der *mainstream* liegt, und immer mehr qualitativ arbeitende Sozialforscher fragen sich, ob das Streben nach Standardisierung nicht ein Irrweg war.

Jeder kann heute wissen, daß selbst die "härtesten" Daten oft butterweich werden, wenn man sie auf ihre Aussagekraft hin abklopft. RAYMOND BOUDON und FRANÇOIS BOURRICAUD haben das am Beispiel des Bruttosozialproduktes verdeutlicht (1984: 369):

> Une importante littérature utilise, de manière non critique, des mesures telles que le PNB (Produit national brut) pour décrire par exemple l'évolution des disparités entre nations. Or, la signification d'une telle mesure varie avec la proportion des transactions exprimées sous une forme monétaire et, de manière générale, avec la proportion des biens et services comptabilisés. Il en résulte que le PNB est une mesure souvent très incertaine. Si toutes Françaises faisaient le ménage chez leurs voisines plutôt que chez elles, le PNB augmenterait, mais non la masse des services réels.

D'autre part, la croissance du PNB peut traduire une amélioration mais aussi une dégradation des conditions de vie: lorsque la fréquence du cancer augmente, elle entraîne une croissance des dépenses de santé et, par suite, du PNB.

Vor dem Hintergrund solcher Überlegungen ist es vielleicht gar nicht abwegig, nach unter Umständen weniger "harten", dafür aber aufschlußreicheren Daten Ausschau zu halten. Speziell die angewandte Sozialforschung hat allen Grund dazu. Ungezählte Ergebnisse standardisierter Erhebungen verschwinden, ohne je gelesen worden zu sein, in Schreibtischschubladen und Archiven. Wenn sie überhaupt Beachtung finden, dann meistens erst nach kühnen unstandardisierten Uminterpretationen. Der Verdacht jedenfalls, daß die Entscheidung für standardisierte Erhebungen vielfach auf krudester Faktenhuberei beruht, ist sicher nicht aus der Luft gegriffen.

Im übrigen sind manche Verfahren wahrscheinlich prinzipiell einer sinnvollen Standardisierung nicht zugänglich. In einem Oberseminar von KARL-DIETER OPP hat FRIEDEMANN BRENNE 1976 darauf hingewiesen, daß jenseits der Beobachtung, also bei allen Formen der Befragung, Standardisierung gleichzusetzen ist mit dem *Einsatz ungeschulter Beobachter*. Dem Befragten werden nämlich, um das klassische Musterbeispiel zu nehmen, beim standardisierten Interview Kodierungs- beziehungsweise Einordnungsaufgaben übertragen, die sonst in den Händen von mehr oder weniger sorgfältig vorbereiteten Mitarbeitern des Forschers liegen. Nun können sich standardisierte Befragungen zwar auf ein dickes Polster bestätigender "Evidenz" stützen. Aber angesichts der zurückgehenden Teilnahmebereitschaft bei eigentlich allen Arten der Befragung dürften qualitative Methoden ganz unabhängig vom Für und Wider der Standardisierung und anderer *features* dieser Art zunehmend wichtiger werden. Ausdrücklich zu nennen sind die sogenannten verdeckten Verfahren. Außerdem muß man befürchten, daß sich die teilweise zweifellos systematischen Ausfälle, wenn der Trend weitergeht, nicht mehr wie bisher - beispielsweise durch Quotierung - so überraschend erfolgreich beheben lassen. Damit würden aber in zentralen Bereichen angewandter Sozialforschung starke Argumente für die Bevorzugung quantitativer Methoden entfallen und auch hier - ähnlich wie in der reinen Sozialforschung - die manchmal beachtlichen Kapazitäten qualitativer Methoden deutlich werden.

GRUNDLAGEN

THEORIE

Es gibt nicht einmal eine geschlossene Kunstlehre, geschweige denn eine Theorie der angewandten Sozialforschung. Das hat mehrere, auf der Hand liegende Gründe, die mit einer Ausnahme auch für die reine Sozialforschung gelten.

Diese Ausnahme ergibt sich aus dem Praxisbezug der angewandten Sozialforschung. Genauer: aus dem Erfordernis der besonderen Berücksichtigung manipulierbarer Veränderlicher. Es gibt zwei Möglichkeiten. Entweder solche Veränderlichen sind der angewandten Sozialforschung durch ihre *Hilfswissenschaften* (die Sozialisationstheorie zum Beispiel oder die Gesellschaftstheorie) gegeben oder es sollen solche Veränderlichen gefunden werden.

Im ersten Fall kann die Aufgabe darin bestehen, die Stärke des Einflusses bestimmter Veränderlicher zu ermitteln, deren grundsätzliche Relevanz als bekannt vorausgesetzt wird. So gibt HERMANN SCHUBNELL (1975) einen Katalog von "Einflußfaktoren für oder gegen die Geburt von Kindern" an (vgl. auch HABERMEHL 1983a). Unter anderem: Altersschicht, Berufstätigkeit (der Frau), Einstellung zu Kindern, Kenntnis der Verfahren der Familienplanung, Wohnungsmarkt, Steuersystem, rechtliche Regelung der Schwangerschaftsunterbrechung.

FRANS LEEUW (1983) hat diese und weitere Faktoren hinsichtlich der Unterscheidung zwischen manipulierbaren und nicht- manipulierbaren Veränderlichen analysiert. Seiner Analyse zufolge gehört die Kenntnis der Verfahren der Familienplanung zu den manipulierbaren Veränderlichen. Ein Bevölkerungspolitiker könnte wissen wollen, welche Effekte auf das reproduktive Verhalten von einer Manipulation dieser Veränderlichen zu erwarten sind.

Im zweiten, interessanteren Fall geht es darum, "bekannte" Veränderliche auf ihre Manipulierbarkeit hin zu untersuchen oder "neue" manipulierbare Veränderliche zu entdecken. Das bereits benutzte Beispiel der Bevölkerungspolitik kann auch hier zur Veranschaulichung dienen (LEEUW 1983: 162):

Als in een beleidstheorie over de beïnvloeding van de fruchtbaarheid gesteld wordt dat eerst de maatschappelijke waarden en normen ten aanzien van de gezinsvorming veranderd moeten worden, alvorens het reproduktief gedrag zelf te beïnvloeden is, dan is deze theorie van relatief weinig nut voor het beleid. De reden is dat het veranderen van maatschappelijke warden en normen een langdurig proces is, waarvan de uitkomst bovendien niet goed te voorspellen is.[1]

Gewissermaßen *gegen* diese theoretischen Überlegungen ließe sich prüfen, ob die Veränderung von gesellschaftlichen Werten und Normen nicht erheblich beschleunigt werden kann.

Wie auch immer man Manipulierbarkeit definiert (vgl. ELLEMERS 1976; MAYER und GREENWOOD 1980; BERK 1981), in jedem Fall wird der Tatsache Rechnung zu tragen sein, daß sich durch Erkenntnisfortschritt (oder -rückschritt) die Menge der manipulierbaren Veränderlichen vergrößern (oder verkleinern) kann. Nun ist den Sozialwissenschaften spätestens seit POPPER (1961) bekannt, welche Schwierigkeiten allen Hypothesen entgegenstehen, die in dieser Weise von der zukünftigen Entwicklung unseres Wissens abhängig sind. Ohne übermäßig starke Annahmen machen zu müssen, kann man also behaupten, daß angewandte Sozialforschung schon auf Grund ihres Praxisbezuges nicht theoriefähig ist.

Die Theoriefähigkeit der reinen ebenso wie der angewandten Sozialforschung, also der Sozialforschung schlechthin, erscheint aber vor allem deshalb als zweifelhaft, weil
erstens, der Sozialforschung ein festumrissener und homogener Gegenstandsbereich fehlt;
zweitens, die Sozialforschung zahlreichen, von ihr nicht kontrollierbaren "äußeren" Bedingungen unterliegt.

Um nur wenige Beispiele zu nennen: Untersucht werden in der Sozialforschung so unterschiedliche Phänomene wie das Konsumverhalten, Einstellungen zu politischen Parteien, Eßgewohnheiten, Alkoholmißbrauch, "Glück" (WOLFGANG SCHULZ), psychosomatische Beschwerden, Tourismus, Fruchtbarkeit, Gewalt. Mindestens ebenso vielfältig ist der Kranz der jeweils zu beachtenden *Störfaktoren* zusammengesetzt: datenschutzrechtliche Bestimmungen, sprachliche Kompetenzen, postalische Vorschriften, Beschäftigungslage, "gesellschaftliches Klima", Medienwe-

---

[1] Wenn in einer bevölkerungspolitischen Theorie über die Beeinflussung der Fruchtbarkeit angenommen wird, daß erst die gesellschaftlichen Normen und Werte hinsichtlich der Familienbildung verändert werden müssen, bevor das Reproduktionsverhalten selbst zu beeinflussen ist, dann ist diese Theorie für die Politik von relativ geringem Nutzen. Der Grund besteht darin, daß die Veränderung gesellschaftlicher Normen und Werte ein langwieriger Prozeß ist, dessen Ergebnis sich darüber hinaus schwer voraussehen läßt. (Übersetzung: THORSTEN KLINGER)

sen, Gebührenordnungen, Arbeitsrecht, Freizeitangebot, Ladenschlußzeiten.

Von einer Theorie der Sozialforschung würde man verlangen wollen, daß sie wenigstens ein uneingeschränkt gültiges Gesetz angeben kann. Die Angabe eines solchen Gesetzes ist jedoch bisher noch nicht gelungen. Und es sieht auch kaum so aus, als sollte dies demnächst nachgeholt werden. Kennzeichnend ist daher für die gegenwärtige Entwicklungsrichtung in der Sozialforschung das Paradigma des *Modellbaus* (SIEGWART LINDENBERG). Anstatt sich auf universelle Hypothesen zu versteifen versuchen viele Sozialforscher, *Modelle* - mit meistens sehr eng begrenzten Geltungsansprüchen - zu konzipieren.

Die Kontroverse zwischen *Behavioristen* und *Hermeneutikern* verblaßt dahinter. Ohnehin läßt sich für die Sozialforschung nicht ernsthaft eine im Hinblick auf dieses Gegensatzpaar entschiedene Position vertreten. Es gibt genauso Situationen, wo ein gewisser Behaviorismus sein gutes Recht hat, wie es Situationen gibt, wo der Sozialforscher sich aufgeschlossen für Grundgedanken der interpretativen Analyse zeigen muß.

Bei Untersuchungen zur formalen Gestalt von Fragebogen (Papiergewicht, Farbe, Typographie, Format und so weiter) bietet es sich zweifellos an, vermutete Effekte auf die Antwortbereitschaft, die Repräsentativität oder die Zuverlässigkeit *behavioristisch* zu betrachten. Man hat es mit Zusammenhängen zwischen Reizen und Reaktionen zu tun, die einer verstehenden Deutung kaum zugänglich sein dürften. Bei der Wahl zwischen verschiedenen Frageformulierungen hingegen wird man einer *hermeneutischen* Attitüde den Vorzug geben. Als *façon de parler* mag zwar gegen den *stimulus-response-approach* nicht viel einzuwenden sein. Nur Ästheten werden unter Umständen Anstoß an seiner gespreizten Künstlichkeit nehmen. Aber als ernstzunehmender Analyserahmen kommt die SKINNER-*Box* gegenwärtig sicher nicht in Betracht. Ein konsequent "verhaltenstheoretischer" Ansatz würde ohne Not Alltagswissen ausblenden, das sich bisher hervorragend bewährt hat.

Väter neigen bekanntlich dazu, das Alter ihrer Kinder zu hoch anzugeben. Es spricht nun gar nichts dagegen, quasi blind zu überprüfen, welche Frageformulierung die verläßlichsten Antworten liefert. Vielmehr erscheint dies sogar als die einzig vernünftige Option. Dennoch wird man natürlich nur eine sehr enge Auswahl von Alternativen testen. Diese

Auswahl erfolgt nach Maßgabe hermeneutischer Regeln des Alltags. Der Forscher verfügt entweder als *native speaker* oder durch einen Dolmetscher über Kenntnisse der üblichen Bedeutung von Ausdrücken, ihrer Situationsangemessenheit, ihrer Verständlichkeit und so weiter. Ohne solche Kenntnisse wäre eine zielführende Auswahl der zu erprobenden Formulierungen unmöglich. Eine an SKINNER sich anlehnende Betrachtungsweise müßte aber so tun, als stünde sie vor Potemkinschen Dörfern: Sprachliche Äußerungen lassen zwar Rückschlüsse auf die Bedingungen ihrer "Emission" zu, aber eine "objektive" Analyse wird sich davor hüten, sie verstehen zu wollen. Das ist, wie ein oft zitierter Passus aus "Verbal Behavior" zeigt, nicht immer leicht (1957: 149):

> When someone says that he can see the meaning of a response, he *means* (meine Hervorhebung) that he can infer some of the variables of which the response is usually a function.

Doch dies nur am Rande. Worauf es ankommt, sind die Schwierigkeiten, in die das *Kannitverstan* der SKINNERianer dadurch gerät, daß die "variables of which the response is usually a function" in der Regel nicht bekannt sind. Ein Sitznachbar im Omnibus, der bei einer Plauderei anfängt, von seinen Kindern zu erzählen, wird - um im Beispiel zu bleiben - auf die Frage nach dem Alter der Kinder vielleicht antworten: "Vier und fünf." Sein Gesprächspartner hat aber keinerlei Anhaltspunkte dafür, daß sich diese Antwort nicht auf die von den Kindern bei der letzten Klassenarbeit erzielten Noten bezieht oder auf die Größen der von dem Vater beim Sport getragenen Turnhosen. Er wird schwerlich eine hinreichend große Zahl "ähnlicher" Begegnungen gehabt haben, um unabhängig von Annahmen über die Bedeutung der Frage und der darauf gegebenen Antwort begründen zu können, was ihn auf den Gedanken bringt, der Sitznachbar wolle ihm das Alter seiner Kinder mitteilen.

Es war NOAM CHOMSKY (1965), der als erster nachdrücklich darauf hingewiesen hat, daß sprachliche Regeln gewöhnlich durch "Musterbeispiele" initialisiert zu werden scheinen. Der Sprecher hält dann oft zeit seines Lebens, auch gegen ausnahmslos widerstreitende Erfahrungen, an ihnen fest. Seine Sprache und sein Sprachverständnis bleiben den prägenden Instanzen verhaftet. Auszählungen relativer Häufigkeiten "vokaler" oder anderer "verbaler Verhaltensweisen" spielen jedenfalls keine Rolle.

In gänzlich anderer Perspektive und Absicht als CHOMSKY ist WILLARD QUINE zu dem gleichen Ergebnis gelangt. Er erörtert ausführlich die

Leistungsfähigkeit der von ihm so bezeichneten *radical translation* und stellt dann fest (1960: 72):

> There can be no doubt that rival systems ... can fit the totality of speech behavior to perfection, and can fit the totality of dispositions to speech behavior as well, and still specify mutually incompatible translations of countless sentences (...)

Die entscheidende Schwäche der SKINNERschen Sicht liegt darin, daß sie nicht einmal *translations* angibt, sondern glaubt, sich mit Vermutungen über Antezedentien sprachlichen Verhaltens behelfen zu können. Es ist für den Sozialforscher sicherlich akzeptabler, Zuflucht bei kontrafaktischen Bedeutungshypothesen zu suchen, als anhand von Stichproben des Umfangs $n = 1$ Korrelationen zwischen *verbal behavior* und unbeobachteten Veränderlichen zu schätzen und diese zur Grundlage von Fragebogenentwürfen zu machen.

Dessen ungeachtet kommt dem Behaviorismus SKINNERscher Observanz in der Sozialforschung sicher der theoretische Primat zu. Seine eingeschränkte Anwendbarkeit in natürlichen Situationen dürfte der hauptsächliche, wenn nicht sogar der einzige Grund sein, daß hermeneutische Bildung ebenso zum unverzichtbaren Rüstzeug des Sozialforschers gehört wie ein Überblick über den Entwicklungsstand der Verhaltenstechnologie. Immer noch haben die Arbeiten SKINNERS und seiner Schüler sowohl hinsichtlich ihres analytischen Niveaus als auch hinsichtlich der empirischen Bewährung ihrer Ergebnisse einen großen Vorsprung vor allen anderen soziologisch relevanten Ansätzen. Insbesondere die Hermeneutik kann sich wohl unter keinem dieser Gesichtspunkte mit der verhaltenstechnologischen Forschung messen.

Es scheint die ursprüngliche Einsicht HANS-GEORG GADAMERs gewesen zu sein, daß der Platz der Hermeneutik nicht der einer mit anderen - zum Beispiel um Nobelpreise - konkurrierenden Disziplin im Kanon der Wissenschaften ist, sondern der einer auch über dem Streit der verschiedenen Richtungen und Orientierungen stehenden "Besinnung". GADAMER hat denn auch große Vorbehalte gegen die Auffassung der Hermeneutik als einer lehrbaren Methode oder Kunst. Hermeneutik soll zuerst und vor allem "das Selbstverständnis des stets geübten Verstehens" berichtigen (1975: 250).

Dieser Aufgabe dient sie auch in der Sozialforschung. Sie fungiert nicht als Werkzeug einer Rasterfahndung nach "schlecht" gestellten Fragen oder als Generator zur Konstruktion von *Item*-Batterien. Sie leitet den Sozialforscher vielmehr dazu an, sich seiner Sprache bewußt zu werden beziehungsweise zu erkennen, welche Sprache er spricht. GADAMER formuliert da etwas mißverständlich, wenn er schreibt: "Daß jemand, der die gleiche Sprache spricht, die Worte, die er gebraucht, in dem mir vertrauten Sinne nimmt, ist eine generelle Voraussetzung, die nur im Einzelfall fraglich werden kann" (1975: 252). Das Problem besteht ja darin herauszufinden, ob der andere die gleiche Sprache spricht. Die Berichtigung des Selbstverständnisses des stets geübten Verstehens setzt also nicht nur breiter, sondern auch tiefer an, als es eine oberflächliche GADAMER-Lektüre suggerieren könnte. Eine hübsche Veranschaulichung liefert das Rätsel der Inschrift auf jenem angeblich bei Ausgrabungen in Köln gefundenen Henkeltopf:

> DATIS
> NEPIS
> POTUS
> COLONIA.

Die zwischen SKINNERscher Verhaltenstechnologie und soziologischer Hermeneutik angesiedelten Programm-Entwürfe haben - trotz ihrer Eigenständigkeit - als grundlegende Orientierungspunkte der Sozialforschung nur untergeordnete Bedeutung. Abgesehen davon, daß es nicht viele Versuche gibt, diese teils mehr theoretisch, teils mehr methodologisch ausgerichteten Entwürfe auf die Sozialforschung anzuwenden, beschränkt sich ihre "Anwendung" in der Regel auch auf mehr oder weniger filigranreiche Glossen zu den ansonsten unverändert übernommenen konventionellen Verfahren. Bekanntestes Beispiel: die "Methoden der marxistisch-leninistischen Sozialforschung" (FRIEDRICH 1970).

Es lassen sich artige Betrachtungen darüber anstellen, wie wichtig eine fundierte systematisch ausgearbeitete Perspektive sein kann. In Ermangelung eines theoriefähigen Gegenstandes allerdings wäre es zweifellos müßig, sich in Grundsatzdebatten zu vertiefen.

Unbrauchbare Modelle gewinnen für die Sozialforschung nicht dadurch an Interesse, daß sie einen untadeligen Herkunftsnachweis führen können. Brauchbare Modelle kommen *per se* ohne Stammbaum aus. Jedenfalls dürfte die prinzipielle, sei es vermeintliche, sei es tatsächliche, Überlegenheit eines bestimmten Paradigmas kein hinreichender Einwand gegen einen pragmatischen oder, wenn man so will, eklektischen Ansatz sein, der die Kapazitäten aller irgendwie in Betracht kommenden Paradigmata nutzt.

Das (unerreichbare) Vorbild für den Modellbau bleibt dessenungeachtet jener Einfall des THALES, von dem DIOGENES LAERTIUS (nach einem Bericht des HIERONYMOS VON RHODOS) erzählt (DIELS 1951: 68f):

ὁ δὲ Ἱερώνυμος καὶ ἐκμετρῆσαι φησιν αὐτὸν τὰς πυραμίδας ἐκ τῆς σκιᾶς, παρατηρήσαντα ὅτε ἡμῖν ἰσομεγέθης ἐστίν.[2]

Es geht im Modellbau darum, ein Analogon der jeweils gegenständlichen Erscheinung zu finden oder zu konstruieren, mit dessen Hilfe sich triftige Aussagen über diese Erscheinung machen lassen. Das Analogon braucht keine getreue Kopie zu sein. Vielmehr genügt es, wenn Untersuchungsgegenstand und Analogon hinsichtlich relevanter Aspekte gewisse (näherungsweise) Entsprechungen aufweisen. Aber von einem Modell im engeren Sinne des Wortes kann wohl doch nur da die Rede sein, wo die Entsprechung so vollkommen ist wie im Falle des Verhältnisses zwischen Größe und Schattenlänge einerseits, Höhe und Schattenlänge andererseits.

Der Modellbau in der Sozialforschung ist, ebenso wie in der Soziologie ganz allgemein, gekennzeichnet durch die Verknüpfung des Ideals deduktiver Stringenz mit einer mal mehr, mal weniger ausgeprägten Nonchalance gegenüber der empirischen Angemessenheit dieses Ideals. So sind manche Modelle, besonders solche, wie sie in der angewandten Sozialforschung Verwendung finden, meistens "bis ins Mark" empirisch. Andere Modelle, die in weniger praxisnaher Umgebung entwickelt werden, haben eher rationalistischen Charakter.

Ein frühes Beispiel rationalistischen Modellbaus liefert der "Discours sur l'origine et les fondemens de l'inégalité parmi les hommes" (1755) von JEAN-JACQUES ROSSEAU (BOUDON und BOURRICAUD 1984: 510/1):

L'abandon de la liberté naturelle, c'est-à-dire de la liberté dont jouit «l'homme sauvage» dans l'état de nature, y est expliqué par les effets pervers engendrés par les systèmes d'interactions où chacun a la latitude d'agir en fonction de son seul intérêt. Dans un passage significativement placé au début de la seconde partie du Discours, au

---

[2] Hieronymus berichtet, er habe die Höhe der Pyramiden gemessen vermittelst ihres Schattens, den er genau in dem Zeitpunkt abmaß, wo unser Schatten und unser Leib die gleiche Höhe haben. (Übersetzung: THORSTEN KLINGER)

point où Rousseau entreprend de décrire la «transition» - comme on pourrait dans un langage anachronique - de l'état de nature à l'état de société, Rousseau montre qu'un systèmes d'interaction de ce type de ce type peut avoir des effets antiproductifs pour chacune des parties: «Voilà donc comment les hommes purent insensiblement acquérir quelque idée grossière des engagements mutuels et de l'avantage de les remplir, mais seulement autant que pouvait l'exiger l'intérêt présent et sensible; car la prévoyance n'était rien pour eux; et, loin de s'occuper d'un avenir eloigné, ils ne songeaient pas même au lendemain. S'agissait-il de prendre un cerf, chacun sentait bien qu'il devait pour cela garder fidèlement son poste; mais si un lièvre venait à passer à la porter de l'un d'eux, il ne faut pas douter qu'il ne le poursuivit sans scrupule, et qu'ayant atteint sa proie il ne se souciât fort peu de faire manquer la leur à ses compagnons.» Le raisonnement de Rousseau peut être formalisé de la façon suivante. Soit les trois «rémunérations» possibles: C=cerf, L=lièvre, O=rien. Si deux chasseurs coopèrent, chacun a une part du cerf (situation C, C). Si le premier fait défection, il capture un lièvre et l'autre est bredouille (situation L, O). Si le premier fait le guet et si le second fait défection, le premier est bredouille et le second capture un lièvre (situation L, O). Naturellement chacun préfère C à L et L à O. Mais il y a toutes chances que le jeu se termine par la «solution sous-optimale» L, L. En effet, chaque chasseur sait que l'autre, jouissant de la liberté naturelle, qui implique selon la définition même de Rousseau l'absence de contrainte morale, peut rompre son engagement. Risquant d'être bredouille s'il est seul à coopérer il choisira de préférence la stratégie de «défection». L'axiomatique implicite contenue dans la notion rousseauiste de «liberté naturelle» postule en effet des individus égoïstes et hédonistes. Confrontés à une situation comme celle de la partie de chasse (...), les protagonistes vont avoir tendance - pour utiliser le langage de la théorie des jeux - à utiliser la stratégie du maximin (maximum minimorum), c'est-à-dire la ligne d'action qui les préserve avec certitude du risque maximum: être bredouille. Ce faisant ils engendrent cependant le résultat antiproductif L, L: la prudence qui leur est recommandée à partir du moment où la solidarité et les contraintes morales qu'elle implique (loyauté) sont absentes, a pour effet qu'il leur est difficile («chacun sentait bien ... mais») d'atteindre la «solution optimale» C, C.

Typisch ist hier nicht nur die Unterstellung rationalen Handelns (im Sinne eines bestimmten - *ad hoc* eingeführten - Nutzenkalküls) sowie die Willkür der Präferenzenzuschreibungen, sondern auch die explanative Absicht. Rationalistische Modellbauer pflegen sich vor allem für die Erklärung sozialer Erscheinungen zu interessieren. Die prognostische Eignung der von ihnen entwickelten Modelle versteht sich gewissermaßen von selbst. Sie wird nur selten thematisiert und kaum je problematisiert.

Empiristische Modelle hingegen zielen gewöhnlich in erster Linie auf Prognosen ab. Mehr oder weniger kühne Verallgemeinerungen dienen dabei als Grundlage. Vorliegende Datenbestände werden in induktiver Einstellung durchforstet und so systematisiert, daß sich eine möglichst eindeutige Zuordnung der Ausprägungen bestimmter Veränderlicher A,

B, C, ... zu den Ausprägungen anderer Veränderlicher a, b, c, ... ergibt. Dies kann mit Hilfe korrelations-, regressions- oder faktorenanalytischer Techniken geschehen.

Andere empiristische Modellbauer bevorzugen experimentelle Verfahren, wobei der Begriff "Experiment" allerdings oft nur besagt, daß man nicht weiß, was am Ende herauskommen wird. Diese Verfahren haben die Form des Herumprobierens mit mehr oder weniger unsystematisch variierten Merkmalskombinationen: Mal vergleicht man völlig voneinander verschiedene Kombinationen, mal bis auf ein Merkmal identische usw. Der Kontrolle der Randbedingungen wird in der Regel nicht allzuviel Beachtung geschenkt.

Eine dritte - meistens allerdings eher explanativ ausgerichtete - Spielart empiristischen Modellbaus verdankt sich dem Bemühen mancher Forscher um Vollständigkeit und Synthese. Entsprechende Modelle fassen die Ergebnisse verschiedenster Analysen - oft unter Heranziehung komplexer Schaubilder - zusammen (Abb. 2).

Nicht selten werden dabei auch empirisch noch unzureichend geklärte beziehungsweise rein hypothetische Zusammenhänge eingebaut. Es handelt sich also um Modellvarianten, die im Übergangsbereich zu Theorien angesiedelt sind und die man daher auch als "theoretische Modelle" bezeichnen könnte.

In epistemologischen Diskussionen sehr umstritten ist die Frage, ob Modelle, seien es nun rationalistische, empiristische oder "theoretische", nicht doch Ansprüche geltend machen müssen, die über eine, wie auch immer geartete, "Zweckmäßigkeit" hinausreichen. Äußerst vehement bestreitet namentlich KARL RAIMUND POPPER, daß es zulässig ist, sich auf jene Sicht des "als ob" einzulassen, in der die von ihm so genannten Instrumentalisten ihre Daten analysieren: "(...) by neglecting falsification, and stressing application, instrumentalism proves to be as obscurantist a philosophy as essentialism" (1972: 113).

Tatsächlich scheinen Zweifel an der Wissenschaftlichkeit speziell rationalistischer Modelle eine gewisse Berechtigung zu haben. Dies vor allem angesichts der bei vielen rationalistischen Modellbauern spürbaren Erblast der Verstehenden Soziologie MAX WEBERs. Als "ihr spezifisches Objekt" gilt dieser Soziologie "ein verständliches, und das heißt ein durch irgendeinen, sei es auch mehr oder minder unbemerkt, 'gehabten' oder 'gemeinten' (subjektiven) Sinn spezifiziertes Sichverhalten zu 'Objekten'" (1982: 429). Dabei "ist ihr selbstverständlich", daß "nicht die logisch rational erschließbaren, sondern die - wie man sagt - 'psychologischen' Zusammenhänge das reale Handeln bestimmen" (1982: 436). Was allerdings keineswegs bedeutet, daß

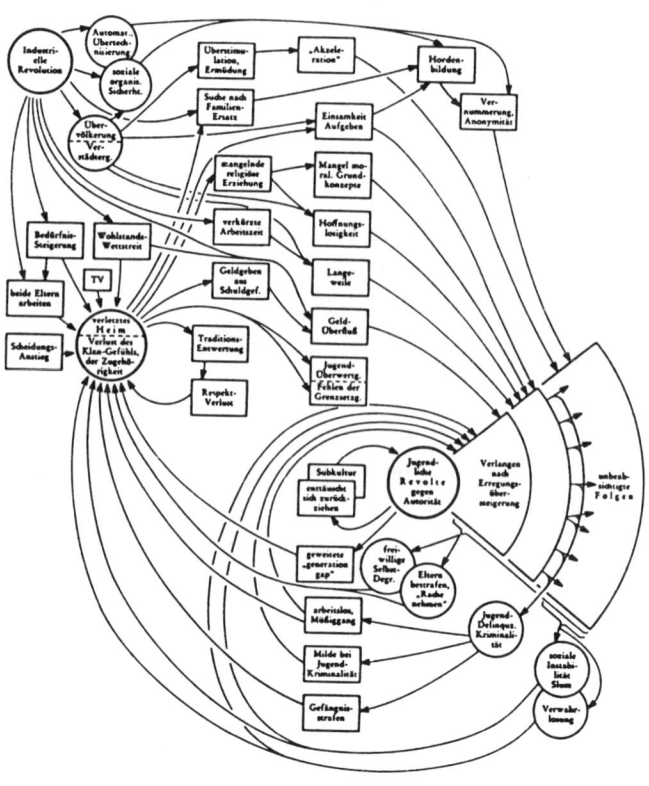

Abbildung 2: Theoretisches Modell (Quelle: ANTONS und SCHULZ 1976, Bd. 2: 251)

"ein Verhalten, welches 1. dem subjektiv gemeinten Sinn des Handelnden nach auf das Verhalten anderer bezogen" ist, nicht "2. durch diese seine sinnhafte Bezogenheit in seinem Verlauf mitbestimmt und also 3. aus diesem (subjektiv) gemeinten Sinn heraus verständlich erklärbar" sein kann (1982: 429). Im Gegenteil, darin hat die Verstehende Soziologie ihre ureigenste Aufgabe.

Nun setzt sich aber jede Erklärung (und jedes Modell) der Gefahr aus, in Metaphysik abzugleiten, wenn nicht nur eingeräumt wird, daß andere als die von der Erklärung (beziehungsweise dem Modell) ausgezeichneten Bedingungen für das zu erklärende Phänomen verantwortlich sind, sondern außerdem nahezu beliebige Bedingungen als Explanantia (oder

Modellparameter) zugelassen werden.

Da der "gemeinte Sinn" des "Sichverhaltens" dem Handelnden verborgen bleiben kann, tut WEBER jedoch genau dies. Jedenfalls gibt er kein Kriterium an, mit dessen Hilfe sich nun noch *science fiction* von Forschung unterscheiden ließe. Ein "gemeinter Sinn" ist so gut wie der andere, solange das "Sichverhalten" des Handelnden durch ihn "verständlich" wird.

Empiristische Modelle trifft der Vorwurf der Beliebigkeit in weitaus geringerem Maße. Sie arbeiten mit Veränderlichen, für die zumindest ein statistischer Zusammenhang nachgewiesen sein muß. Zwar gibt es zahlreiche Möglichkeiten, solche Zusammenhänge zu "produzieren", angefangen vom geschickten Einsatz des RECODE-Befehls bis hin zur aufwendigen Begradigung krummer Punkteschwärme, aber es fehlt doch eine Garantie, daß die Manipulation den gewünschten Erfolg bringt.

Eine - wenn man so will - noch davor liegende Einengung des Spielraums empiristischen Modellbaus ergibt sich aus der restriktiven "Variablenpolitik": Zulässig sind ausschließlich beobachtbare Veränderliche, keine "theoretischen Konstrukte". Da jedoch der Begriff der Beobachtbarkeit recht unterschiedlich definiert zu werden pflegt, falls er nicht sogar als "Grundbegriff" gänzlich undefiniert bleibt, läßt sich der Pool, aus dem empiristische Modelle ihre Veränderlichen beziehen, nur sehr grob umreißen.

Gewissermaßen den "Kern" der als beobachtbar angesehenen Veränderlichen scheinen Merkmale zu bilden, die (zumindest prinzipiell) sinnlicher Wahrnehmung zugänglich sind: Geschlecht, Alter, Beruf, Wohnortgröße. Darum herum scharen sich quasi-sinnlich wahrnehmbare Merkmale: Bildung, Herkunft, Familienstand, Staatsangehörigkeit, Kinderzahl, Lebensstil. Im Grenzbereich liegen: Wahlabsichten, Freizeitinteressen, Musikpräferenzen.

Für die meisten empiristischen Modellbauer nicht mehr zu den beobachtbaren Veränderlichen gehören: Ich-Stärke, Autoritarismus, Aggressivität, Aufrichtigkeit. Der vermutlich einzige, der bereit ist, alle Veränderlichen als beobachtbar zu behandeln, dürfte KARL DIETER OPP sein. Er schlägt vor, von "Beobachtungsvariablen" dann zu sprechen, wenn die "Werte" dieser Variablen vermittels von Reduktionssätzen "gemessen" werden (1976: 366f) - also immer.

Obzwar eingeschränkt, sind empiristische Modelle dennoch insofern "beliebig", als sie Enthaltsamkeit üben, wenn es um die "kausale" Analyse der jeweils betrachteten (statistischen) Zusammenhänge geht. Ein empiristisches Prognosemodell kann unter seinen Prädiktoren durchaus Veränderliche haben, für die feststeht, daß sie keinerlei kausalen Einfluß auf das vorauszusagende Phänomen besitzen. Ein besonders krasses Beispiel liefert die von PAUL LAZARSFELD beschriebene "Scheinkorrelation" zwischen Kinderzahl und Zahl der Störche (1955: 118). Vor der Hand gibt es in empiristischer Sicht dennoch keinen Grund, ein Modell, das die Zahl der Störche als Prädiktor benutzt, von vorneherein zu verwerfen. Man würde vielmehr lediglich wissen wollen, ob dieses Modell seinen Zweck erfüllt (hinreichend zuverlässige Prognose der Kinderzahl) oder nicht. Insbesondere folgt nicht schon daraus ein schlagender Einwand, daß LAZARSFELD die Korrelation zwischen Kinderzahl und Zahl der Störche zum Verschwinden bringen kann, indem er eine *Kontrollvariable* einführt. Es wäre immerhin denkbar, daß für einen Prognostiker Daten über den Grad der Verstädterung nicht greifbar sind, wohl aber Daten über die Zahl der Störche. Es würde also mit der Ablehnung des "Storch-Modells" über jeden Zweifel an ihrer Brauchbarkeit erhabene Informationen verschenken.

Abgesehen von jenem Spezialfall empiristischer Modelle, die wir als "theoretische" Modelle bezeichnet haben, gibt es natürlich noch eine große Schar weiterer *Schemata*, die weder rationalistisch noch streng empiristisch sind und gleichwohl als Modelle firmieren. JERROLD KATZ' *model of a semantic component* (1972: 35-47) könnte hier als Beispiel dienen (36):

> To explain how a speaker is able to understand sentences, we must explain how he goes from the meanings of morphemes in specific syntactic relations to each other to the meaning of sentences. We must reconstruct the semantic knowledge an ideal speaker-hearer has of the meanings of the morphemes in his language, the syntax of the sentences, and the compositional function that gives him the meaning of sentences in terms of both of these. This reconstruction attempts to formulate rules that formally reflect the structure of this knowledge by producing semantic representations of sentences from semantic representations of their elementary parts and the syntactic relations between these parts.

KATZ operiert ähnlich wie rationalistische Modellbauer mit einem Ideal. Im Unterschied zu diesen benutzt er jedoch keine Annahmen über Motive, Präferenzen, Absichten und dergleichen, sondern begnügt sich mit einem unterhalb dieser Ebene liegenden Ablaufmodell des Verstehens. Sein idealer Sprecher-Hörer handelt nicht. Er tut lediglich etwas. Ähnlichkeiten der KATZschen Rekonstruktion zum empiristischen Modellbau bestehen hinsichtlich der ausgeprägten - vielleicht könnte man sagen - *Output*-Orientierung (1972: 40):

> The most common sense of the English noun 'chair' can be decomposed into a set of concepts (...): (Object), (Physical), (Non living), (Artifact), (Furniture), (Portable), (Something with legs), (Something with a back), (Something with a seat).

Die Angemessenheit seines Vorschlages ergibt sich für KATZ einfach daraus, daß er möglich ist und zu dem gewünschten Ergebnis zu führen scheint. Dennoch trennt ihn vom Empirismus mehr als nur der "Idealismus" seines Modells: Er überhebt sich bereits des bloßen Gedankens, ob und gegebenenfalls wie das Modell überprüft werden könnte.

Noch besser als an der Arbeit von KATZ läßt sich die große Bandbreite nicht mit der "Dichotomie" Rationalismus/Empirismus erfaßbarer Modelle anhand von *conceptual schemes* (C. KLUCKHOHN) veranschaulichen wie sie TALCOTT PARSONS und andere (1962: 1-29) entwickeln. *Conceptual schemes* schaffen einen Bezugsrahmen für Theoriebildung und Forschung, der (im Sinne KANTs) eher analytisch als synthetisch angelegt ist. Sie bestehen in ihrem Kern aus Definitionen und Vorschlägen für die Wahl von Perspektiven. Dabei sind sie durchaus "theoriegetränkt". Dies wahrscheinlich sogar mehr, als es den meisten Herstellern und Abnehmern bewußt ist. Dennoch handelt es sich weitgehend um Modelle zweiter Stufe, um Modelle, deren Gegenstand nicht soziale Erscheinungen, sondern sozialwissenschaftliche Systematisierungen dieser Erscheinungen sind. Ein Modell erster Stufe (Abb. 3), das sich an so einem Modell zweiter Stufe orientiert, hat EDWARD TOLMAN entworfen und vermittels eines gastrosoziologischen Beispiels konkretisiert (Abb. 4).

Das Modell zweiter Stufe ist dabei das Modell von PARSONS u.a. Auf fällt insbesondere die begriffliche Unabhängigkeit des TOLMANschen Entwurfes von dem zugrundegelegten *conceptual scheme*. So konzeptualisiert TOLMAN *action* als ein Verhalten, das vollständig beschrieben werden kann "in terms only of the organism-environment rearrangement which it produces" (1962: 279, Fußnote). PARSONS u.a. hingegen betrachtet als wesentliche Merkmale von *action* weit mehr. Motivationale Ausrichtungen des Handelnden etwa, und das heißt: "...cognitive and cathectic discriminations among objects" (1962: 11), die keineswegs die form von "organism-environment rearrangements" annehmen müssen.

Es scheint ein allgemeines Charakteristikum von *conceptual schemes* oder, wie manchmal auch gesagt wird, *frames of reference* zu sein, daß sie sich in ihrer forschungspraktischen Umsetzung kaum wiedererkennen lassen. Offenbar entfalten Begriffe und Begriffssysteme bisweilen ein rasch außer Kontrolle g e r a t e n d e s E i g e n l e b e n. G A D A M E R S "Hinterfragen" und HABERMAS' "E r k e n n t n i s interesse" stellen zweifellos nur die Schaumkronen einer

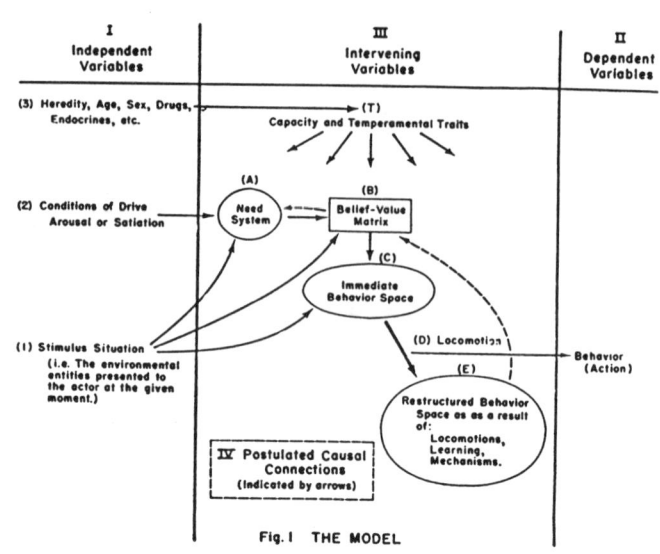

Abbildung 3: Modell erster Stufe (TOLMAN 1962: 286-287)

unabsehbaren Flut *in usu* degenerierter Konzepte dar. Generell wird man daher ein Modell, das die Form eines *conceptual scheme* hat, schwerlich nach seinen nicht-intendierten Folgen beurteilen wollen. Andererseits sind übliche Kriterien, wie zum Beispiel Fruchtbarkeit, nicht scharf genug, um intendierte von nicht-intendierten Folgen sauber zu trennen. Die Konsistenz und Kohärenz des jeweiligen Modells einmal vorausgesetzt, bleibt so eigentlich nur WITTGENSTEINS "Lösung": "Wovon man nicht sprechen kann, darüber muß man schweigen" (1969: 115).

Tatsächlich zeichnet sich die Folklore der angewandten Sozialforschung durch eine auffällige Abstinenz gegenüber Modellen höherer Stufe aus. Sobald es nicht mehr um das Was, sondern um das Wie einer Untersuchung geht, schicken PARSONSianer ebenso wie WEBERSchüler, Kollektivisten ebenso wie Individualisten, Systemtheoretiker ebenso wie

Gesellschaftstheoretiker ihren Begriffsrahmen in Urlaub. Die methodologischen und instrumentellen Entscheidungen werden an den Alltagsverstand oder an den "erfahrenen Praktiker" deligiert. Und diese beiden scheren sich wenig um konzeptuelle Grundsätze. Sie sind auf Effizienz bedacht.

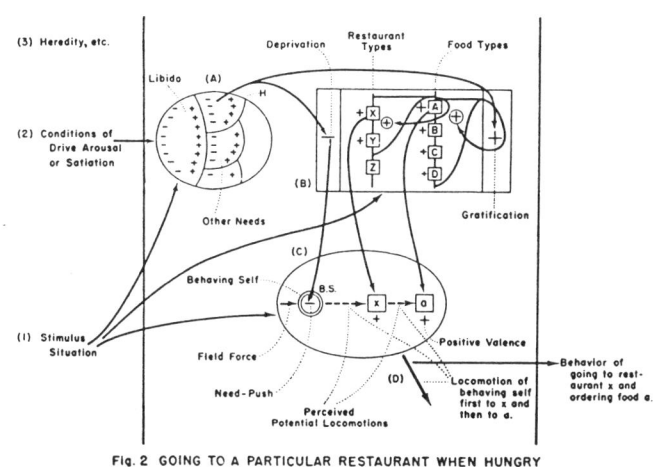

Abbildung 4: Gastrosoziologisches Beispiel (*ibidem*)

Nun gibt es zwar keinen ohne weiteres einsichtigen Grund, weshalb das eine das andere ausschließen sollte. Aber soweit zu sehen ist, müssen doch gewisse Probleme im Verhältnis zwischen *frames of reference* und Erhebungspraktik bestehen.

Anders wäre kaum verständlich, daß die Prinzipien der Datengewinnung sich oft so kraß von den theoretischen Leitlinien abheben. Bezeichnenderweise halten nicht nur die "Theoretiker" sich fern von Versuchen, in die technischen Einzelheiten der vom "Praktiker" empfohlenen Vorgehensweise hineinzureden. Der "Praktiker" vermeidet ebenso jeglichen Rückgriff auf die von den "Theoretikern" entworfenen weitwinkligen Perspektiven. Das *Durchwursteln* (LINDBLOM) beziehungsweise der handwerkliche Ansatz mag seine starke Stellung unreflektierten Traditionen verdanken, einer Art von Schlendrian. Plausibler ist jedoch die Annahme, daß abstrakte, praxisferne Modelle, bedingt durch ihr Streben nach Systematik, den vielschichtigen Anforderungen der konkreten Arbeit des Sozialforschers nicht gewachsen sind. Die Komplexität der Probleme, mit denen er sich unausweichlich konfrontiert sieht, hat HEINE V. ALEMANN (1984: 152-153) humorvoll kartographiert (Abb. 5).

Seine "Insel der Forschung" verdeutlicht vielleicht besser als jede ordentliche Abhandlung, warum die angewandte Sozialforschung so wenig

Abbildung 5: "Insel der Forschung"

Scheu kennt und kennen darf, aus der Walhalla der *grand models* auszu-
brechen, um mit dem krudesten Empirismus zu paktieren.

Pars pro toto: Günstigstenfalls wäre - in der Sprache des Schachspiels
- Tempoverlust die Folge, wenn ein Forscher bei der Operationalisierung
Rücksicht auf "allgemeine" Kommunikations- oder gar Handlungsmodelle
nehmen wollte. Diese können ihm für keine der Veränderlichen, die er zu
erheben sucht, eine Anleitung zur Vermeidung beispielsweise von Meß-
fehlern geben. Er mag dank CANNELL und KAHN (1968) gelernt haben,
das Interview als sozialen Prozeß zu verstehen, in den demographische
Merkmale hineinspielen, Einstellungen, Erwartungen, Motive und Wahrnehmungen (Abb. 6).

Nur bringt ihn diese Einsicht kaum voran, solange er nicht weiß, was
sich unter welchen Bedingungen wie worauf auswirkt. Hierzu bedarf er
empirischer
Befunde, wie
sie beispiels-
weise DOHREN-
WEND (1970)
zur Erhebung
"kontroverser
Themen" bei
Personen mit
niedriger und
höherer Schul-
bildung vor-
gelegt hat. Die
Inspirationen,
die der Forscher
in excelsis
empfängt, sind
zwar vielleicht
sogar "irgend-

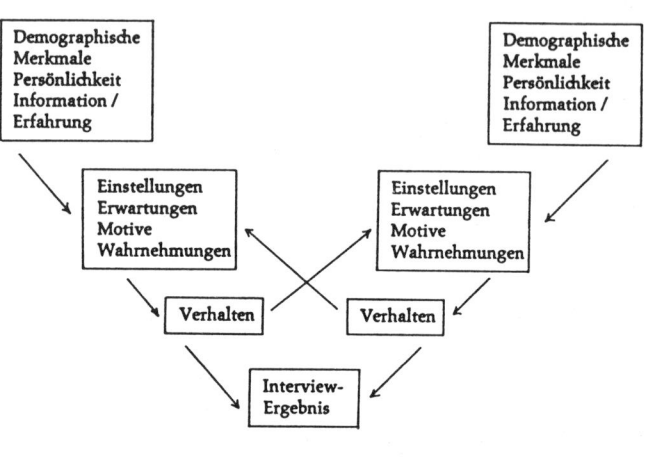

Abbildung 6: Das Interview als sozialer Prozeß

wo" wertvoll. Aber nachdem er sich schließlich dann doch in die Nieder-
ungen der Empirie begeben muß, wäre es sicher kein so abwegiger
Gedanke, nach - MARX würde sagen - *gemütlicheren* Quellen der Inspiration zu suchen, als es die spröden Pfeil- und Flußdiagramme in der
Art von CANNELL und KAHN sind.

Einerseits kann man die angewandte Sozialforschung sicher als philisterhaft ansehen. Sie erspart sich ja nicht nur das Ringen um eine tiefere Durchdringung ihres Gegenstandes, sie verwehrt sich auch den "ästhetischen Genuß", den sie so erzielen könnte. Sie ist im Sinne SCHOPENHAUERS durch und durch vernünftig. Gleichzeitig jedoch ist sie insofern entschieden sinnlich, als sie ausschließlich das mehr oder weniger unmittelbar Gegebene gelten läßt. Insbesondere stellt sie ihre Betrachtungen über die Zusammenhänge zwischen Veränderlichen nicht *sub specie aeternitatis* an. Ihre Modelle beanspruchen nicht einmal mittlere Reichweite, sondern begnügen sich mit einer vorläufigen, eventuell schon morgen zu revidierenden Geltung. Es liegt daher nahe, im sogenannten *Prototyp* das Paradigma des Modellbaus in der angewandten Sozialforschung zu suchen.

Automobilhersteller pflegen vor Auflage einer Serie Probemodelle zu bauen, die dann unter verschiedensten Bedingungen getestet und - wie man sagt - serienreif gemacht werden. Bei einem Vergleich der Produktionszahlen in der Automobilindustrie mit der Zahl der Erhebungen von Meinungsforschungsinstituten und ähnlichen Einrichtungen zeigt sich eine Diskrepanz, die den Serienbegriff in bezug auf Modelle für die angewandte Sozialforschung schwer über die Lippen gehen läßt. Dennoch handelt es sich bei diesen Modellen nicht um bloße Konstruktionsskizzen oder Entwürfe auf dem Papier. Sie werden wirklich "gebaut" und - um in der Sprache zu bleiben - auf die Strecke geschickt.

Die meisten Gemeinsamkeiten haben sie wahrscheinlich mit den Erzeugnissen der modernen Waffenschmieden. Auch die Rüstungsbetriebe produzieren streng genommen nicht in Serie. Dazu sind die Stückzahlen viel zu gering. Sie stellen Prototypen her, die überdies so gut wie nie über einen sehr beschränkten Einsatzbereich hinaus geprüft, geschweige denn einem "Härtetest" unterworfen werden. Moralische Betrachtungen überläßt man gewöhnlich "unverbesserlichen Ideologen". Die Wettbewerbssituation hält von ernstgemeintem Erfahrungsaustausch ab, bedingt eine allzu einleuchtende Geheimnistuerei. Falsche oder unvollständige Angaben über die Leistungsfähigkeit eines Systems sind nicht die Ausnahme, sondern die Regel. Und die rasante Geschwindigkeit, mit der neue Konzepte ältere ablösen, sorgt dafür, daß aufkommender Mißmut sich gar nicht erst zu entfalten vermag: Unbestreitbare Mängel sind, wenn sie aufgedeckt werden, fast immer schon bei weiterentwickelten Modellvarianten behoben oder befinden sich jedenfalls *under close scrutiny*.

Ungeachtet aller Probleme scheinen Prototypen (im weitesten Sinne des Wortes) den weitaus größten Beitrag zum methodologischen Fortschritt in der angewandten Sozialforschung zu leisten. Prototypen, etwa von Befragungstechniken, stellen ja stets ein komplexes Arrangement dar: Art der Stichprobenziehung (*Random, Quota*), Vorgehensweise (persönliche, schriftliche, fernmündliche Befragung), Grad der Standardisierung, Fragebogenaufbau, Skalenkonstruktion usw. Sie liefern (mehr oder weniger flexible) Pauschalkonzeptionen, die alles umgreifen, was nach Meinung des Konstrukteurs für zentrale Gesichtspunkte jeder Erhebung bedeutsam ist. Beim Test von Prototypen fallen so stets Befunde zum Effekt bestimmter Merkmalsverknüpfungen an. Und vor allem daraus ergibt sich die Überlegenheit von Prototypen gegenüber Versuchen, anhand der jeweils aktuellsten Resultate zum Effekt einzelner Faktoren, beispielsweise der Fragebogenlänge, ein Untersuchungsdesign zu entwickeln. Bivariate Analysen führen nahezu gesetzmäßig zu widerstreitenden Resultaten, weil selbst die wichtigsten "Randbedingungen" gewöhnlich nicht kontrolliert werden.

Obwohl man annehmen sollte, daß bestimmte Maßnahmen zur Steigerung der Antwortbereitschaft (wie Sondermarken bei postalischen Befragungen oder Interviewer mit einer angenehmen Stimme bei telefonischen Befragungen) ihren Nutzen haben müßten, zeigt der Vergleich über eine größere Zahl von Erhebungen hinweg nur äußerst selten statistisch signifikante Korrelationen. Betrachtet man hingegen (multifaktorielle) Prototypen, dann macht sich "plötzlich" erwartungskonform die - auch nur so feststellbare - (bedingte) Wirkung feiner Modifikation in der Instrumentierung bemerkbar. Genauer: Für sich genommen wirkungslose Maßnahmen erweisen sich oft in dem Moment als zweckdienlich, wo sie mit anderen, ihrerseits einzeln ebenfalls wirkungslosen Maßnahmen verknüpft werden. Entsprechende Effekte können allerdings erst als gesichert gelten, wenn bestimmte Verknüpfungen mit einer gewissen Frequenz vorkommen. Und eben darauf beruht die Bedeutung von Prototypen. Durch sie erhält man eine Datengrundlage, die auf andere Weise schwerlich herzustellen ist.

Im folgenden wollen wir uns daher ausschließlich mit Prototypen und ihren Konstruktionsprinzipien befassen. Einzelergebnisse zur Effizienz irgendwelcher Verfeinerungen von Techniken und Verfahren fallen aus diesem Rahmen heraus, sofern sie nicht unmittelbar auf bestimmte Prototypen bezogen und in diesem Bezug getestet sind. Die Auswahl der zu behandelnden Prototypen orientiert sich in erster Linie an zwei Kriterien: erstens, der im bisherigen "Einsatz" festgestellten Brauchbarkeit; zweitens, der vermutlichen Entwicklungsfähigkeit. (*Cum grano salis* gilt das auch für die vorgeschlagenen Konstruktionsprinzipien.) Die Begriffe Brauchbarkeit und Entwicklungsfähigkeit zielen dabei allerdings nicht nur auf eine, wie auch immer geartete, empirische Triftigkeit, sie bezeichnen zugleich solche Aspekte wie Eleganz, Einfachheit, Handlichkeit und so weiter: alles das, was im Alltag manchmal "Praktikabilität" genannt wird.

FORSCHUNGSKONZEPTIONEN

Die erfahrungswissenschaftliche Sozialforschung kennt seit ihren frühesten Anfängen die Unterscheidung zwischen *qualitativen* und *quantitativen* Verfahren. Als handliches Kriterium diente und dient der Einsatz der Statistik. Daneben die Benutzung sogenannter Skalen sowie eigentlich überhaupt aller irgendwie standardisierenden Techniken.

Den qualitativen Verfahren hängt nicht zuletzt deshalb der Ruch der Ungenauigkeit an, des Behelfsmäßigen, des Vorläufigen. Den quantitativen Verfahren umgekehrt das Image der Fliegenbeinzählerei, der Pedanterie, des Zahlenfetischismus.

Beide Seiten haben allerdings auch mit ernsteren Problemen zu tun. Es geht für die qualitative ebenso wie für die quantitative Richtung um mehr als um Fragen der Präsentation. Manche behaupten sogar eine Unterschiedlichkeit der Gegenstandsbereiche (CONDE 1990: 99):

> Inicialmente, los "objetos" construidos/analizados en las metodologías-técnicas cualitativas y cuantitativas, son:
> - Las *distribuciones de frecuencias* (que no números) en el caso de la metodología cuantitativa estadística.
> - Los *textos* (que no palabras) en el caso de la metodología técnica cualitativa.

Im Kern ist an vielen gegenseitigen Einwänden der Quantitativisten und der Qualitativisten durchaus etwas Wahres.

Qualitativ orientierte Sozialforscher scheinen in der Tat impressionistischen Sichtweisen zuzuneigen und einer hybriden Begrifflichkeit. Wie KURT W. BACK in einer Rezension von Neuerscheinungen zur qualitativen Methodologie schrieb (1991: 328):

> Practitioners and advocates of qualitative methods define them implicitly by what they are *not*, namely quantitative methods. Numbers, statistics, and the collection of data, which can be put into quantitative form, represent the great threatening shadow against which innovative ideas are directed. As this antagonist has occupied the power center of sociological research, qualitative researchers try to import concepts and methods from other fields of scholarship to strengthen their position.

Außerdem läßt sich ein starker Hang zum Apodiktischen beobachten. Als kennzeichnend für die Art des Vorgehens werden in anleitenden Schriften unter anderem die "unstrukturierte oder wenig strukturierte Beobachtung" (HOPF 1979: 14) hervorgehoben sowie die Verifikation von Arbeitshypothesen durch das Querlesen ("running through") unsystematischer Aufzeichnungen (GLASER und STRAUSS 1965: 6; dies. 1979: 94). Unter die "Verfahren qualitativer Methodologie" (BÜHLER-NIEDERBERGER 1985) rechnen sich beiläufige Anregungen wie die, etwaigen Ausnahmen von universellen Hypothesen besondere Beachtung zu schenken ("analytische Induktion"). Über Triftigkeit schreiben BARNEY GLASER und ANSELM STRAUSS - nach der Übersetzung von ELMAR WEINGARTEN und SABINE KRUMLINDE-BENZ (1979: 100):

> Wenn der Feldforscher allein arbeitet, so ist er derjenige, der genau einschätzen kann, was er untersucht und erlebt hat. Es sind seine Wahrnehmungen, seine persönlichen Erfahrungen und seine eigenen hart erarbeiteten Analysen. Der Feldforscher weiß, daß er weiß, nicht nur, weil er selbst im Feld gewesen ist und weil er seine Hypothesen sorgfältig verifiziert hat, sondern weil er zutiefst vom Wert seiner abschließenden Analyse überzeugt ist.

Quantitativ orientierte Sozialforscher hingegen scheuen sich häufig so stark vor der trügerischen Evidenz des Selbsterlebten und Selbstgedachten, daß sie nicht einmal mehr jenen "technisch verbrämten Obskurantismus" (HOPPE 1981: 317) zu durchschauen vermögen, der Methoden der Datenanalyse als Schätzverfahren für nicht erhobene und nicht erhebbare Veränderliche anbietet (z.B. WERTS und andere 1972; HAUSER und GOLDBERGER 1971). Hinzu kommt eine merkwürdige Distanzierung von der Alltagswelt, die sich sprachlich beispielsweise darin ausdrückt, daß sogar die simple Frage nach dem Alter - etwa in einem Interview - als "Messung" firmiert (vgl. für eine breite Übersicht über weitere "Meßinstrumente": ZENTRUM FÜR UMFRAGEN, METHODEN UND ANALYSEN E.V. 1983). Von den "Skalen" genannten Fragenbatterien gar nicht zu reden, bei denen die Mathematik- und EDV-Gläubigkeit eine innige Verbindung mit der "Meßtheorie" eingeht und im Zweifelsfall auch Gültigkeitsuntersuchungen rein rechnerisch vornimmt (zum Beispiel KRAMPEN 1983).

Vielleicht interessanter noch als die jeweiligen Eigentümlichkeiten sind unter den Schwachpunkten der erfahrungswissenschaftlichen Sozialforschung die sowohl den qualitativen als auch den quantitativen Ansatz belastenden Probleme. Erwähnt sei die seltsame Obsession mit Fragen der *Erklärung* - im Unterschied zu Fragen der *Voraussage*. Es mag sein, und vieles spricht dafür, daß die erfahrungswissenschaftliche Sozialforschung hier lediglich Fixierungen der theoretischen Soziologie beziehungsweise der soziologischen Theorie übernimmt. Woher jedoch auch immer die explanative Ausrichtung rührt, sie gehört jedenfalls zu den Determinanten einer Reihe durchaus nicht unbeachtlicher Schwierigkeiten. Die *Verstehende Soziologie* zum Beispiel als eine der bedenklichsten Fehlentwicklungen im Fächerkanon der Wissenschaften vom Menschen ist sicher ganz wesentlich mit auf die Überwertung des Erklärens zurückzuführen.

Erst die Unterordnung der zukunftsorientierten Voraussage unter die vorwiegend auf Vergangenes gerichtete und insofern historisch zu nennende Perspektive der Erklärung kann das Verstehen als bedeutsam erscheinen lassen. Unabhängig .davon, wie der Begriff im einzelnen aufgefaßt wird, geht es beim Verstehen ja wohl um eine Art Nachvollzug. Und wenn es Sinn macht zu sagen, eine Erklärung ließe sich durch den Nachvollzug der jeweils erklärten Handlung vertiefen, dann muß man vermutlich doch bezweifeln, daß es Sinn machen kann, eine Voraussage nachvollziehen zu wollen.

Besonders deutlich wird die in diesem Punkt bestehende Verschiedenheit von Erklärung und Voraussage an Fällen, wo gleichzeitig mehrere divergierende Systematisierungen möglich zu sein scheinen. Geht es um Erklärungen, ist nicht auszuschließen, daß sich nie entscheiden wird, welche von ihnen (falls es überhaupt eine gibt) die richtige ist. Handelt es sich dagegen um Voraussagen, dann wird immer eine Entscheidung erfolgen. Erklärungen sind insofern beliebiger als Voraussagen. Ein zusätzliches Auswahlkriterium, das *Plausibilität* (HABERMEHL 1985) und *Bewährung* ergänzen würde, dürfte daher prinzipiell nur unter explanativem Blickwinkel Relevanz erlangen können.

Man täte der teilweise stark vom Kritischen Rationalismus KARL RAIMUND POPPERS beeinflußten, sich manchmal Erklärende Soziologie, häufiger - englisch - *explanatory sociology* nennenden Strömung zweifellos Unrecht, wollte man ihr alles und jedes anhängen, was heute an methodologischen Irrtümern die erfahrungswissenschaftliche Sozialforschung entstellt. Dennoch ist es anscheinend wirklich so, daß das Spektrum der in irgendeiner Weise mit der - fast möchte man sagen - Erklärungsmanie zusammenhängenden Verschmutzungen sehr weit auslädt. Exemplarisch angeführt sei ergänzend zu den kurzen Bemerkungen über das Verhältnis zwischen Erklärender und Verstehender Soziologie die, soweit zu sehen ist, zunehmende Verlagerung soziologischer Erhebungen von wissenschaftlicher Forschung im engeren Sinne zu einem Typus von Recherchen, wie er ursprünglich eher in der journalistischen Arbeit anzutreffen war.

Ohne den Anspruch einer erschöpfenden Definition könnte man vielleicht sagen, daß das angestrebte Ergebnis wissenschaftlicher Forschung immer etwas spezifisch Neues sein muß: eine Entdeckung. Der Forscher muß methodisch einen der wissenschaftlichen Gemeinschaft bisher unbekannten Sachverhalt ans Licht bringen. An die Methode sind dabei keine allzu hohen Anforderungen zu stellen. Aber es kann nicht genügen, einen oder mehrere sogenannte Experten zu befragen und dann die Erfahrungen und Eindrücke dieser Experten in einem zweiten Aufguß weiterzureichen. Obwohl beispielsweise in der wissenschaftlichen Gemeinschaft der Soziologen unbekannt sein mag, wie es "im Alltag der Prostitution" (GIRTLER 1984: 323) zugeht, sollte selbst die sorgfältigste Recherche nicht als wissenschaftliche Forschung firmieren, wenn die aus ihr gewonnenen Erkenntnisse allenfalls das Niveau dessen erreichen, was einem jeder x-beliebige Zuhälter erzählen kann.

Eine Annäherung an eine vertretbare Argumentationslinie für die These, derzufolge die Verwechslung journalistischer Recherchen mit wissenschaftlicher Forschung wahrscheinlich unter anderem bedingt ist durch die Erklärende Soziologie, ergibt sich - wie schon bei der Deutung des Verhältnisses zur Verstehenden Soziologie - aus dem überwiegend historischen Blickwinkel der erklärenden Systematisierung. Während die Voraussage immer schon über Bekanntes hinausgreift, ist es speziell im Falle der sozialwissenschaftlichen Erklärung eine vertraute Situation, daß das Explanandum nebst Explanantia jedermann bekannt und nur die Behauptung neu ist, derzufolge zwischen dem einen und dem anderen ein Zusammenhang besteht. Es braucht in explanativen Kontexten eher der zündenden Idee als der im engeren Sinne des Wortes aufgefaßten Entdeckung. Nötigenfalls läßt sich das, was sonst Entdeckung heißt, für Zwecke der Erklärung sogar schlicht und einfach hypostasieren. Der Forscher erfindet die fehlenden Explanantia, wenn sie nicht wie erwartet bei seinen Erhebungen anfallen. Ein hübsches Beispiel liefern RAYMOND BOUDON und FRANÇOIS BOURRICAUD mit ihrer "Erklärung" der Wohnungsnot in Moskau nach der bolschewistischen Revolution (1984: 1).

> (...) à la suite de la privatisation du mariage et du divorce décretée par les bolcheviks après leur succès de 1917 en Russie (...) les nouvelles institutions en rendant le couple fragile, incitent chacun des époux à chercher à disposer d'un logement qu'il pourra utiliser au cas où l'union viendrait à se rompre.

Auch dies scheint nicht im Widerspruch mit der Ausrichtung am Ziel der Erklärung zu stehen: Vorstellungskraft als Ersatz für's Datensammeln schlechthin. Von einer prognostischen Aufgabenstellung her ist es undenkbar, den entscheidenden Punkt gewissermaßen aus der Luft zu greifen. Eine Prognose kann nicht mit völlig willkürlich gesetzten Randbedingungen operieren. Selbst streng nach bewährten Gesetzen abgeleitete Voraussagen sind und bleiben Phantasien, solange es nicht gelingt, die zwischen den verschiedenen möglichen Ausprägungen der benutzten Veränderlichen getroffene Wahl plausibel zu machen. Als *Spinner* bezeichnet die Umgangssprache denn auch jeden, der - etwa als Lottokönig *in spe* - Dispositionen für das Eintreten in diesem Sinne unplausibler Erwartungen trifft.

Im Falle von Erklärungen hingegen ist es durchaus nicht so phantastisch, grundlos ein Explanans anzunehmen. Anders als die Voraussage hat es die Erklärung mit Aufgaben zu tun, deren Lösungsspielraum von vorneherein eingeschränkt ist. Noch über die dunkelsten Epochen der Geschichte zum Beispiel wissen wir immerhin soviel, daß auch bei unkonventionellem Umgang mit historischen Tatsachen dem Phantasieren gewisse Grenzen gezogen sind, die es für den in die Zukunft sich richtenden, letztlich nur von unserem Gesetzeswissen in Bahnen gehaltenen Blick der Prognose nicht gibt. Dadurch stehen Erklärungen und erklärende Disziplinen unter einem weitaus geringeren Rechtfertigungsdruck als Voraussagen und voraussagende Disziplinen. Aufgrund der durch unser Tatsachenwissen gegebenen strengeren Kontrolle, der sie unterliegen, genießen sie eine Art Vertrauensvorschuß. Wo ihre Unvereinbarkeit mit allgemein anerkannten Fakten nicht auf der Hand liegt, werden sie üblicherweise zunächst einfach hingenommen.

Paradigmatisch könnte man SIGMUND FREUD anführen. Seine Psychoanalyse tritt - nicht ohne Erfolg - als Wissenschaft auf, obwohl sogar die grundlegenden Schriften FREUDs - erwähnt sei "Totem und Tabu" (1912/13; zit. nach 1974) - allenfalls ihres literarischen Reizes wegen Aufmerksamkeit beanspruchen können: In der angloamerikanischen Dichotomie von *fiction* und *non-fiction* wären sie eindeutig der Kategorie *fiction* zuzuordnen.

Die Gegenseite veranschaulichen vielleicht am besten die Futurologen mit Verfahren, die sie selbst ebenso skeptisch wie blumig *Delphi-Methode* (DALKEY und HELMER 1963) oder *operational gaming* (HELMER 1966: 29) getauft haben. Allein auf Grund ihrer Hinwendung zur Zukunft hängt ihnen - auch vom eigenen Gespür her - der Ruch der Scharlatanerie an.

Sie haben nicht den Solidität "garantierenden" Rahmen des historisch oder wenigstens durch die individuelle Entwicklung Abgesicherten. Die Fragwürdigkeit ihrer Systematisierungsversuche ist bei aller Sorgfalt der empirischen Arbeit stets offensichtlich. Es fehlt der wenigstens scheinbare Halt des Gegebenen. Das Spekulative jeder futurologischen Betrachtung - und sei es eine anspruchsvolle Modellrechnung - drängt sich als Eindruck unmittelbar auf, während es bei Erklärungen weitestgehend hinter den imposanten Eckpfeilern des Faktischen verschwindet. Eine Voraussage ist quasi *per se* als riskantes Unterfangen kenntlich. Die Möglichkeit des Scheiterns ist ihr eingeschrieben. Eine Erklärung enthält umgekehrt ihren eigenen "Beweis": Sie erklärt eine unzweifelhafte Begebenheit - sonst wäre sie ja überflüssig - und belegt dadurch, daß sie nicht nur eine Existenzberechtigung hat, sondern daß sie auch tatsächlich "existiert".

Nun besteht anscheinend eine stärkere Affinität zwischen qualitativer Sozialforschung und erklärendem Ansatz als zwischen quantitativer Sozialforschung und erklärendem Ansatz. Von Äußerlichkeiten (Sprache, Herkommen) und Inhalten (Gegenstandsbereiche, Theorien) abgesehen: Auch formal imponiert das Verhältnis auf der einen Seite als eine Art Wahlverwandtschaft, während man auf der anderen Seite eher den Eindruck einer nicht eben zufälligen Distanz gewinnt.

Die Lehrbuchbeispiele wissenschaftlichen Erklärens sind so gut wie ausnahmslos qualitativer Art - bis zurück zu dem erstmals von KARL POPPER (1934; zit. nach 1976: 31/32) beschriebenen, durch WOLFGANG STEGMÜLLER (1969:79) klassisch gemachten Fall, wo erklärt werden soll, "warum ein (...) Faden zerreißt, nachdem ein (...) Gewicht daran gehängt wurde." Bei oberflächlicher Betrachtung kann man oft den Eindruck gewinnen, es handele sich um quantitative Beispiele. Wer näher hinsieht, stellt jedoch rasch fest, daß fast alle Mengenangaben uneigentlich aufzufassen sind. Bleiben wir bei POPPERs zerreißendem Faden. Die Erklärung für das Zerreißen ergibt sich daraus, daß die Zerreißfestigkeit des Fadens 1 kg betrug, das daran gehängte Gewicht jedoch 2 kg schwer wog. Der quantitative Aspekt ist hier völlig ohne Belang. Es geht einfach darum, daß ein vorliegender Gegenstand unter gewissen Umständen bestimmte Veränderungen durchmacht. Als Beispiel hätte genausogut die Rotfärbung von Lackmuspapier in Säuren dienen können.

Wahrscheinlich ist es ohnehin unsinnig, in die Diskussion über qualitative und quantitative Sozialforschung die Unterscheidung zwischen qualitativen und quantitativen Merkmalen hineinzutragen. Qualitäten sind in aller Regel leicht in Quantitäten transformierbar und umgekehrt. Es ist meistens mehr eine Frage des Geschmacks als eine Frage der Gegebenheiten, ob man eine qualifizierende oder eine quantifizierende Ausdrucksweise bevorzugt. Weil wir bezüglich der Verfärbung von Lackmuspapier über die Farbe Rot sprachen: Es könnte ja einer, anstelle beispielsweise für reines Rot solche Ausdrücke wie "Urrot" zu benutzen, lieber von einer "Mischung aus Licht der Wellenlänge 670 nm mit etwas Licht der Wellenlänge 460 nm" reden wollen. Und dagegen wäre weiter gar nichts einzuwenden - außer vielleicht unter pragmatischen Gesichtspunkten wie Prägnanz oder Verständlichkeit.

Wenn bei der Umformung eines qualitativen in ein quantitatives Merkmal Schwierigkeiten auftauchen, dann gewöhnlich vor allem, weil das umzuformende Merkmal mehrdimensional ist. Die Zugehörigkeit zu einer der üblicherweise unterschiedenen sozialen Schichten etwa stellt in den westlichen Gesellschaften der Gegenwart weitgehend eine Frage des Einkommens dar. Aber auch Herkunft und Bildung und Ämter spielen eine Rolle. Der Professor für Sozialpsychologie, dessen Einkommen ein Zehntel oder Zwanzigstel des Einkommens betragen mag, das der an der gleichen Hochschule tätige Professor für Augenheilkunde erzielt, kann sich unter Umständen wie dieser zur oberen Mittelschicht rechnen, obwohl seine Bezüge zu einer entsprechenden Lebensführung höchstwahrscheinlich nicht im Ansatz ausreichen.

Die Rangordnung wirft hier nicht deshalb Probleme auf, weil schwer oder gar nicht quantifizierbare Merkmale zu berücksichtigen sind, sondern weil mehrere - im übrigen sehr leicht quantifizierbare Merkmale - miteinander verrechnet werden müssen. Besonders nachdrücklich unterstrichen wird die - dem wissenschaftsphilosophischen Schrifttum zweifellos sicher vorgegebene, von ihm nur aufgegriffene und ausdrücklich gemachte - qualitative Ausrichtung des Erklärungsbegriffs durch die der mathematischen Logik entlehnten Schreibweise, die etwa Poppers Beispiel der Erklärung für das Zerreißen eines Fadens "in etwas vereinfachter Gestalt" (STEGMÜLLER 1969: 145) folgendermaßen wiedergibt:

"Fx" besage "x ist ein Faden"; "Gx" sei eine Abkürzung für "an (den Faden) x wird ein Objekt gehängt, dessen Gewicht (z. B. 2 kg) jenes übersteigt, das für die Zerreißfestigkeit von x charakteristisch ist (z. B. 1 kg)"; "Zx" besage "(der Faden) x zerreißt". "a" sei der Name des betreffenden Fadens, (...) Das Argument, welches das

Zerreißen des Fadens damit erklärt, daß ein seine Zerreißfestigkeit übersteigendes Gewicht darangehängt wurde, läßt sich dann so formalisieren:

(1) Gesetzesaussage: $\bigwedge x\, (Fx \wedge Gx \to Zx)$
(2) Antecedensdatum: $Fa \wedge Ga$

_____

(3) Explanandum: Za

In dieser Darstellung verschwinden noch die geringsten Anklänge an Zähl- und Berechenbares. Und so nebensächlich einem Fragen der Schreibweise vorkommen mögen: Es kann eigentlich kein Zufall sein, daß man einer bestimmten Schreibweise in einigen Zusammenhängen oft oder sogar regelmäßig, in anderen fast nie begegnet. Um als Folie weiter die "Probleme und Resultate der Wissenschaftstheorie" zu benutzen: Im ersten Band, in dem es um "Wissenschaftliche Erklärung und Begründung" geht, macht STEGMÜLLER reichhaltigen Gebrauch von den Darstellungsmitteln der mathematischen Logik und gibt sogar eine Einführung in ihr "ABC" (1969: 1-71); im vierten Band, der sich mit "Personeller und Statistischer Wahrscheinlichkeit" befaßt und mit einem Teil "'Statistische Analyse' statt 'Statistische Erklärung'" schließt (1973: 277-358), tauchen diese Darstellungsmittel allenfalls noch unwesentlich oder in Anhängen auf. STEGMÜLLER bedient sich statt dessen der Formelsprache der modernen Wahrscheinlichkeitstheorie. Dieser Wechsel des Notationssystems steht in engster Verbindung mit dem Kern der Unterschiedlichkeit von qualitativer und quantitativer Sozialforschung. Ausschlaggebend ist hier wie da die Probabilistik. Oder genauer: die durch sie ermöglichte Idee einer zugleich rationalen und doch im engeren Sinne des Wortes nicht überprüfbaren, nicht widerlegbaren, nicht erklärbaren und auch ihrerseits nicht zu Erklärungen geeigneten Theorie.

Zur Veranschaulichung ließe sich eine Überlegung WERNER SOMBARTs anführen (1924: II, 173):

Sieht man von der Zusammensetzung der Masse ab, also unter sonst gleichen Umständen, so gilt der Satz: je größer die Masse, desto dümmer ist sie als solche. Darum also - beispielsweise -: je verbreiteter die Zeitung, desto tiefer ihr Niveau; je demokratischer das Wahlrecht, desto niedriger der Geistesstand der Vertreterschaft.

Besonders hübsch ist das von SOMBART aus dem Grundsatz der Dummheit der Masse gefolgerte Theorem über das Niveau von Zeitungen. In der Bundesrepublik stehen ja zur Zeit im Bereich der politisch-wirtschaftlichen Berichterstattung in besonders scharfem Wettbewerb miteinander:

die »Süddeutsche Zeitung«, die »Welt« und die »Frankfurter Allgemeine«. Vermutlich würde SOMBART aber nicht behaupten wollen, die »Süddeutsche« habe, weil sie verbreiteter ist, ein niedrigeres Niveau als die »Welt«. (Und er würde das auch nicht, im Blick auf den Zeitschriftenmarkt, vom »Stern« im Vergleich zur »Bunten« sagen.) Eher ist es wohl so, daß ihm Gegenüberstellungen kategorialer Art vorschweben, etwa die zwischen einem Blatt der Weltpresse und einem Boulevard-Blatt. Auch dabei können sich natürlich Schwierigkeiten ergeben. Zum Beispiel im Falle eines überregional erfolgreichen Blattes der Weltpresse (»Frankfurter Allgemeine«) und eines nicht einmal regional erfolgreichen Boulevard-Blattes (»Abendpost Nachtausgabe«). Nahe läge es deshalb, das Theorem weiter zu präzisieren und vielleicht auf die Marktführer in den jeweiligen Kategorien ("Regenbogen", "Boulevard", "Weltpresse" und so weiter) einzuengen.

Wir wollen uns aber nicht eingehender mit der unmittelbar inhaltlichen Seite von SOMBARTs Überlegungen befassen. Viel fesselnder ist der mehr formale Aspekt, daß SOMBART sein Theorem derart achtlos hinwirft. Ohne näheres Überlegen. Offenbar geht er davon aus, daß Thesen wie die, die er in seinem Theorem vertritt, sowieso von niemand wortwörtlich genommen werden. Jede Art von philosophisch "angehauchter" Exaktheit wäre ihnen unangemessen. Bereits das "Je-Desto" ist sehr lax aufzufassen. Es soll lediglich besagen, daß der Tendenz nach mit der Verbreitung einer Zeitung ihr Niveau sinkt. Ausnahmen, beispielsweise im Falle von Neuerscheinungen, sind implizit ausdrücklich zugelassen. Sie gehören zu den konventionellen Mit-Bedeutungen von *Je-desto-Hypothesen*.

Fragen wie die, warum eine bestimmte Zeitung mit dem Niveau *A* eine höhere oder geringere Auflage als eine andere Zeitung mit dem Niveau *B* hat, stellen sich für SOMBART nicht. Die Art der von ihm vermuteten Zusammenhänge läßt von vorneherein eine Beantwortung solcher Fragen nicht zu. Er geht von einer - zumindest auf epistemischer Ebene - nicht-deterministischen Situation aus. Er nimmt Beziehungen an, die zu Daten über "Einzelfälle" in einem Verhältnis wechselseitiger Irrelevanz stehen. Sein Theorem hat die kennzeichnende Struktur von Vorurteilen.

Vorurteile verdanken ihre Beharrlichkeit dem Umstand, daß sie gewöhnlich zutreffen. Nur ist es meistens nicht ganz leicht, die Art und Weise dieses Zutreffens anzugeben. Das Vorurteil, *der* Deutsche schulmeistere gern zum Beispiel, nimmt nicht an, daß jeder Deutsche gerne schulmeistert. Es unterstellt allenfalls, daß die Mehrheit der Deutschen gerne schulmeistert. Und vielleicht nicht einmal dies. Der Sinn kann einfach sein: Wenn in einer Tischrunde oder sonst in einem geselligen Kreis einer belehrend den Finger hebt, dann ist es höchstwahrscheinlich ein Deutscher; es gibt unter Umständen kaum eine Handvoll Schulmeister, aber die sind überwiegend Deutsche.

Manchmal benutzen wir unsere Vorurteile so, als würden wir mit ihnen etwas erklären. Bei einem gemeinsamen Abendessen von Teilnehmern am Weltkongreß für Soziologie in Mexiko schob einer der Tischgenossen grüblerisch die Brille auf die Nasenspitze und dachte laut darüber nach, ob er sich für Kalbsbries entscheiden sollte. Er hatte das Wort *sweetbread* - die Konversation wurde auf Englisch geführt - noch nicht ganz von den Lippen gebracht, da begann sein Nachbar unaufgefordert zu dozieren, es handele sich beim Kalbsbries um die Thymusdrüse des Kalbs, diese diene der Milchverwertung, bilde sich beim älteren Tier zurück und so weiter. Mit zu Tisch saßen unter anderen ein Holländer und ein Engländer. Die beiden, die natürlich um die Nationalität ihres in kulinarischen und tierkundlichen Dingen so beschlagenen Kollegen wußten, sahen sich - mehr befriedigt fast als belustigt - an, und der Engländer bemerkte trocken: "Once a German, always a German."

Diese bei Engländern, wenn sie Äußerungen von Deutschen kommentieren, häufiger zu hörende Redewendung hat tatsächlich den Anflug einer Erklärung. Sie vermag dem Befremden über das schulmeisterliche Gebaren ein wenig von seiner Nachdrücklichkeit zu nehmen. Ins durcheinander geratene Weltbild kommt wieder Ordnung: "Naja, wenn das so ist!"

Dennoch spielen etwaige explanative Nutzanwendungen nur eine untergeordnete Rolle. Vorurteilen fehlt die von jeder Erklärung vorausgesetzte Allgemeingültigkeit. Der methodologischen Folklore der Erfahrungswissenschaften ist das Beispiel geläufig, wo ein Phänomen, etwa die "überragende Beteiligung der Protestanten am Kapitalbesitz" (WEBER 1904/1905; zit. nach WEBER 1978: 19), in Beziehung gesetzt wird zu unmittelbar der Statistik entnommenen Frequenzen (*ibidem*: 21):

Daß der Prozentsatz der Katholiken unter den Schülern und Abiturienten der 'höheren' Lehranstalten im ganzen hinter ihrem Gesamtanteil an der Bevölkerung beträchtlich zurückbleibt, wird man (...) zum erheblichen Teile (...) überkommenen Vermögensunterschieden zurechnen. Daß aber (...) innerhalb der katholischen Abiturienten der Prozentsatz derjenigen, welche aus den modernen, speziell für die Vorbereitung zu technischen Studien und gewerblich-kaufmännischen Berufen, überhaupt für ein bürgerliches Erwerbsleben bestimmten und geeigneten Anstalten (...) hervorgehen, (...) auffallend stärker hinter dem der Protestanten zurückbleibt, (...), das ist eine Erscheinung, (...), die (...) zur Erklärung der Beteiligung der Katholiken am kapitalistischen Erwerb herangezogen werden muß.

Der Autor stellt sich anscheinend vor, man könne die geringere Neigung der Katholiken zum bürgerlichen Erwerbsleben als Explanans für ihre geringere Beteiligung daran und am Kapitalbesitz benutzen (entsprechend - im Falle der Protestanten - die größere Neigung als Explanans für die größere Beteiligung). Und bei oberflächlicher Betrachtung drängt sich diese Vorstellung auch geradezu auf.

Da ist erstens eine schwer anfechtbare Theorie, derzufolge sich unter sonst gleichen Bedingungen Kollektive mit geringerer Neigung zum bürgerlichen Erwerbsleben in geringerem Umfang daran beteiligen. Zweitens läßt sich durch Daten belegen, daß die Neigung zum bürgerlichen Erwerbsleben in der Gruppe der Katholiken geringer als in der Gruppe der Protestanten ist. Dann sollte es drittens doch eigentlich zulässig sein, daraus die im Vergleich zu der der Protestanten tatsächlich auch geringere Beteiligung der Katholiken am bürgerlichen Erwerbsleben herzuleiten.

Um sich klarzumachen, daß dies ein falscher Irrtum ist, geht man am besten vom Einzelfall aus. Der Katholik Martin K. zeige im bürgerlichen Erwerbsleben wenig Biß. Er habe auch ganz und gar nicht die entsprechende Neigung. Trotzdem wird jeder Versuch, das eine durch das andere zu erklären, einem schlagenden Einwand begegnen: Wenngleich Martin K. die entsprechende Neigung fehlt, ist es ihm deshalb strikt unmöglich gewissermaßen über seinen Schatten zu springen? Führt fehlende Neigung stets zu unterdurchschnittlichen, höchstens mittelmäßigen Leistungen im bürgerlichen Erwerbsleben? Diese Fragen können nur verneint werden. Selbstverständlich kommt es oft, sogar sehr oft vor, daß die Betreffenden entgegen ihrer Neigung außerordentlichen Biß zeigen. Falls das aber so ist, stellt sich die Frage nach dem Warum des mangelnden Engagements von neuem: Warum zeigt Martin K. - anders als andere Katholiken mit geringer Neigung dazu - wenig Biß im bürgerlichen Erwerbsleben?

Wenn es an sich auch unzulässig sein mag, eine auf Kollektive zu beziehende Annahme "individualistisch" zu deuten, die Logik des Ein-

wandes gegen die Brauchbarkeit jeglicher nur eingeschränkt (z.B. nur
"tendentiell") gültiger Hypothesen in explanativen Systematisierungen
dürfte am Einzelfall doch eher deutlich werden als am komplexeren des
Kollektivs. Der aussschlaggebende Punkt ist schließlich allein der, daß
eine Erklärung nichts erklärt, wenn sie stillschweigend (oder sogar explizit) Abweichungen von der im Explanans benutzten Regel zuläßt. Sie
kann auch keine "Teilerklärung" liefern, wie das ein in der Statistik
verbreiteter Jargon suggeriert, dem unter anderem solche Begriffe wie
"erklärte Varianz" geläufig sind. So bemerkenswert man Analysen finden
wird, die 30, 40 oder gar 50 Prozent der Varianz einer Veränderlichen zu
"erklären" vermögen: Derartige "Erklärungen" sind etwas von der erfahrungswissenschaftlichen Systematisierung völlig Verschiedenes. Es handelt sich um rechnerisch mehr oder weniger aufwendige Zusammenfas-
sungen vorliegender Datenbestände, die zunächst von einem rein deskriptiven Standpunkt her erfolgen. Und der Versuch, diese Datenzusam-
menfassungen explanativ auszubeuten, führt sogleich wieder zurück zu
den Problemen unbestimmter Gesetze, statistischer Regelmäßigkeiten,
probabilistischer Hypothesen oder wie sie sonst genannt werden mögen.

Ein in der Sozialforschung bekanntes Beispiel ist die von THOMAS HE-
BERLEIN und ROBERT BAUMGARTNER (1978) gerechnete Regressions-
analyse für die Rücklaufquote bei postalischen Befragungen. Das *Ten Variable Model Predicting Final Response Rate* ($R^2 = 0,658$), das die beiden vorgestellt haben (1978: 457), konnte recht gut bestätigt werden
(EICHNER und HABERMEHL 1981a und unter Vorbehalten - da seine Daten
sich stark mit denen von HEBERLEIN und BAUMGARTNER überschneiden
dürften - GOYDER 1982). Eine auf dem HEBERLEIN-BAUMGARTNER-*Modell* basierende Rücklaufquotentheorie käme dessenungeachtet für Er-
klärungszwecke überhaupt nicht in Betracht. Notgedrungen würde die
Theorie ja den Spielraum der von ihr zugelassenen Rücklaufquoten so
festlegen müssen, daß auch unwahrscheinlichere Fälle, wo sie nur prinzipiell möglich sind, in geordneter Weise berücksichtigt werden können.
Man hätte eine Klausel, die im Bereich zwischen 0 und 100 Prozent,
obwohl ungern, alles erlaubt. Und damit wäre wieder die bereits illustrierte Situation der Nichtbeantwortbarkeit erklärungsheischender War-
um-Fragen gegeben: Warum liegen die Rücklaufquoten dieser Stichprobe
postalischer Befragungen zwischen 42 und 98 Prozent? Weil dies bei 95
Prozent entsprechender postalischer Befragungen so ist. Es hätten also bei
dieser Stichprobe auch mal 40 oder 100 Prozent sein können? Ja. Warum
liegen die Quoten dann zwischen 42 und 98 Prozent?

Dieses schlüssig klingende Argument zur Stützung der These einer im Vergleich mit der quantitativen Sozialforschung stärkeren Affinität zwischen qualitativer Sozialforschung und erklärendem Ansatz setzt freilich voraus, daß die Unterscheidung der beiden Forschungskonzeptionen in der Tat, wie wir bisher angenommen haben, wesentlich an den deterministischen beziehungsweise indeterministischen Charakter der jeweils ins Auge gefaßten Theorien gebunden ist. Daran kann es aber wohl kaum Zweifel geben. Niemand würde zählen, rechnen, Statistiken erstellen, Signifikanztests durchführen, wenn geprüft werden sollte, ob es "kleine verachtete 'Heidenvölker' im Osten Asiens" gibt, die sich nicht gestatten, "den Namen ihres Gottes überhaupt in den Mund zu nehmen" (NIETZSCHE 1887; zit. nach 1968: 412); oder ob "jeder Triebmensch" genauso "haltlos wie verschroben" ist (REICH 1925: 20); oder ob "Vaterschaft" unter den Melanesiern "eine ausschließlich soziale Beziehung ist" (MALINOWSKI 1927: 23, meine Übersetzung). Die sogenannten Existential- und Allsätze bedürfen nicht nur keiner statistischen Analysen, es wäre rundweg widersinnig, solche Analysen anstellen zu wollen. Auf der anderen Seite gilt entsprechend das gleiche: Die Untersuchung probabilistischer Hypothesen mit Hilfe von Verfahren, die sich ausdrücklich oder auch bloß *de facto* jeder Quantifizierung sperren, erscheint als Unding. Die "laxere sexuelle Treue der Männer" etwa, "eine nur von dogmatischer Misogynie, banalem Nachsprechertum oder bloßer Frivolität geleugnete Tatsache" (SIMMEL 1919: 266), ist kategorial ebensowenig darstellbar wie - ein "experimentalwissenschaftliches" Beispiel - die von BURRHUS FREDERIC SKINNER (1957: 148) vermutete Beziehung zwischen der Ausprägung verbalen Verhaltens und dem Umfang entsprechender Verstärkung:

> The amount of reinforcement accorded the verbal behavior of a particular speaker varies from community to community and from occasion to occasion. A child reared in a family which reinforces generously is likely to possess such behavior in great strength and will talk upon almost any occasion. A child reared in the absence of such reinforcement may be relatively silent or taciturn.

Zu fragen bliebe, inwieweit die qualitative Sozialforschung auf Grund ihrer Ausrichtung am Determinismus und der dadurch bedingten Verbindung mit dem erklärenden Ansatz auch von den Schwierigkeiten dieses Ansatzes betroffen ist. Ich hatte, ohne allerdings eine nähere Erläuterung zu geben, auf die besondere Problematik des Verhältnisses zwischen Erklären und Verstehen hingewiesen. Unerörtert waren dabei speziell die Vorbehalte gegenüber der Verstehenden Soziologie als solcher gelassen worden. Das Versäumte sei nun nachgeholt. Als Leitfaden diene ein

Aufsatz MAX WEBERS (1922; zit. nach WEBER 1982: 427- 474).

Es gibt, glaubt WEBER, im menschlichen Verhalten "Zusammenhänge und Regelmäßigkeiten, deren Ablauf verständlich deutbar ist" (1982: 427/428). Andere "feststellbare Regelmäßigkeiten" sind allenfalls "teilweise" zu verstehen (1982: 428/429). Außerdem kommen "Konstellationen" vor, bei denen selbst die verständlichste keineswegs "die wirklich im Spiel gewesene" sein muß (1982: 428). "Verständnis" zählt demnach für die Verstehende Soziologie weder unter die notwendigen noch unter die hinreichenden Bedingungen empirischer Gültigkeit. Für die nicht-verstehende beziehungsweise die überhaupt nicht verstehen-wollende Soziologie war "Verständnis" ohnehin immer eine Spielerei. Die Frage ist insofern berechtigt, worin der "Sinn einer 'verstehenden' Soziologie" (1982: 427-431) bestehen mag.

WEBER sagt in seinem Aufsatz, es sei "eine spezifische, sehr verschieden große, qualitative 'Evidenz'" kennzeichnend für "ein durch Deutung gewonnenes 'Verständnis' menschlichen Verhaltens" (1982: 428). Er fügt dann allerdings gleich hinzu: "Daß eine Deutung diese Evidenz in besonders hohem Maße besitzt, beweist an sich noch nichts" (*ibidem*). Und das ist sehr vorsichtig ausgedrückt. WEBER hätte genauso schreiben können: "Evidenz beweist überhaupt nichts." Er hätte das sogar schreiben sollen. Jedenfalls entwickelt er kein einziges Argument für die Annahme einer irgendwie gearteten erfahrungswissenschaftlichen Bedeutung von "Evidenz". Statt dessen wendet er sich seinem - mit einem "Höchstmaß an 'Evidenz'" ausgestatteten - Paradebeispiel verständlichen Verhaltens zu: dem "zweckrationalen Handeln", das "ausschließlich orientiert ist an (subjektiv) als adäquat vorgestellten Mitteln für (subjektiv) eindeutig erfaßte Zwecke" (*ibidem*). Dieses sei als Modell "bei der soziologischen Analyse verständlicher Zusammenhänge sehr oft am geeignetsten" (1982: 429) und erlaube es überdies, "die Tragweite des Zweckirrationalen" abzuschätzen (1982: 430). Das "Zweckrationale als Idealtypus" (*ibidem*) hätte seine Nutzanwendungen demnach vor allem dort, wo der Stellenwert von Rationalität und Irrationalität im menschlichen Verhalten häufiger falsch veranschlagt wird. Seine Aufgabe wäre die, die für den Alltag die Lebenserfahrung übernimmt, indem sie sowohl vor Treuherzigkeit als auch vor Misanthropie bewahrt. Wenn freilich der "Sinn einer 'verstehenden' Soziologie" nicht weiter reicht als bis zu der vielleicht berechtigten, aber gleichwohl ausgesprochen trivialen Erinnerung an Alltagsweisheiten, dann muß man wohl doch - zumindest unter fachlichem Blickwinkel - die

Triftigkeit des Bemühens um Verständnis in Zweifel ziehen.

In seinem Buch "The Logic of Collective Action" setzt MANCUR OLSON sich unter anderem mit dem Phänomen auseinander, daß selbst in Massengesellschaften und ohne Wahlpflicht Stimmberechtigte zur Wahl gehen (1980: 164). In Deutschland etwa hat bei den Wahlen zum Bundestag die Wahlbeteiligung nie 70 Prozent unterschritten. Und während Parteifunktionäre einem mehr oder weniger großen Druck ausgesetzt sein dürften, sich an der Urne zu zeigen, haben Millionen dafür keinerlei handfeste Gründe. Der Weg zum Wahllokal ist weder einträglich noch, speziell bei ungemütlichem Wetter, vergnüglich oder gar gesund. Von einem "zweckrational" handelnden Akteur würde man daher erwarten, daß er sich durch Wahlen in seiner sonntäglichen Ruhe nicht stören läßt und zuhause bleibt. Das Verhalten der an die Urnen strömenden Massen erscheint insofern als unverständlich, und OLSON sieht sich folgerichtig nach einem Lückenbüßer um. Den findet er in einer Art Schwellen-Theorie (*ibidem*):

There is a 'threshold' above which costs and returns influence a person's action, and below which they do not. This 'threshold' concept may (...) be explained by a physical analogy. Suppose a man's hand is placed in a vise and the vise is tightened. The man will feel pain, ..., and presumably try to free his hand. But while high pressure against a hand is painful and induces a reaction, a very low level of pressure will have no such effect. The small amount of pressure on the hand involved in a handshake will normally inflict no pain whatever, and will not lead to any reaction in any way similar to the reaction caused by the amount of pressure applied in the vise. The pressure must reach a certain level, or threshold, before any reaction occurs.

Es braucht uns nicht weiter zu interessieren, daß die Situation einer Wahl ohne Wahlpflicht nun eben genau nicht die eines Druckes ist, dem ein rationaler Akteur sich entziehen wollen könnte. (Insbesondere nicht in der Bundesrepublik, wo das Wahlgeheimnis im volkstümlichen Verständnis fast so weit reicht, daß man eigentlich niemand verraten darf, was und ob man überhaupt wählt.) Es genügt, das Charakteristische an OLSONs Vorgehensweise zu sehen. Da ist die für den verstehenden Analytiker erstaunliche Tendenz in der Wahlbevölkerung, das dem einzelnen gewährte Wahlrecht auch *de facto* auszuüben. Weil diese Tendenz verstehend nicht zu begreifen ist, führt OLSON eine Hilfshypothese ein. Das Problem der Unverständlichkeit der hohen Wahlbeteiligung wird so verschoben. Es hängt nun der Schwellen-Theorie an. OLSON gewinnt Platz für rationalistische Versatzstücke. Er kann die Annahme vollkommen oder jedenfalls hochgradig vernünftiger Wähler einführen. Diese Wähler haben zwar nicht unbedingt einen Grund zu wählen, aber noch weniger haben sie einen Grund, sich grundsätzlich gegen das Wählen zu sträuben oder dagegen, einfach "nur so" einmal zur Wahl zu gehen. Die durch die Wahlbeteiligung entstehenden Kosten liegen ja unterhalb der Schmerzschwelle.

Die These, daß die Verstehende Soziologie nicht nur keinen Beitrag zur erfahrungswissenschaftlichen Durchdringung der Zusammenhänge und Regelmäßigkeiten menschlichen Verhaltens leistet, sondern geradezu eine Störung darstellt, findet hier eine Illustration. Indem OLSON das Wahlverhalten mit Hilfe seiner Schwellen-Theorie rationalisiert, nimmt er es aus den Problemen heraus, die spezifischer theoretischer Analyse bedürfen, und behandelt es als nicht weiter beachtliche Instanz der Logik kollektiven Handelns. Er folgt dabei dem allgemeinen Muster verstehenden Denkens, das seine prägnanteste Form im Werk von KARL-DIETER OPP gefunden hat. Im Mittelpunkt von OPPs Schaffen steht seit den Anfängen ein Gedanke, den er einmal so formuliert: "Wenn eine Handlung einen höheren Nettonutzen als alle übrigen von einem Individuum perzipierten Handlungsalternativen hat, dann wird diese Handlung ausgeführt" (1979: 92). Gemeint dürfte sein: Man tut immer das, was einem am tunlichsten erscheint. Bei der Anwendung dieses Gedankens ergibt sich nun die Schwierigkeit, daß sehr viele Menschen oft oder regelmäßig etwas tun, was vielleicht nicht ihnen selbst, aber anderen untunlich erscheinen muß. OPP bedient sich in solchen Situationen eines auch von OLSON genutzten Verfahrens. Um ein zumindest im Kern dennoch verständliches Verhalten zu bekommen, werden alle erwartungswiderstreitenden Phänomene irgendwelchen *ad hoc* ersonnenen Anschlußtheorien überstellt. Nachdrücklicher allerdings als OLSON und viele andere Verstehende Soziologen verdeutlicht OPP - was das Exemplarische seiner Arbeit ausmacht - die bei der Erfindung von Anschlußtheorien vorwaltende Willkür. Aus dem sozialwissenschaftlichen Schrifttum entnimmt er die Vermutung: "Je größer eine Gruppe ist, desto risikoreicher sind die Entscheidungen der Gruppe" (1979: 92). Zur Systematisierung dieser Vermutung zieht er verschiedene - explizit als solche deklarierte - *Denkmöglichkeiten* heran. Eine davon lautet (1979: 93):

Risikoreiche Entscheidungen könnten in Gruppen durch die Gewährung von Anerkennung, Prestige, informelle oder formelle Führerschaft u.ä. belohnt werden. Je größer die Gruppe ist, desto mehr Mitglieder würden belohnen. Es wäre nun denkbar, daß solche Personen, für die Prestige u. a. in besonderem Maße belohnend ist, insbesondere von großen Gruppen angezogen werden (d. h. der Eintritt in große Gruppen hätte einen relativ hohen Nettonutzen). So würden in großen Gruppen mehr Individuen risikofreudig entscheiden als in kleinen Gruppen.

Die Schrulligkeit der Idee beiseite gelassen, eine im Vergleich zu kleineren Gruppen erhöhte Risikobereitschaft größerer Gruppen könne mit einer durch die Mitgliederzahl bedingten Gruppenattraktivität zusammenhängen: OPP versucht, ein offensichtlich irrationales Element im Verhalten von Kollektiven auf rationale Bedingungen zurückzuführen, und er nimmt dabei in Kauf, daß dies nur vermittels Auslagerung der Irrationalität auf rein hypothetische Faktoren - im vorliegenden Fall: Wesensmerkmale - gelingen kann. Er treibt Verstehende Soziologie *par excellence*: Es kommt ihm nicht unbedingt darauf an, ein Ereignis, einen Vorgang oder eine Ordnung theoretisch zu erfassen; es geht ihm vorwiegend darum, seine Variante des *homo rationalis* zwischen die Daten zu schieben. Wenn nur irgendwo Platz für den Nutzenkalkül bleibt, ist für ihn alles in Butter. Daß selbst die schlimmste Unvernunft eine Reduktion auf Kosten-Nutzen-Bilanzen zuläßt, erscheint nicht als Einwand, sondern als schöne Bestätigung.

Noch einen Schritt weiter geht KARL POPPERS *logic of the situation* (1945: Bd. II, 90), deren Grundsatz er einmal in die Worte faßt: "Les individus agissent toujours d'une manière adaptée à la situation où ils se trouvent" (1967: 145). POPPER nimmt an, daß dieser Grundsatz falsch - wörtlich: "certainement faux" - ist (*ibidem*). Dennoch fordert er, ihn niemals aufzugeben. Wenn eine gegebene Datenmatrix sich durch ein dafür vorgeschlagenes rationalistisches Handlungsmodell nicht systematisieren läßt, sei ein alternatives rationalistisches Modell zu suchen. Es empfehle sich, den Rationalitätsgrundsatz gewissermaßen pauschal aus der Verantwortung für das Scheitern konkreter Systematisierungsversuche zu entlassen. "Ma thèse est la suivante: une bonne pratique méthodologique consiste à ne pas declarer responsable le principe de rationalité, mais le reste" (1967: 146).

Während andere Spielarten der Verstehenden Soziologie immer doch insofern kritisierbar bleiben, als zumindest anerkannte Einwände gegen ihre Gültigkeit durchschlagen, interessiert eine popperianisch angelegte Sozialwissenschaft nicht einmal die inhaltlich einfühlsamste und formal absolut einwandfrei durchgeführte Widerlegung. Mit vollem Recht spricht MICHAEL SCHMID (1979) deshalb in bezug auf POPPERS Auffassungen von "Dogmatismus".

Daß nun die Verstehende Soziologie in einem Verhältnis besonderer Attraktion zur qualitativen Sozialforschung steht, die somit stärker als die quantitative Sozialforschung von den Ungereimtheiten eines überzogenen Rationalismus entstellt wird, könnte man empirisch plausibel machen wollen. Eleganter wäre es aber wohl, wiederum - wie schon bei Analyse der Beziehungen zwischen erklärender Soziologie und Sozialforschung - den Weg einer logischen Analyse zu gehen.

Zu CÄSARS Entschluß, den Rubicon zu überschreiten, bemerkt CHRISTI-AN MEIER (1982: 12):

> Caesar hatte nur eine Legion bei sich, fünftausend Mann und dreihundert Reiter. Das Gros seiner Armee stand noch in Gallien. Aber er wollte das Überraschungsmoment nützen und die gegnerischen Vorbereitungen durchkreuzen.

MEIER fügt hinzu: "Der Entschluß war unerhört kühn" (*ibidem*), und er will damit vermutlich sagen, daß er nur wenigen, eigentlich nur CÄSAR einen solchen Entschluß zutraut - man muß CÄSAR sein, um CÄSAR zu verstehen. Dennoch versucht MEIER, uns einem Verständnis näherzubringen. Der Hinweis auf das "Überraschungsmoment" soll dabei Hilfestellung leisten. Auch ein weniger kühner Mann hätte angesichts der Lage bedenken können, ob nicht der Schritt über den Fluß das Gebot der Stunde war. Fast jeder würde wahrscheinlich rasch wieder von dem Vorhaben abgerückt sein. Aber es erscheint zumindest nicht mehr undenkbar, daß überhaupt jemand sich wie CÄSAR entschließt. Wir verstehen immerhin die Möglichkeit der Überschreitung des Rubicon. Das ist nicht viel. Doch um weiterzukommen, bräuchte man neben zusätzlichen Gründen eine im vorliegenden Fall sicher nicht nur nach MEIERS Ansicht fehlende Regel, welche die Gründe schlüssig mit der zu verstehenden Handlung verknüpft. Verständnis impliziert die Rekonstruierbarkeit einer formal korrekten Anbindung der Agenda an die Zwecke des Akteurs. Und die verlangt nach Universalität. Für die Handlungsweise CÄSARS scheint aber bereits jeder über die Singularität hinausgehende Begriff unangemessen zu sein.

Nicht nur außergewöhnliche Menschen bleiben in vielem dem verstehenden Zugang verschlossen. Es ist allgemein eher die Ausnahme als die Regel, daß wir andere verstehen - einmal abgesehen von jenem "Verständnis", welches in der Vorstellung besteht, man könne sich unter ähnlichen Umständen ähnlich verhalten. Jeder, der einmal den Zusammenbruch eines Briefwechsels erlebt hat, vermag sich die knappe Schilde-

rung, die JOHN STUART MILL vom Ende seiner Korrespondenz mit AU-
GUSTE COMTE gibt, ohne Schwierigkeiten auszumalen (1873: 211):

> For some years we were frequent correspondents, until our correspondence became
> controversial, and our zeal cooled. I was the first to slacken correspondence; he was
> the first to drop it. I found, and he probably found likewise, that I could do no good
> to his mind, and that all the good he could do to mine, he did by his books.

Um von dieser farblosen Skizze zu einem anschaulichen Bild zu gelangen, ist nicht einmal Phantasie erforderlich. Es genügt, einfach an eigene
Erfahrungen zurückzudenken. Nur daß solche Reminiszenzen keineswegs
in einer irgendwie als Repräsentationsverhältnis aufzufassenden Beziehung
zu der Situation stehen müssen, in der MILL und COMTE sich befanden.
Oft geht "Verständnis" zudem kaum über die mehr oder weniger will-
kürliche Generalisierung autoidiographischer Hypothesen hinaus. Gängig
sind Floskeln der Form: "Da hätte ich mich auch geärgert..."

Sofern eine Verstehende Soziologie überhaupt analytische Ansprüche
erheben will, wird von ihr verlangt werden dürfen, daß sie - im Lichte
der jeweiligen Gründe - die Folgerichtigkeit menschlichen Verhaltens
darstellen kann. Sie muß in der Lage sein zu zeigen, daß es vernünftig
war oder ist, so wie die den Gegenstand der Untersuchung bildenden
Akteure zu handeln. Und die Probleme, die ihr da den Weg beschwerlich
machen, sind wohl gemeinhin nur mit den Mitteln der qualitativen Sozialforschung anzugehen. Es wäre jedenfalls - behutsam ausgedrückt - merk-
würdig, wenn jemand die Begründung der Rationalität von Handlungen
oder Regelmäßigkeiten des Handelns bei Argumenten suchen wollte, die
einer Prüfung unter dem Gesichtspunkt deduktiver Stringenz nicht stand-
halten. Probabilistische Hypothesen aber, die im Betätigungsfeld der
quantitativen Sozialforschung eine nahezu ausschließliche Stellung inneha-
ben, vermögen keine deduktiv stringenten Argumentationen zu errichten.
Die Verstehende Soziologie kann sich daher zur Bewältigung ihrer Aufgaben an die quantitative Sozialforschung eigentlich gar nicht wenden
wollen. Und umgekehrt dürfte die quantitative Sozialforschung genauso
wenig darauf hoffen, einen Beitrag im Rahmen der Verstehenden Soziologie leisten zu können. Daß beides dennoch vorkommt, illustriert nur die
jedem Verständnis hinderliche und damit als Einwand gegen die Verstehende Soziologie stets zu wiederholende Undurchsichtigkeit menschlichen Verhaltens. Ansonsten sollte klar sein, inwiefern Verständnis, wo
es trotzdem einmal möglich zu sein scheint, einen qualitativen Ansatz
zwar nicht zwingend vorschreibt, aber doch dringend nahelegt.

Als zweiten Belastungsfaktor für eine explanativem Denken nahestehende Sozialforschung hatten wir die Verwechslung journalistischer Recherchen mit wissenschaftlichen Erhebungen erörtert. Der systematisch ausschlaggebende Gedanke in bezug auf die qualitative Sozialforschung dürfte sich hier im Zusammenhang mit dem sogenannten *experimentum crucis* ergeben. Beim Test verschiedener Theorien gegeneinander kommt man für den deterministischen Fall normalerweise mit einer Stichprobe des Umfanges $n=1$ aus. Es ist von daher konsequent, dem Studium von Einzelerscheinungen besondere Aufmerksamkeit zu widmen. Und diese müssen weder neu noch auch nur in irgendeinem Sinne originell ausgewählt sein. Es reicht aus, wenn sie einschlägig und aussagekräftig sind. Erfahrungswissenschaftliche Entdeckungen stellen sich im Lichte qualitativer Betrachtung zunächst als Ergebnis handwerklich sauberer Arbeit dar. Die Problemstellung ist vorgegeben. Was in erster Linie zählt, das sind die mehr oder weniger authentischen Erhebungs- und Analyseberichte.

Eine deutlich geringere Anfälligkeit quantitativer Sozialforschung für den Zug zur Verflachung würde man vermutlich schon deshalb erwarten, weil ihr auf größere Fallzahlen zielender Ansatz manche "Fehlleistungen" quasi von vorneherein ausschließt. Befragungen, die man ohne Umschweife als unsinnig einstufen würde, wenn sie sich auf ein einzelnes Interview stützen wollten, können sehr interessant werden, wenn zwanzig, dreißig oder womöglich einige hundert (repräsentativ ausgewählte) Personen im *sample* sind. Mindestens jedoch sorgt die (methodische) Ausweitung des Kreises der Befragten dafür, daß nicht so leicht allgemein Bekanntes oder jederzeit Abrufbares in die Annalen, die Tagungsdossiers, die Forschungsdokumentationen sich einschleicht. Hinzu kommt eine Art Knautschzone, die voreilige Interpretationen abfängt, noch bevor sie sich zu entfalten vermögen. Kein quantitativ arbeitender Sozialforscher könnte sich in Kenntnis und Bedacht seiner Daten so wie ULRICH OEVERMANN verrennen (1983: 17):

Der Interviewer eröffnet die Sequenz mit 1 I 1: Wie lange bist du schon hier? Für die Einschätzung der sich entspinnenden Interaktionsstruktur im Interview ist das 'du' zu beachten, denn es verweist angesichts des Umstandes, daß Interviewee und Interviewer sich vorher nicht kannten, darauf, daß hier eine das 'du' legitimierende Gesinnungsgemeinschaft oder Solidargemeinschaft ungeprüft unterstellt werden kann. Etwas Ähnliches liegt ja auch dem in Universitätmilieu seit einigen Jahren eingeführten unvorbereiteten 'du' zwischen Studenten zugrunde. Dieser Sprachgebrauch verweist schon auf unser Thema. Es indiziert die Ausgrenzung von Gesinnungsgemeinschaften aus der gesellschaftlichen Umgebung und deren Herausbildung an einem institutionellen Ort, an dem der Funktion nach rollenspezifisches Verhalten abgefordert wird...

Die Tatsache, daß ein Interviewer einen Befragten duzt, vermag selbstverständlich auch im Rahmen quantitativer Sozialforschung zum Gegenstand des Interesses zu werden. Nur käme wohl schon *ex ante* nicht der Versuch in Betracht, das Duzen in einem kategorischen Verweisungsverhältnis zu einer legitimierenden Gesinnungs- oder Solidargemeinschaft zu sehen. Speziell würde man nicht *ungeprüft* die Gültigkeit entsprechender Hypothesen unterstellen. Es wäre vielmehr eigens zu ermitteln und darzulegen, ob und, falls ja, unter welchen Bedingungen und mit welcher Häufigkeit Duzgemeinschaften zugleich Solidargemeinschaften sind.

Das INSTITUT FÜR DEMOSKOPIE ALLENSBACH hat 1974 und 1980 einen Bevölkerungsquerschnitt (*n=1000*) nach der Einstellung zum "du" gefragt. Dabei ergaben sich deutliche Hinweise auf eine Zunahme der Neigung "schnell, schon nach kurzer Bekanntschaft" mit dem "du" anzufangen (NOELLE-NEUMANN und PIEL 1983: 12). Ausgehend von dem Befund der Allensbacher könnte man eine Analyse in Angriff nehmen, die den historischen Ort der Entstehung des generalisierten Duzens beleuchten würde. Es gäbe ausgezeichnete Gründe, dabei besonderes Augenmerk auf das "Universitätmilieu" zu haben. Dies nicht zuletzt wegen des erhöhten Anteils von Arbeiterkindern unter den Studierenden. Arbeiter scheinen schon lange in weitaus stärkerem Maß als andere vom "du" Gebrauch gemacht zu haben. Und Teile der Arbeiterschaft dürften auch eine - von manchen als "Klassenbewußtsein" bezeichnete - besondere Spielart von Solidarität kennen und pflegen. Aber selbst die klassenbewußtesten Arbeiter duzen den "feinen Pinkel" bisweilen ebenso wie ihresgleichen. Er braucht ihnen nur etwas rundum Unglaubwürdiges weismachen zu wollen, um Dinge wie: "Erzähl' mir nix!" oder: "Willst du mich vergackeiern?" zu hören. Bedenkt man dabei, daß im "du" eine Herabsetzung liegen kann, zum Beispiel wenn Jugendliche von fremden Erwachsenen (oder betagte Erwachsene von fremden Jugendlichen) nicht gesiezt, sondern - wie Kinder - geduzt werden, bedenkt man ferner, daß es neben dem solidarischen und dem dissoziierenden "du" auch das neutrale "du" der Verkäuferin aus dem Jeans-Shop gibt, dann überkommen einen doch Zweifel, wenn OEVERMANN die für das Interview "methodisch geforderte Kommunikationspragmatik im Sinne von Neutralität durch das Gesinnungs- und Solidargemeinschaft unterstellende 'Du' klar durchbrochen und ins Gegenteil verkehrt" sieht (*ibidem*). Es kann zwar durchaus sein, daß einmal "die Konformität mit der erwarteten Gesinnungsgemeinschaft für den Interviewer Vorrang vor der methodischen Rollenanforderung" erhält (*ibidem*). Doch weist der Gebrauch des "du" an sich noch auf gar nichts hin. Das "du" ist ohne nähere Kenntnis der Umstände, unter denen es benutzt wurde, selbst dann insignifikant, wenn recht genaue Häufigkeitsschätzungen vorliegen. Falls jemand in der Familie mit 99prozentiger Wahrscheinlichkeit, im Bekanntenkreis mit 43prozentiger Wahrscheinlichkeit, bei Fremden mit 6prozentiger Wahrscheinlichkeit den Gesprächspartner duzt: Nie dürfen diese Eventualitäten, vor allem im Einzelfall nicht, als Gegebenheiten behandelt werden. Stets bleibt überall die Möglichkeit der Abweichung von der Regel zu berücksichtigen. Definitive Folgerungen verbieten sich gerade auch dort, wo das Niveau vorläufiger Mutmaßungen verlassen ist. Mit der Aufnahme stärker präzisierender Analysen ergeben sich Vorbehalte gegenüber singulären Anwendungen des Hypothesen-Inventars quasi automatisch. Noch die kühnsten Vermutungen tauchen bald hinter einem Schutzgürtel salvatorischer Klauseln unter, der jeden verständigen Benutzer warnen sollte. Quantitative Hypothesen sind, es sei dieser Ausdruck einmal erlaubt, evidenterweise bezugslos zum einzelnen Datum.

Für die solidere Absicherung des quantifizierenden Ansatzes gegen die Tendenz, in schlechten Journalismus zu verfallen, am wichtigsten dürfte die Verfügbarkeit tatsächlich als solche zu bezeichnender Methoden sein. Exemplarisch könnte man von den Erhebungsmethoden das Verfahren der postalischen Befragung nennen, von den Analysemethoden das Verfahren der Faktorenanalyse. Beide Verfahren umfassen ein breites Spektrum vielfältigster, empirisch beziehungsweise mathematisch dutzendfach geprüfter Teilschritte und Varianten, deren vollständige Darstellung in einem handlichen Lehrbuch schon gar nicht mehr möglich ist. Damit zu kontrastieren wären die eigentlich ausnahmslos extrem schmalbrüstigen "Methoden" qualitativer Provenienz. Sie bestehen durch die Bank in nicht mehr als einem - meist recht hochtrabenden - Begriff für irgendeine Alltäglichkeit. Als "Krisenexperiment" bezeichnen FRITZ SCHÜTZE und andere (1973; zit. nach 1981: 476-480) es, wenn der "Experimentator" sich dem "Gesellschaftsmitglied" gegenüber so stellt, als wüßte er nicht, welches das für die jeweilige Situation gehörige Verhalten ist. Paradigma: "Herr Ober, kann ich zahlen?" - "Das weiß ich nicht. Aber ich möchte es doch sehr hoffen!" Als "Triangulation" firmiert die beliebige Verknüpfung verschiedener Erhebungstechniken miteinander: "If a proposition can survive the onslaught of a series of imperfect measures, with all their irrelevant error, confidence should be placed in it" (WEBB und andere

1966: 3). Als "dokumentarische Methode" versteht sich (GARFINKEL 1961; zit. nach 1981: 198-201) die Beschreibung sozialer Erscheinungen sowie sozialer Akteure anhand weniger kennzeichnender Merkmale: "Gerade wie z.B. der Nicht-Sozialwissenschaftler von etwas, das die Person Harry sagt, urteilen könnte: 'Das ist typisch Harry', könnte der Forscher gewisse beobachtete Merkmale des Dinges, auf das er sich bezieht, als einen kennzeichnenden Indikator für den intendierten Gegenstandsinhalt heranziehen" (GARFINKEL 1981: 200). Fortzuführen wäre die Liste mit dem "situationsflexiblen Interview" (HOFFMANN-RIEM 1980: 357), der "analytischen Induktion" (BÜHLER-NIEDERBERGER 1985), der "Konversationsanalyse" (KALLMEYER und SCHÜTZE 1976), der "Lebensweltanalyse" (FUCHS 1984) und so weiter. (Einen Gesamtüberblick gibt WALTER SPÖHRING 1989.)

Die Akme großspuriger Konzeptualisierung stellt freilich das von SCHÜTZE (o. J.) in einem Typoskript ausdrücklich als "Technik" bezeichnete *Narrative Interview* dar. Die - sicher falsche (BUDE 1985) - Vermutung, derzufolge "Erzählungen eigenerlebter Erfahrungen" einen Texttypus repräsentieren, der dem "faktischen Handeln" besonders nahe steht und es "in beträchtlichem Maße" nachbildet (SCHÜTZE o. J.: 1), öffnet dabei die Ventile für einen in der Geschichte der erfahrungswissenschaftlichen Sozialforschung einmaligen Ausstoß heißer Luft. Andere qualitative "Verfahren" und "Methoden" beschränken sich darauf, unter gewichtig klingenden Bezeichnungen triviale, allzu triviale Ermittlungen vorzunehmen. Das Narrative Interview strukturiert - wie es scheint: erstmals - die Aufgeblasenheit des qualitativen Begriffsapparates so weit, daß geradewegs der Eindruck entstehen muß, es handele sich um ein anderen Methoden vergleichbares Werkzeug. Schon beim ersten Hinsehen fällt ein umfangreiches, fachlich sich gebärdendes Vokabular auf. Da gibt es die "Koda" einer Erzählung. Beispiel: "So, das war's, Herr Schütze, nicht viel, aber immerhin ..." (*ibidem*: 4). Hinter jeder Erzählung liegt ihre "Erzählfolie" mit den Abschnitten: erste Thematisierung - Vorgeschichte - Höhepunkt - Nachfolgeprobleme - Jetztzustand (*ibidem*: 11). Haben mehrere Akteure mit einem Ereignis oder einer Folge von Ereignissen zu tun, dann bilden sie ein "Interaktionstableau" (*ibidem*: 12). Nickt ein Interviewer oder lacht er wissend, dann nimmt er eine "parasprachliche Ausfüllung seiner Zuhörerrolle" (*ibidem*: 14) vor. Löst ein Stichwort dem Befragten die Zunge, dann wird es zum "Strukturzapfen", unter Umständen sogar zum "explizit indexikalen Strukturzapfen", wenn es nämlich beispielsweise Personen oder Einrichtungen namentlich benennt (*ibidem*: 44). Verstärkt wird der Schein des Gediegenen durch Verweise auf nähere Begriffserläuterungen in anderen Veröffentlichungen. Was es im einzelnen mit der expliziten Indexikalität auf sich hat, dem Themapotential, den Prinzipien des Gestaltschließungs- und des Detaillierungszwanges, den folkloristisch-archetypischen Thematiken, das kann man jeweils genauer woanders nachlesen (*ibidem*: *passim*).

Noch kennzeichnender allerdings für die Windbeutelei qualitativer Methodik dürften die "auf der Erfahrung der Abwicklung von rd. 70 narrativen Interviews" beruhenden "Empfehlungen" (*ibidem*: 4) sein. Ohne eine einzige spezifizierte Angabe über das Ergebnis seiner "Abwicklung von rd. 70 narrativen Interviews" zu machen, postuliert SCHÜTZE, "zur In-Gang-Setzung der narrativen Beziehung" sollten möglichst "Ereignisbündel" gewählt werden, "die das Lebensmilieu und die sozialstrukturelle Positionierung des Informanten schlaglichtartig beleuchten" (*ibidem*: 17/18); es sei "eine Grundregel jeder nicht-autoritär strukturierten Kommunikation, daß Gegenstandsbereiche, die in der Sprechsituation von der einen Interaktionspartei angesprochen wurden, einen vorher möglichen Tabucharakter verlieren und auch von der anderen Interaktionspartei angesprochen werden dürfen" (*ibidem*: 37); "dem Aufkommen des Gefühls beim Informanten, verhört zu werden," könne "dadurch vorgebeugt werden, daß der Forscher einen zweiten Interviewer in die Interviewkommunikation mitbringt" (*ibidem*: 46/47). Etliche weitere Vorschläge zum Procedere beim Narrativen Interview stehen ebenso wildwüchsig da. SCHÜTZE formuliert einfach seine mal mehr, mal weniger richtigen Eindrücke aus dem "Feld" zu Regeln um. Seine Methodologie des Narrativen Interviews bewegt sich auf der Ebene von Kamingesprächen. Man tauscht Erfahrungen aus, die man gesammelt hat: Faustregeln und Maximen, mit denen man bisher "ganz gut gefahren" ist. Die Frage nach Prüfungsergebnissen oder Testbefunden stellt sich nicht. Sie würde weder zu der Kommunikationssituation passen noch zu dem eher Glaubwürdigkeit und Plausibilität als Gültigkeit beanspruchenden Wesen der verfochtenen Prinzipien.

Wie die Mehrheit der Vertreter des qualitativen Paradigmas überbewertet SCHÜTZE die Bedeutung unseres Alltagswissens. Insbesondere verschätzt er sich - wiederum *repräsentativ* für die qualitative Sozialforschung - hinsichtlich der Regularität menschlichen Verhaltens. Er argumentiert, als sei zumindest grundsätzlich klar, daß beziehungsweise ob überhaupt und warum Menschen unter Bedingungen A, B, C ... nach

einem Muster D, E, F ... verfahren. Wenn jedoch selbst die zuverlässig-
sten Sozialtechnologien (sogar Terror und Folter) manchmal versagen,
wird man sich in empirischer Perspektive auf einen Standpunkt nahe der
Auffassung *anything goes* stellen müssen.

Erfahrungswissenschaftlich ist bisher noch so ziemlich alles möglich.
Wir kennen vorläufig kein einziges strikt anwendbares soziologisches
oder psychologisches Gesetz. Alle Regelmäßigkeiten bleiben bis auf
weiteres statistische beziehungsweise probabilistische Zusammenhänge:
Quasi-Gesetze, Modelle, Sandkastenspiele. Es gibt zwar Orientierungspunkte, Leitlinien, an denen entlang das soziale Leben sich deuten läßt.
Aber nirgends ist etwas von der Systematik zu spüren, wie sie aus den
Naturwissenschaften (insbesondere der Physik) und den Geisteswissenschaften (insbesondere der Mathematik) vertraut ist. Sozialwissenschaftliche Theorien sind ähnlich strukturiert wie die Verlautbarungen von Radio
Eriwan. Sie geben an, wie sich die Dinge "im Prinzip" verhalten. Zugleich erlauben sie nahezu beliebige Abweichungen vom Prinzip. Diese
scheinbare Schwäche sozialwissenschaftlicher Theorien kann freilich
durchaus eine Stärke sein. Unter Umständen ist ja ihr Gegenstandsbereich
genau so beschaffen. Es ist zumindest nicht auszuschließen, daß die
sozialen Erscheinungen keinerlei dauernder Ordnung unterliegen und
insbesondere keine Ursachen und keine Wirkungen haben. Sie mögen sich
- und sei es nur teilweise - von selbst ergeben (ἀπὸ ταὐτομάτου) und
ohne nach ihrem Verklingen weitere Spuren zu hinterlassen. Sie mögen
im Sinne einer Art μέθεξις empirisch nicht zu systematisierende Abbil-
dungen eines transzendenten Musters sein (HABERMEHL 1980: 23/24). Sie
partizipieren vielleicht tatsächlich an einer besonderen "Kausalität leben-
der Wesen, so fern sie vernünftig sind," welche "unabhängig von fremden sie bestimmenden Ursachen wirkend sein kann" (KANT 1785: 97):
Freiheit. Doch sei einmal unterstellt, daß die soziale Welt sich in ihren
Grundzügen gar nicht so sehr vom Reich der Naturnotwendigkeit unterscheidet. Immer noch würde der Idee einer über Daumensprünge hinaus-
reichenden Sozialwissenschaft etwas von *science fiction* anhängen. Der
Zuschnitt eigentlich des gesamten theoretischen Bemühens auf die Analyse natürlicher Situationen hin reduziert die Chance der Entdeckung einer
ernstzunehmenden Hypothese mit weitgesteckten Gültigkeitsansprüchen
auf ein Minimum. Nicht daß natürliche Situationen *per se* wissenschaftlicher Durchdringung sich sperren würden. Die Ingenieurwissenschaften
beweisen das Gegenteil. Aber im Unterschied zu den Ingenieurwissenschaften fehlt den Sozialwissenschaften die Sicherheit einer durch reine

Forschung gelegten Grundlage. Vor allem wohl aus moralischen Gründen kann in der Soziologie, der Pädagogik, der Psychologie nur ein Bruchteil dessen, was an sich problemlos zu untersuchen wäre, zum Gegenstand von Erhebungen und Analysen gemacht werden. Die Bedingungen sind denjenigen vergleichbar, wie wir sie in wachsendem Maße auch in der pharmakologischen und kosmetischen Forschung antreffen. Theorien und Technologien bleiben unerreichbar, weil der Weg zu ihnen mit Verboten gepflastert ist. Mit unvollkommenen, also quantitativen Hypothesen zu arbeiten und auf sie zugeschnittenen quantitativen Methoden, ist also nicht eine auch anders denkbare Entscheidung, sondern Not. Und eigentlich sollte man das im qualitativen Lager noch viel genauer wissen als dort, wo quantitative, alle möglichen Ausnahmen, Abweichungen und Ungenauigkeiten von vornherein einkalkulierende Vorstellungen gepflegt werden. Aber es ist genau umgekehrt. Das Bewußtsein, überall nur ungenau über den Daumen zu peilen, begünstigt Versuche, die genauere Peilung gegenüber der ungenaueren herauszuheben. Die Unterstellung, im Grunde richtig zu liegen, verführt zur Nonchalance. Man kennt seine Pappenheimer, ist sich ihrer gewiß und führt Überraschungen stets auf geringfügige Achtlosigkeiten der Beobachtung zurück.

Wenn man sich davon zu überzeugen vermag, daß die qualitative Sozialforschung in stärkerem Maße als ihr quantitativer Konterpart durch die Schwächen der Erklärenden Soziologie gefährdet ist, dann wird man es angesichts der besonderen Bedenklichkeit dieser Schwächen und ihrer Folgeprobleme nicht erstaunlich finden, daß speziell die sogenannte Feld-Wald-und-Wiesen-Soziologie qualitativen Verfahren mit größten Vorbehalten gegenübersteht. Was vor allem, obgleich nicht nur von Kritikern als "Feld-Wald-und-Wiesen-Soziologie" bezeichnet wird, gilt ja selbst im quantitativen Umfeld als Paradebeispiel eines extrem, wenn nicht unnötig rigiden und deshalb der sozialen Wirklichkeit eher unangemessenen Forschungskonzepts. Proponenten dieses Konzepts, die freilich, statt von "Feld-Wald-und-Wiesen-Soziologie" zu sprechen, lieber den Begriff "angewandte Sozialforschung" benutzen, intendieren einen besonders engen Praxisbezug. Sie entwerfen daher ihre Methodologie auf Grundlage der *Variablenanalyse*, der Analyse des Zusammenhanges zwischen Veränderlichen. Soziale Konstante, wie sie manche beispielsweise durch die Familie exemplifiziert sehen (unter anderen VAN DEN BERGHE 1979), bleiben in diesem Rahmen zwar denkbar, auch deterministische Relationen. Aber sie kommen nicht als Untersuchungsaufgabe vor, jedenfalls nicht ernsthaft. Es geht vielmehr stets nur um Einflüsse, um deren Entdeckung und Quantifikation beziehungsweise um den Test entsprechender Hypothesen.

Die Variablenanalyse geht davon aus, daß eine empirische Sozialwissenschaft möglich ist, die sich auf ausschließlich probabilistisch systematisierbare Beobachtungen stützt. Das gleich- oder gegensinnige Spiel der Ausprägungen verschiedener Variabler erscheint nicht erst dann als wissenschaftlich zugänglich, wenn die Aussicht auf gültige kategoriale Aussagen sich abzeichnet. Als Analysanda können alle eine erfahrungsbezogene Deutung zulassenden Phänomene auftreten.

Die rigoristische Anmutung der Variablenanalyse und der auf ihr aufbauenden methodischen Prinzipien ergibt sich unmittelbar aus der Toleranz gegenüber Abweichungen von den Grundlinien sozialen Verhaltens, wie sie in der soziologischen Theorie kodifiziert sind. Autoritarismus, Religion, Familiensinn, Eßkultur, Bildung: Die Variablenanalyse formt selbst die vielschichtigsten Erscheinungen zu Veränderlichen um. Sie stanzt ein Raster, das Beliebiges zuläßt, dieses aber zugleich nach eigenem Belieben einteilt und labelt. Die Beobachteten, die Befragten, die *Vpn* landen im Zuge eines weitgehend willkürlichen Selektionsprozesses unter mehr oder weniger sauber gegeneinander abgegrenzten Rubriken. Anschließend werden sie, seien es Einzelne, seien es Kollektive, bei ausdrücklicher Vernachlässigung individueller Besonderheiten korrelationsstatistischen Kalkulationen zugeführt und in Koeffizienten verwandelt. Man fühlt sich an das blinde Rattern der *Hollerith*-Maschine erinnert. Auf der Lochkarte kann deutlich lesbar, datiert und mit Unterschrift stehen: Dies ist eine Fälschung! Die Karte wandert dennoch unbeanstandet durch das Zählwerk. Für die Mechanik der Maschine sind Vermerke in Klarschrift ebenso wenig beachtlich wie für den Leser eines älteren Buches die Stockflecken. In ihrem Kern ist die Variablenanalyse tatsächlich gleichgültig gegenüber nicht-standardisierten Daten jeglicher Art. Die Einbeziehung von Zusatz-Informationen, von Hintergrund-Kenntnissen, von allgemeinen Erfahrungswerten und so weiter bedarf in variablenanalytischer Sicht immer eines eigenen Arguments.

Den Ausgangspunkt bilden Daten in der Form von Hypothesen über die Ausprägungen bestimmter Veränderlicher bei den Untersuchungseinheiten oder - wie man kürzer sagen kann - den Fällen. Ein Fall ist ein Individuum oder ein soziales Gebilde, zum Beispiel ein Demonstrationszug, dem nach einem angebbaren systematischen Verfahren eine Reihe von Merk-

malen zugeschrieben oder abgesprochen werden sollen. Die Angebbarkeit
des Verfahrens spielt dabei eine nicht weniger wichtige Rolle als die
Systematik. Der Forscher muß explizit machen können, welcher Regeln
er sich bei seinen Schlußfolgerungen - etwa aus einem Interview - bedient. Diese Regeln brauchen nicht formalisiert oder gar mathematisiert
zu sein. Selbst eine so schlichte Anweisung wie die, das Alter von Inter-
view-Partnern mit der Frage: "Wie alt sind Sie?" zu erheben, genügt
zunächst vollauf allen Ansprüchen.

Die Scheidelinie liegt erst da, wo an die Stelle vielleicht simpler, aber
ausdrücklich bezeichneter Prozeduren ein Fingerspitzengefühl tritt: "der
sichere Blick des erfahrenen Praktikers". Es ist keineswegs auszuschließen, daß es in der Sozialforschung wie in anderen Disziplinen auch jenes
nur durch lange Erfahrung erwerbbare besonders feine Gespür gibt, das
im Volksmund als "gute Nase" geachtet wird. Doch - unter anderem
deshalb ist ja die Variablenanalyse so spröde - aparte Möglichkeiten des
Datenzugriffs bedingen eine Abschottung gegen Kritik, die speziell mit
dem Erfordernis der Überprüfbarkeit schwer vereinbar sein dürfte. Sofern
Sozialforschung mehr sein soll als eine Kunst, ist von ihr zu verlangen,
daß sie sich auf Schritt und Tritt kontrollieren läßt. In jeder Variante der
Formulierung einer Frage, im unterschiedlichen Klang der Interviewer-
Stimmen, in den Spielarten der begleitenden Mimik und Gestik: In allem
stecken - teils kühne, teils auch triviale - Annahmen. Die Variablenanalyse ist so gesehen nur eine naheliegende oder - fast kann man sogar sagen
- sich aufdrängende Technologie zur Bewältigung der wildwuchernden
Vielfalt. Sie geht dabei sehr ins Detail. Und der sich kumulierende Ertrag
ihrer Forschung läßt unbestreitbar alles, was irgendeine andere Richtung
sozialwissenschaftlicher Methodologie vorweisen könnte, um Jahrzehnte
zurück. Ihre Überlegenheit im Verhältnis zu alternativen Ansätzen zeigt
sich allerdings bereits in den Prinzipien.

Man kann mit WOLFGANG BONSS und HEINZ HARTMANN die "Transformation der Wirklichkeit in subjekt- und situationsunabhängige Tatsachen" als "Sinnverlust" beklagen und monieren: "Sinnhaftigkeit und
technische Exaktheit scheinen in einem umgekehrt proportionalen Verhältnis zu stehen. Je präziser die Identifikation des einzelnen Elements, desto
unklarer wird dessen Bedeutung im Gesamtzusammenhang" (1985: 20).
Gleichzeitig muß man aber die Zweitrangigkeit von Sinn für eine erfahrungswissenschaftliche Sozialforschung sehen und ebenso die Unabding-
barkeit der "Transformation" des vermeintlich Realen in überprüfbare

Fakten. Erst als - freilich immer nur hypothetisches - Faktum wird die soziale Realität beziehungsweise ihr jeweils interessierender Baustein der Systematisierung zugänglich. Keine Theorie, keine Prognose, keine Erklärung kommt aus ohne ein mechanisch handhabbares Raster, das die zu systematisierenden Erscheinungen vorab nach ihrerseits selbstverständlich allein von der Aufgabenstellung abhängigen Gesichtspunkten sortiert. Die Erlebnisse und Eindrücke des Interviewers oder - sei's drum - des teilnehmenden Beobachters können ausschließlich auf dem Wege wissenschaftlich verwertbares Material ergeben, daß sie schematisch in der Manier von Frage- und Beobachtungsbogen erfaßt werden. Ohne solche listenförmigen Aufzeichnungen sind die für ein fundiertes Urteil notwendigen Voraussetzungen nicht zu erfüllen. Der Anspruch auf Sachkunde impliziert die *geordnete* Aufnahme und Auswertung aller im Rahmen eines Vorhabens anfallenden Instanzen. Und das läßt sich keinesfalls unterhalb der variablenanalytischen Standards realisieren.

Um so mehr freilich erscheint auf der anderen Seite die Berücksichtigung der "Sinnhaftigkeit" der sozialen Welt als verzichtbar. Die (vermeintliche) Korrelation zweier oder mehrerer Veränderlicher ist stets in völliger Unabhängigkeit von irgendwelchen Vermutungen über sinnhafte Bezüge menschlichen Handelns zu betrachten. Es kommt lediglich auf Konkordanzen und Diskordanzen an. Wann immer sich gegen noch so einleuchtende Hypothesen eine ihrerseits in keiner Weise nachvollziehbare Annahme empirisch erhärten läßt, ist man über kurz oder lang geradezu gezwungen, entweder ohne "Sinn" auszukommen oder erfahrungswissenschaftlicher Pertinenz zu entsagen. Umgekehrt kann völlig "sinnwidrig" sein, was als Ergebnis einer stichhaltigen Korrelationsanalyse dennoch als gegeben festgehalten werden muß.

KONSTRUKTIONSPRINZIPIEN

Das Modell rationalen Handelns hat eine *empiristische* Spielart, die menschliches Verhalten mit Hilfe einer Fiktion analysiert. Diese Fiktion geht davon aus, daß die Akteure, erstens, nur *handfeste* Zwecke verfolgen und daß, zweitens, ihre Zwecke durch die jeweilige Situation vollständig determiniert sind. Da weiter Rationalität unterstellt wird, genügt die Kenntnis der einem Akteur geläufigen und verfügbaren Mittel, um sein Verhalten vorauszusagen. Entsprechende Voraussagen treffen zwar nur selten ein. Aber sie können sich doch als nützlich erweisen.

Im Wirtschaftsleben geht es gemeinhin um Geld. Die wenigsten Menschen beteiligen sich ihrer Gesundheit zuliebe daran oder aus Langeweile. Nun hat jedes Wirtschaftssubjekt unterschiedliche Möglichkeiten, zu Geld zu kommen. Eine davon ist die Tätigkeit als Interviewer für ein Marktforschungsinstitut. Jeder Interviewer kann aber sehen, daß ein vor dem Spiegel ausgefüllter Fragebogen schneller beantwortet ist als ein Fragebogen, den er von Haustür zu Haustür trägt. Als rationaler Akteur wird er also alle Interviews ausschließlich mit sich selbst führen. Dies sieht der Marktforscher voraus und führt deshalb ein Kontrollsystem ein. Es besteht in gelegentlichen Überprüfungen der vom Interviewer angegebenen Adressen sowie Erkundigungen bei den angeblich Interviewten nach ausgewählten Aspekten des Interviews. Der Interviewer wird vom Marktforscher auf dieses Kontrollsystem hingewiesen. Als rationaler Akteur schafft er sich daraufhin einen Adressenpool und obstruiert die Kontrollen mit Hilfe von Maßnahmen, die bei vernachlässigbaren Kosten der Beibehaltung des "Selbstausfüllerverfahrens" günstig sind. Auch dies sieht der Marktforscher voraus und richtet deshalb zusätzliche Kontrollinstanzen ein. Nun ist es aber zweifellos unzutreffend, daß alle Interviewer sich wie rationale Akteure verhalten. Mit anderen Worten: Der *optimale Punkt* ist für den Marktforscher nicht unbedingt der, wo es sich für den Interviewer *nicht mehr lohnt*, Interviews zu fälschen. Trotzdem zieht der Marktforscher aus dem empiristischen Modell rationalen Handelns insofern seinen Nutzen, als ihn die daraus deduzierten Voraussagen auf gewisse Risiken und entsprechende Vorkehrungen hinweisen.

Außerdem - das zeigt ein anderer Fall - können die vom empiristischen Modell rationalen Handelns gelieferten Voraussagen bisweilen nahezu als Evidenzen angesehen werden. Man braucht keine eigene Untersuchung, um dennoch mit Gewißheit davon ausgehen zu können, daß Autofahrer auf einer mit künstlichen Schwellen versehenen Straße normalerweise ihre Geschwindigkeit reduzieren. Verkehrs- oder Städteplaner sind dadurch in der Lage, für einzelne Straßen beziehungsweise Straßenzüge oder sogar ganze Straßenverkehrsnetze nicht nur Höchstgeschwindigkeiten mit an Sicherheit grenzender Wahrscheinlichkeit *vorauszusagen,* sondern darüberhinaus gewissermaßen nach Belieben Tempolimits zu *setzen.*

Ein Vorsprung der empiristischen Variante gegenüber anderen Modellen rationalen Handelns hängt damit zusammen, daß sie sich bei aller Fragwürdigkeit ihrer Unterstellungen hinsichtlich der Zwecke und der Rationalität von Akteuren an *Fakten* orientiert. Es geht ihr um die Auftrittswahrscheinlichkeit von Verhaltensweisen unter bestimmten situationalen Bedingungen. Die Fiktion, mit der sie operiert, ist eigentlich nur eine Krücke - eben ein Konstruktionsprinzip, das sich in letzter Instanz wiederum auf erfahrungswissenschaftlich feststellbare Korrelationen stützt. Man könnte auch sagen, es handele sich im eine Art von Algorithmus zur Verrechnung von (Zweck-)Bedingungen A, B, C, ... mit (Mittel-)Bedingungen E, F, G, ... einer den Akteuren gegebenen Situation. Das empiristische Modell rationalen Handelns nimmt - überprüf-, widerleg- und korrigierbar - an, daß beliebige Akteure im Falle der Situation A, E die Handlung H wählen usw. Trifft das nicht oder nicht häufig genug zu, wird die Annahme "Wenn (A, E) dann H" aus dem Hypothesenkatalog gestrichen und gegebenenfalls durch eine alternative Annahme ersetzt. Im Inventar bleiben jedenfalls nur Vermutungen, die sich auch ohne das rationalistische Gerüst halten lassen. Und hier besteht der entscheidende Unterschied zu nicht-empiristischen Modellen rationalen Handelns.

Ein aufschlußreiches Beispiel liefert WERNER SOMBARTs Analyse der Frage: "Warum gibt es in den Vereinigten Staaten keinen Sozialismus?" (1906). In dieser Analyse kombiniert SOMBART typische Elemente des empiristischen Ansatzes mit ebenso typischen Elementen des - sagen wir - *theoretizistischen Ansatzes.* Typisch theoretizistisch ist zunächst einmal die explanative Problemstellung. Es gehe ihm ausschließlich darum, sagt SOMBART, die "Gründe" aufzudecken, "die *bisher* die Entstehung einer kräftigen sozialistischen Arbeiterpartei in den Vereinigten Staaten aufgehalten haben" (1906: 74). Typisch theoritizistisch ist weiter:

erstens, die Einengung der Analyse auf einen Einzelfall: Es gab damals ja so gut wie nirgendwo auf der Welt eine "kräftige sozialistische Arbeiterpartei"; und SOMBART findet denn auch seine Vergleichsgröße in der Ausnahme, dem Deutschen Reich, wo die SPD 1890 als erste Partei der Zweiten Internationale mit 19,7 Prozent der Stimmen den Durchbruch zur

Massenpartei schaffte; ein Blick nach dem Großbritannien der Jahrhundertwende würde ihn, fast könnte man sagen, seines Gegenstandes beraubt haben; die britischen Sozialisten waren vor dem Ersten Weltkrieg kaum einflußreicher als die amerikanischen (vgl. ORLOFF und SKOCPOL 1984);

zweitens, die starke Betonung ideologischer Faktoren: SOMBART widmet der Denkweise "des Amerikaners" breitesten Raum; er erkennt sogar einen "amerikanischen Geist", den "spiritus capitalisticus purus rectificatus" (24) oder "Busineß-Geist", von dem selbst die "Arbeiterschaft ... beherrscht" sei (31). Dabei stützt er sich in eigentümlicher Selektivität auf willkürlich herausgegriffene Beobachtungen, für die er, gerade was "die Forderung des *Laissez faire*" (22) angeht, vielleicht nicht in "Europa" (wie er gerne sagt, wenn er von Preußen spricht), aber doch beispielsweise in Großbritannien genug Äquivalente hätte finden können (vgl. ORLOFF und SKOCPOL 1984).

Typisch empiristisch ist der Automatismus, den SOMBART zwischen Lebensbedingungen und Verhaltensweisen herstellt. Er weist in einer akribischen Untersuchung die wissenschaftliche Besserstellung amerikanischer im Vergleich zu deutschen Arbeiterinnen und Arbeitern nach (84ff) und folgert daraus ohne Umschweife: "An Roastbeef und Apple-Pie wurden alle sozialistischen Utopien zuschanden" (126). An andere Stelle zeigt er, daß der - allem Wohlleben des Durchschnittsarbeiters zum Trotz - immer noch "großen Masse" Notleidender die Chance offenstand, sich vor dem "Drucke des Kapitalismus" auf "die freie Heimstätte im unbesiedelten Westen" zu retten: "durch die Heimstättengesetzgebung von 1860ff. erhält jede über 21 Jahre alte Person, (...), das Recht, 80 *acres* (...) zwischen reservierten Eisenbahnländereien gelegenen oder 160 *acres* anderswo gelegenen öffentlichen Landes in Besitz zu nehmen" (136). Da er - wohl zu Recht - davon ausgeht, daß der Weg zu diesen Heimstätten für Deutsche weit beschwerlicher war als für Amerikaner, ergibt sich für ihn der Schluß: "Die Möglichkeit, zwischen Kapitalismus und Nichtkapitalismus optieren zu können, ... bricht jeder antikapitalistischen Agitation die Spitze ab" (140).

Aus heutiger Sicht erscheinen die Überlegungen SOMBARTS, um das Geringste zu sagen, als überholt. Zugleich wird deutlich, daß und warum das empiristische Modell rationalen Handelns versagen muß, wenn es sich mit jenem Ansatz einläßt, den ich als Theoretizismus bezeichnet habe. Es genügt nicht, *gute Gründe* zu finden, weshalb ein Akteur sich so oder so verhalten sollte. Immer kann es ja sein, daß die Gründe, die man übersehen hat, die einem - wie im Falle SOMBARTs - von Zufallsbeobachtungen aufgedrängten Gründe überlagern. Nun besitzt zwar auch ein durch und durch konsequenter Empirismus keine Garantien für die Vollständigkeit der von ihm berücksichtigten Gründe. Aber er würde doch niemals darauf verfallen, anhand einer Stichprobe des Umfanges $n=2$ kollektive Phänomene (in diesem Fall: "Sozialismus") erklären zu wollen. Außerdem bewahrt ihn die Enge seiner Perspektive, für die nur "handfeste" Zwecke in Betracht kommen, davor, Spekulationen als "Gründe" zu betrachten und sich so Erklärungen vorzugaukeln, wo *realiter* noch kein einziges Explanans gefunden ist. Es gehört zu den Aspekten von SOMBARTs Buch, die man am liebsten ganz vergessen möchte, daß darin das amerikanische "Zweiparteien-System" unter anderem auf die "Herdenhaftigkeit" der Amerikaner zurückgeführt wird: "Diese Veranlagung, (...), kommt (...) den großen Parteien (...) zugute, weil sie verbunden ist mit einem starken Gefühl der Treue und Anhänglichkeit an die einmal erwählte Herde" (57).

In der angewandten Sozialforschung erfüllt das empiristische Modell rationalen Handelns eine Doppelfunktion. Es dient einmal als Regulativ bei der Neuentwicklung von Verfahren, einmal als Korrektiv bei der Weiterentwicklung. In beiden Fällen ist seine Aufgabe eine ausschließlich heuristische, nämlich die, einen Analyserahmen zu entwerfen oder zu ergänzen beziehungsweise umzubauen. Es fungiert insofern zwar als *Probierstein*, jedoch nicht in der Weise, daß Verfahren, die sich einer empirtisch-rationalen Rekonstruktion sperren, deshalb gewissermaßen *per se* unter Quarantäne gestellt würden. Empiristische Modellbauer wissen, daß die Fiktion mit der sie operieren, eine Fiktion ist. Sie benutzen die Unterstellung *handfester* Zwecke und rationalen Handelns in der gleichen Attitüde, in der ängstliche Menschen vor dem Öffnen ihrer Wohnungstür die Sicherheitskette einhängen: Man kann nie wissen... ROUSSEAU sagt im Exordium seines Diskurses über die Ungleichheit (1755: 6): "Commençons donc par écarter tous les faits, car ils ne touchent point à la question." Dieser vielzitierte Satz eines nicht-empiristischen Modellbauers verdeutlicht die Spezifizität empiristischen Modellbaus *e contrario*. Auch das empiristische Modell rationalen Handelns beginnt damit, daß es die Frage *quid facti* beiseite schiebt. Dies jedoch nicht, um sich ihrer zu überheben, sondern um ihr zu ihrer Zeit nachzugehen.

Der (kontrafaktische) Ausgangspunkt aller in empiristisch-rationaler Perspektive angelegten methodologischen Vorschläge ist jenes undurchdringliche Individuum, für das MATTHIAS BURISCH (1982) ein - übrigens vermutlich gar nicht einmal so abwegiges - Phantombild gezeichnet hat (Abb. 7). Man stellt sich jemand vor, der, erstens, an einer Untersuchung nur teilnimmt, wenn dabei für ihn etwas herausschaut, und der, zweitens, keine "intrinsische Motivation" zur Wahrhaftigkeit hat. (Dieser Vorstellung zugrunde liegt unter anderem die Annahme, daß sich beispielsweise die anvisierte Teilnehmerin einer persönliche Befragung von Kauffrauen, selbst wenn das Interview - was wir einmal vermuten wollen - für sie keine Kosten verursacht, überlegen kann, ob es nicht möglich sein sollte, dem ihre Leistungen nachfragenden Institut (beziehungsweise seinem Interviewer), ein angemessenes Honorar abzuverlangen. Dies um so mehr, als sie davon ausgehen darf, daß das Interesse des Instituts (beziehungsweise des Interviewers), sei es an ihrer Geschäftstätigkeit, sei es an ihrem Privatleben, nicht von ungefähr kommt.)

Abbildung 7: Das empiristisch-rationale Menschenbild

Das Problem besteht dann darin, zu möglichst geringen Kosten, eine hinreichende Teilnahmebereitschaft und Wahrhaftigkeit der "Probanden" zu erzeugen (sofern es sich nicht um sogenannte Sekundäranalysen handelt, bei denen das Problem nicht das der Erzeugung, sondern das der Beurteilung des entsprechenden Verhaltens ist). Die Tatsache, daß zum Beispiel in westlichen Industriegesellschaften - entgegen den Modellannahmen - bis zu 30 Prozent der Menschen, gelegentlich sogar darüber, ohne jeden "handfesten" Anreiz - etwa an

Befragungen - teilnehmen und sich auch um Wahrhaftigkeit bemühen, bleibt unbeachtet. Im Rahmen des empiristischen Modells rationalen Handelns nicht systematisierbare Erscheinungen werden als Paraphernalien behandelt. Man geht davon aus, daß es genügt, sie implizit (gewöhnlich als "Fehlerterme" oder "Konstante") zu berücksichtigen.

Dem Forscher stehen so zwei Hauptstrategien für die Erzeugung von Teilnahmebereitschaft und Wahrhaftigkeit zu Gebote. Die erste dieser beiden Hauptstrategien verhehlt dem (potentiellen) Teilnehmer die Tatsache, daß eine Untersuchung überhaupt stattfindet. Die Schwierigkeiten der Konstruktion geeigneter Erhebungsmodelle erschöpfen sich dann darin, Techniken zu finden, die ein solches Verhehlen ermöglichen: sogenannte *nicht-reaktive Verfahren*. Diese Verfahren lösen das Problem der Erzeugung von Teilnahmebereitschaft und Wahrhaftigkeit, indem sie es umgehen. Ein Versandhaus etwa, das seinen Kunden ein neues Produkt anbieten möchte, ist unter Umständen gut beraten, wenn es dieses Prudukt noch nicht einkauft, sondern zunächst nur ein Muster in seinem Katalog zeigt. Das Versandhaus schlägt dann sogar gewissermaßen zwei Fliegen mit einer Klappe. Es bindet sich erst an einen Auftrag, wenn genügend Bestellungen eingegangen sind, und es ermittelt die Nachfrage - anders die konventionelle Marktforschung - streng nicht-reaktiv.

Nun liegen die Dinge nicht immer so einfach wie in diesem Fall. Die Marketing-Abteilung eines Versandhauses hat unmittelbaren Zugang zu ihrem *Feld*. Der Kriminologe dagegen beispielsweise oder der Entwicklungssoziologe müssen sich diesen Zugang in der Regel erst schaffen. Die bei Einsatz nicht-reaktiver Verfahren umgehbare Frage nach Mitteln zur Erzeugung von Teilnahmebereitschaft und Wahrhaftigkeit stellt sich hier also erneut, wenn auch unter anderen Bedingungen. Es geht für den Forscher jetzt darum, teilnahmebereite und wahrhaftige *Pförtner* zu finden.

Nehmen wir das Zuhälterwesen. Für diejenigen die eine entsprechende Studie durchführen wollten, bestünde wieder die Möglichkeit, ihre "wahren Absichten" zu verhehlen. Sie könnten sich als Freier ausgeben, als Prostituierte und so weiter. Würde das gelingen, wäre abermals das Problem der Erzeugung von Teilnahmebereitschaft und Wahrhaftigkeit umgangen. Wir wollen jedoch unterstellen, daß es Situationen gibt, in denen spätestens an diesem Punkt die Umgehungsstrategie versagt.

Die zweite Haupstrategie des empiristisch-rationalen Ansatzes differenziert zunächst - was sich für die Umgehungsstrategie erübrigt - zwischen Maßnahmen zur Erzeugung von Teilnahmebereitschaft und Maßnahmen zur Erzeugung von Wahrhaftigkeit. Der durch geeignete Maßnahmen gewonnene Teilnehmer an einer Untersuchung braucht allein auf Grund seiner Teilnahme noch nicht wahrhaftig zu sein. Unter Umständen nimmt er sogar nur in der Absicht teil, das Untersuchungsergebnis nach Möglichkeit zu verzerren.

In einer damals durch die Schlagzeilen gehenden "Studie" über sexualpsychologische Aspekte politischen Protests stellten "Forscher" Ende der 70er Jahre bei einer Umfrage in Frankfurt fest, daß die Teilnehmer an Demonstrationen beim Demonstrieren zu zwei Dritteln und mehr starke sexuelle Erregungsgefühle bis hin zum Orgasmus erlebten. Insider berichteten später, es habe seinerzeit unter den politischen Aktivisten der Frankfurter Szene schlicht und einfach eine Verabredung gegeben, die als schwachsinnig eingestufte Themenstellung durch gezielte Misinformation *ad absurdum* zu führen.

Nun stellt der geschilderte Fall - schon von der abstrusen Fragestellung her - sicher eine Ausnahme dar. Aber dessenungeachtet erscheint es als sinnvoll, zwischen Maßnahmen zur Erzeugung von Teilnahmebereitschaft und Maßnahmen zur Erzeugung von Wahrhaftigkeit zu unterscheiden. Dies um so mehr, als sich ein empiristisch-rational vorgehender Forscher bei der Erzeugung von Teilnahmebereitschaft - abgesehen von der Umgehungsstrategie - vor allem auf drei Prinzipien stützen wird:

erstens, *Geringhaltung* der Teilnahmekosten;
zweitens, *Belohnungen* für Teilnehmer;
drittens, *Strafen* für Nicht-Teilnehmer.

Es dürfte insbesondere dann schwierig sein, Menschen zur Teilnahme an einer Untersuchung zu bewegen, wenn dadurch (erhebliche) Kosten für sie entstehen.

Dieser eigentlich triviale Befund gewinnt dadurch seine Bedeutung, daß man natürlich auch nicht unmittelbar in Geldbeträgen (hier: Portokosten) sich darstellende Aufwendungen berücksichtigen muß: Zeitaufwand, Umständlichkeiten, Ruhestörungen usw. Und hieraus resultieren dann bereits zahlreiche technische Einzelfragen. Läßt sich zum Beispiel ein -

ansonsten identischer - Fragebogen, der auf zehn Seiten abgedruckt ist, rascher beantworten als ein fünfzehnseitiger Fragebogen? Fällt es leichter, Fragen mündlich zu beantworten, oder fällt eine schriftliche Antwort leichter? Stellt eine persönliche Befragung eine größere Belästigung dar als eine fernmündliche? Lassen sich Rangordnungen mit Hilfe eines *Kartenspiels* bequemer erstellen als mit Hilfe einer *Liste*?

Da derartige Fragen im allgemeinen allerdings nicht pauschal beantwortet werden können, pflegt das Prinzip der Geringhaltung der Teilnahmekosten bei der Konstruktion von Untersuchungsdesigns lediglich als Gesichtspunkt für die Anlage und Auswertung von Pretests in Erscheinung zu treten. Es liefert zwar einen Orientierungsrahmen, gibt aber keine eindeutigen Fingerzeige auf generell anwendbare Vorgehensweisen. Man kennt das Ziel beziehungsweise die Aufgabenstellung, jedoch - von wenigen Ausnahmen abgesehen - nicht die Mittel.

Das Prinzip der Belohnungen ist demgegenüber - ebenso wie das Prinzip der Strafen - weitaus konkreter. Aus naheliegenden Gründen kommen in empiristisch-rationaler Perspektive als Belohnungen fast ausschließlich geldliche oder in Geld meßbare Prämien in Betracht. Der Forscher vermag, sei es den Befragten, sei es den Beobachteten, nur äußerst selten Vorteile in der Form von Zeitersparnis, von Entspannung oder von Ruhe zu bieten - wie vielleicht Schülern, für die durch eine "lockere" Befragung zum Mathematikunterricht der Mathematikunterricht selbst ausfallen mag.

Geldliche oder in Geld meßbare Prämien müssen freilich durchaus nicht *sicher* sein. Bisher bestätigen die Ergebnisse von Experimenten mit *lotterieartigen* Gewinnchancen für Untersuchungsteilnehmer recht gut die Vermutung von ADAM SMITH: "The chance of gain is by every man more or less over-valued, and the chance of loss is by most men under-valued" (1937: 107). Man kann in bestimmten Fällen zu geringeren Kosten eine höhere Beteiligung erreichen, wenn man anstelle "sicherer", aber kleiner Prämien "Lose" mit Gewinnchancen für größere Prämien ausgibt. Das optimale Verfahren scheint darin zu bestehen, beides miteinander zu verknüpfen:

Erstens, *sichere Prämien* für jeden Teilnehmer;
zweitens, *zusätzliche Gewinnchancen* in einer Verlosung.

Außerdem dürften *Sachprämien* Geldprämien in der Regel vorzuziehen sein. Dies insbesondere dann, wenn die pro Teilnehmer zur Verfügung stehenden Mittel gering sind. Ein Verrechnungsscheck über eine DM beispielsweise stellt 1991 wohl nur für die wenigsten eine Belohnung dar. Ein Bleistift hingegen mit den Initialen des Teilnehmers wird unter Umständen als Belohnung akzeptiert. Der Teilnehmer kann sich zwar überlegen, daß die Beschaffungskosten für den Forscher gering sind. Aber ob er diese Überlegung anstellt oder nicht: Seine Beschaffungskosten wären jedenfalls beträchtlich. Wirksam ist die Belohnung mit einem "personalisierten" Bleistift freilich nur, sofern der Besitz eines solchen Schreibgeräts dem Teilnehmer wünschenswert erscheint.

Es gehört deshalb zu den zentralen Problemen des Einsatzes von Sachprämien, allgemeine Regeln zu finden, nach denen möglichst beliebigen Dingen der Charakter des Wünschenswerten verliehen werden kann. Personalisierung kommt vermutlich als eine dieser Regeln in Betracht. Alternativ beziehungsweise ergänzend bieten sich vor allem Verknappung (begrenzte Stückzahlen der Prämien) und Signierung (zum Beispiel durch Sportler oder Künstler) an.

Wo der finanzielle Spielraum einer Untersuchung großzügiger bemessen ist, wird man vielleicht der Einfachheit halber Geldprämien den Vorzug geben wollen. Es läßt sich ja nicht ausschließen, daß in einer gegebenen Population etwa ein Betrag von zehn DM jede für den Forscher zu diesem Preis erhältliche Sachprämie in den Schatten stellt. Und selbst wenn es eine Sachprämie gibt, die sich gegen zehn DM behaupten kann, muß sie erst einmal aufgespürt werden. Dennoch sprechen die Ergebnisse einschlägiger Experimente zumindest im Grundsatz für die Überlegenheit von Sachprämien.

Wir geraten hier allerdings bereits in Einzelheiten des Untersuchungsaufbaus. Da uns vorläufig nur die *Prinzipien* der Modellkonstruktion interessieren, sei die Erörterung des Themas Prämiengestaltung an dieser Stelle unterbrochen. Beschäftigen sollen uns zunächst die *Strafen* für Nicht-Teilnehmer.

Es handelt sich dabei um Maßnahmen, die man pauschal als Ruhestörung klassifizieren kann. Zum Beispiel: fernmündliche Aufforderungen an Verweigerer, sich doch noch zu beteiligen; Erinnerungsschreiben; Hausbesuche. Speziell wenn eine Wiederholung der jeweiligen Maßnahme beziehungsweise deren Überhöhung durch eine noch störendere als vertretbar erscheint, lassen sich kostenträchtige Umstände für den Nicht-Teilnehmer schaffen. Wer etwa den im Rahmen einer postalischen Befragung versandten Fragebogen nicht innerhalb einer Woche beantwortet, erhält eventuell zu "ungünstiger Zeit" ein Erinnerungsschreiben. Kündigt dieses Schreiben nun sogar eine weitere Erinnerung an, kann es für den Befragten vorteilhafter sein, den Fragebogen zu beantworten und damit Ruhe zu haben, als abermals belästigt zu werden.

Der bewußt so gewählte Begriff der Strafen deutet freilich schon - wenigstens implizit - auf die Frage ihrer Zulässigkeit hin. Es mag Maßnahmen geben, die in jeder Hinsicht als unbedenklich gelten können. In den meisten Fällen jedoch dürfte eine sorgfältige Prüfung unter moralischen Gesichtspunkten unumgänglich sein. Gleichwohl soll es im vorliegenden Zusammenhang genügen, dieses Problem benannt zu haben. Gegenständlich ist jetzt für uns nur die Effizienz von Strafen. Immer noch scheinen nämlich KANUK und BERENSON weitgehend recht zu haben, wenn sie - unter Bezug auf schriftliche Befragungen, aber zweifellos verallgemeinerbar - behaupten (1975: 451):

Despite the large number of research studies reporting techniques designed to improve response rates, there is no strong empirical evidence favoring any technique other than the follow-up and the use of monetary incentives.

Mit anderen Worten: Strafen (*follow-ups*) sind wesentlicher Bestandteil jedes zielführenden Erhebungsmodells.

Sofern die (finanziellen) Möglichkeiten gegeben sind, den Aufwand der Teilnahme an einer Untersuchung gering zu halten, hohe Belohnungen auszugeben und die Kosten der NichtTeilnahme zu maximieren, dürften sich nahezu beliebige Teilnahmequoten erreichen lassen. Darüberhinaus scheinen die drei Prinzipien in gewissem Umfang Ersatzlösungen zuzulassen. Eine für den Teilnehmer aufwendige Untersuchung braucht trotz fehlender Strafen nicht zu scheitern, wenn namhafte Belohnungen angeboten werden können. Das gleiche gilt, wo bei Fehlen von Belohnungen empfindliche Strafen verfügbar sind. Unsicher ist allein die Substituierbarkeit von Belohnungen und Strafen durch Geringhaltung der Teinahmekosten. Erst unter extremen Bedingungen, etwa wenn bei fernmündlichen Interviews nur zwei, drei Fragen gestellt werden, besteht wohl die Möglichkeit, auch ohne gewichtigere Belohnungen und Strafen auszukommen.

Die Fokussierung der Konstruktionsprinzipien auf Kosten-Nutzen-Bilanzen könnte den Eindruck entstehen lassen, daß die empiristisch-rationale Perspektive sich anderen Aspekten verschließen möchte. Das ist nicht der Fall. Genannt seien nur Techniken zur Weckung von Aufmerksamkeit und Interesse für eine Untersuchung. Sie finden durchaus Berücksichtigung. Ihre Stellung ist allerdings eine untergeordnete. Sie fungieren als *flankierende* Maßnahmen. Die Manipulationen der Kosten-Nutzen-Bilanzen werden mit ihrer Hilfe lediglich abgerundet.

Es mag zutreffen, daß beispielsweise eine postalische Befragung, deren Thematik "interessant" ist, einen höheren Rücklauf erzielt, als eine ansonsten vergleichbare Studie mit "uninteressanter" Thematik. Doch Interesse gehört für den Sozialforscher ebenso wie Relevanz und Aktualität zu den (fast) Unveränderlichen. Auch wenn es vielleicht in gewissem Umfang gelingen kann, Interesse zu suggerieren oder sogar wirkliches Interesse zu wecken: Normalerweise wird das Interesse entweder da sein oder nicht. Es läßt sich ansprechen, aber es läßt sich nicht kreieren.

Da der empiristisch-rationale Ansatz - trotz seinem abstrusen Menschenbild - in Konfrontation mit Daten zur Teilnahmebereitschaft bei (sozialwissenschaftlichen) Erhebungen keine schlechte Figur macht, wollen wir auch im Hinblick auf das Problem der Wahrhaftigkeit (von Beobachteten und Befragten) an diesem Ansatz festhalten.

Zur Begriffsklärung sei vorausgeschick, daß *Wahrhaftigkeit* soviel heißen soll wie Ehrlichkeit, Aufrichtigkeit, Natürlichkeit, Ernsthaftigkeit. ERVING GOFFMAN (1978) erinnert zweifellos nicht zu unrecht daran, daß wir alle nahezu ständig damit beschäftigt sind, Eindrücke von uns zu vermitteln - für andere, aber auch für uns selbst. Dieses Verhalten muß aber mit unserer Wahrhaftigkeit (in dem hier gemeinten Sinne) keineswegs konfligieren.

Angenommen, es habe sich jemand angewöhnt, seinen Mund beim Zuhören und in Sprechpausen leicht zu spitzen. Er mag diese Faxe regelrecht einstudiert haben. Dennoch gehört sie zu seinem "natürlichen" Repertoire. Es wäre *unwahrhaftig* wenn er sie - etwa in einer Beobachtungssituation - unterdrücken würde. Die Gebärde des Mundspitzens ist zwar gekünstelt, jedoch nur *an sich*, nicht in bezug auf den Beobachter.

Wir wollen allerdings den Gesichtspunkt der Natürlichkeit nicht überbetonen. Wahrhaftig ist ein Beobachteter oder ein Befragter nicht schon deshalb, weil er sich in der Situation des Beobachtet- oder Befragt-Werdens so verhält wie im Alltag. Es handele sich etwa darum, das Einkommen von Handelsvertretern zu ermitteln. Falls nun Handelsvertreter im Alltag dazu neigen, ihr Einkommen zu hoch anzugeben, würde man bei einer Befragung dieser Berufsgruppe sicher ein außeralltägliches Verhalten bevorzugen. Wahrhaftigkeit soll für uns also in dem nicht bewußt irreleitenden Verhalten gegenüber dem Forscher bestehen.

Diese Auffassung von Wahrhaftigkeit wirft eine Reihe interessanter Fragen auf. Wie zum Beispiel läßt sich feststellen, ob ein bestimmtes Verhalten bewußt irreleitend ist? Welches sind die Kriterien, um insbesondere ein bewußt irreleitendes von einem unbewußt irreleitenden Verhalten zu unterscheiden? Kann man sich überhaupt wissenschaftlich mit dem Problem der Wahrhaftigkeit auseinandersetzen, wenn diese anhand so obskurantistisch anmutender Begriffe wie Bewußtsein/Unbewußtes definiert wird?

Bei aller Berechtigung solcher und ähnlicher Fragen sei dennoch davon ausgegangen, daß es nur darum geht zu klären, wie Wahrhaftigkeit (im angebenen Sinne) erzeugt werden kann.

Zunächst dürfte wohl unstrittig sein, daß die Teilnehmer an einer Untersuchung gewöhnlich keinen Anlaß zu Unwahrhaftigkeit haben. Sogar im Gegenteil. Wenn zum Beispiel dem 46jährigen Teilnehmer an einer Befragung nicht gerade die Zahl 20 durch den Kopf geistert, warum sollte er sich die Mühe machen, die bereitliegende Antwort auf die Frage nach seinem Alter zu verdrängen, um statt 46 irgendeine andere Zahl zu sagen, sei es 20, sei es 35, sei es 71? Ein derartiges Verhalten würde unnötigen und damit auch (in empiristisch-rationaler Sicht) unplausiblen Aufwand implizieren.

Gleichzeitig ist indessen klar, daß es zahlreiche Bedingungen gibt, unter denen Unaufrichtigkeit für den Untersuchungsteilnehmer opportun erscheinen kann. Er mag in einem Interview aufgefordert werden, die Größe seiner Wohnung in Quadratmetern anzugeben. Vielleicht ist ihm gerade nur die ungefähre Wohnungsgröße gegenwärtig. Sie liege in der Nähe von 80 qm. Es ist dann für ihn weniger aufwendig, wenn er sagt: "80 Quadratmeter", als wenn er die genaue Zahl irgenwo nachsieht. An weiteren - ähnlich oder anders gelagerten - Beispielen herrscht kein

Mangel.

Abweichend vom Fall der Teilnahmebereitschaft verfügt der Forscher hier jedoch nur sehr selten über die Möglichkeit, Belohnungen zu offerieren oder Strafen anzudrohen. Der einzige Weg, der ihm offensteht, dürfte also in der Regel der sein, die durch Wahrhaftigkeit entstehenden Kosten gering zu halten beziehungsweise solche Kosten gar nicht erst zuzulassen.

Entsprechende Schritte setzen freilich eine genauere Kenntnis der Wahrhaftigkeitskosten von Untersuchungsteilnehmern voraus. Alltagserfahrungen mögen oftmals Anhaltspunkte für die Möglichkeit beachtlicher Wahrhaftigkeitskosten liefern. Untauglich sind sie aber dort, wo man - von ihnen ausgehend - geringe Wahrhaftigkeitskosten vermuten sollte. Zumindest darf der Forscher nicht erwarten, daß - zum Beispiel - Handlungsabläufe, die er selbst und vielleicht auch das soziale Umfeld, in dem er sich zu bewegen pflegt, souverän beherrschen, allgemein sowie insbesondere von den Teilnehmern an seiner Untersuchung ebenfalls souverän beherrscht werden. Man könnte daher von einem empirischen Zirkel sprechen. In Ermangelung zuverlässiger Alltagserfahrungen bedürfen sozialwissenschaftliche Erhebungen methodologischer Grundlagen, die ihrerseits wiederum auf sozialwissenschaftliche Erhebungen angewiesen sind.

Aus diesem empirischen Zirkel ergeben sich keine besonderen Schwierigkeiten. Er illustriert vielmehr nur - wieder einmal - die Triftigkeit der Vermutung OTTO NEURATHS:

Wie Schiffer sind wir, die ihr Schiff auf offener See umbauen müssen, ohne es jemals in einem Dock zerlegen und aus besten Bestandteilen neu errichten zu können.

Trotzdem erscheint der Umstand erwähnenswert, daß die empiristisch-rationale Methodenlehre sich ungeachtet der Kontrafaktizität ihrer Grundannahmen auch und gerade hier in letzter Instanz an Gegebenheiten orientiert. Die Konstruktionsprinzipien stellen lediglich das Werkzeug dar: die Sägen und Bohrer der Schiffer, mit denen das vorfindliche Baumaterial den Umgebungsbedingungen entsprechend zu bearbeiten ist.

IMMANUEL KANT bemerkt einmal (1781: 58):

Es ist schon ein großer und nötiger Beweis der Klugheit oder Einsicht, zu wissen, was man vernünftigerweise fragen solle. Denn, wenn die Frage an sich ungereimt ist, und unnötige Antworten verlangt, so hat sie, außer der Beschämung dessen, der sie aufwirft, bisweilen noch den Nachteil, den unbehutsamen Anhörer derselben zu ungereimten Antworten zu verleiten, und den belachenswerten Anblick zu geben, daß einer (wie die Alten sagen) den Bock melkt, der andre ein Sieb unterhält.

In einem etwas anderen als dem von KANT gemeinten Sinn kann man diese Bemerkung auch auf die Sozialforschung beziehen (BARTON 1958: 67):

The pollster's greatest ingenuity has been devoted to finding ways to ask embarrassing questions in nonembarrassing ways. We give here examples of a number of these techniques, as applied to the question 'Did you kill your wife?'

The Casual Approach:
'Do you happen to have murdered your wife?'
The Numbered Card:
'Would you please read off the number on this card which corresponds to what became of your wife?' (*Hand card to the respondent.*)
1. Natural death
2. I killed her
3. Other (What?)
(*Get the card back from respondent before proceeding!*)
The Everybody Approach:
'As you know, many people have been killing their wives these days. Do you happen to have killed yours?'
The 'Other People' Approach:
(a) 'Do you know any people who have murdered their wives?'
(b) 'How about yourself?'
The Sealed Ballot Technique:
In this version you explain that the survey respects people's right to anonymity in respect to their marital relations, and that they themselves are to fill out the answer to the question, seal it in an envelope, and drop it in a box conspicuously labelled 'Sealed Ballot Box' carried by the interviewer.
The Kinsey Technique:
Stare firmly in respondent's eyes and ask in simple, clear-cut language such as that to which the respondent is accustomed, and with an air of assuming that everyone has done everything, 'Did you ever kill your wife?'
Putting the question at the end of the interview.

Vielleicht gibt es Wahrhaftigkeitsprobleme, die prinzipiell nicht lösbar sind. Jedenfalls nicht methodisch und vor allem nicht im Rahmen des empiristisch-rationalen Ansatzes. Das von Barton gewählte Beispiel bezieht sich leider - wenngleich ja wohl gerade darin sein Reiz liegt - auf einen Fall, wo für den wahrhaftigen Untersuchungsteilnehmer offensichtlich ganz erhebliche Kosten entstehen können. Viel interessanter ist natürlich der Fall, wo eine Erhebung sowohl der Art als auch dem Umfang nach schwer vorhersehbaren Belastungen (Aufwand, Risiken) impliziert. Der Forscher mag zwar stets gewissermaßen prophylaktisch Unrat wittern. Aber diese Prophylaxe gibt ihm doch weder einen Leitfaden an die Hand, der zum Erfolg bei der Fahndung nach möglicherweise kostenträchtigen Faktoren einen nennenswerten Beitrag leisten würde, noch liefert sie ihm, sollte er fündig werden, einen Fingerzeig auf geeignete Modifikationen oder Alternativen.

Eine zusätzliche Schwierigkeit ergibt sich aus dem vom empiristisch-rationalen Ansatz systematisch vernachlässigten Phänomen *sozialer Erwünschtheit*. Die "Tendenz, seine Verhaltens- und Meinungsäußerungen an den Wünschen und Erwartungen der sozialen Umwelt auszurichten, auch wenn man sich dadurch in Widerspruch zu seinen wahren Überzeugungen setzt" (KLIMA und WIENOLD 1978), bedingt - etwa bei Interviews - zum Teil erhebliche Verzerrungen. Weil diese Tendenz nicht anhand "handfester" Nutzenerwartungen der Befragten systematisierbar ist, vermag der empiristisch-rationale Ansatz auch keine Grundsätze zur Bewältigung der dadurch sich ergebenden Probleme zu formulieren.

Dies ist zweifellos eine Schwäche. Andererseits kann man sich fragen, inwieweit andere Ansätze hier mehr zu bieten haben. Es macht ja den Kohl für den Forscher nicht fett, wenn er weiß, daß die Qualität seiner Daten durch soziale Erwünschtheit beeinträchtigt werden mag. Solange ihm keine ins einzelne gehenden Regeln zur Identifikation und Vermeidung sozial erwünschter Verhaltensweisen gegeben sind, beschränkt sich ihm das, was er aus dem *cave desiderabilitatem socialem* lernen kann, auf die nicht eben tiefschürfende Einsicht, daß alles noch viel schwieriger ist, als es in empiristisch-rationaler Sicht erscheint.

Man könnte meinen, daß der pauschale Hinweis auf die Wahrhaftigkeitskosten des Untersuchungsteilnehmers wenig konkreter ist als die nicht weiter spezifizierte Warnung vor der sozialen Erwünschtheit beziehungsweise deren Folgen. Es besteht da jedoch ein ganz wesentlicher Unterschied.

Angenommen wir wollten gewisse Aspekte des kulturellen Verhaltens von Akademikern untersuchen. Uns interessiere unter anderem die Häufigkeit von Kinobesuchen. Aus naheliegenden Gründen entscheiden wir uns dafür, die benötigten Daten durch eine Befragung zu erheben. Eine unserer Fragen laute: "Wann waren Sie zuletzt im Kino?" Es sei bekannt, daß Akademiker sich gerne kulturbeflissen geben. Dies insbesondere auch im Hinblick auf die Anteilnahme am Schaffen im Bereich Film. Um nun zu vermeiden, daß Befragte, die lange nicht im Kino waren, beschönigende Auskünfte über ihren letzten Kinobesuch geben, wird man sich um Anreize für sozial unerwünschte Antworten kümmern müssen. Diese Anreize dürfen freilich nicht zu stark ausfallen, weil sonst die Gefahr besteht, daß bei den Befragten die Wahrnehmungen dessen, was sozial erwünscht ist, verändert werden. Möglicherweise mit dem seinerseits zu vermeidenden Effekt, daß ihre Angaben dann wiederum - nur dieses Mal in einer anderen Richtung - das tatsächliche kulturelle Verhalten entstellen. Den wohl interessantesten Versuch, dieses Problem zu lösen, stellt das von E. E. JONES und seinen Mitarbeitern entwickelte *Bogus-Pipeline-Paradigma* dar (JONES und SIGALL 1971). Es beruht auf dem Gedanken, daß Befragte der Neigung zu sozial erwünschten Antworten nicht nachgeben werden, wenn sie davon ausgehen müssen, daß der Forscher die Richtigkeit ihrer Angaben überprüfen kann. Eine besonders anschauliche Beschreibung entsprechender Manipulationen haben HANS DIETER MUMMENDEY und andere (1979: 5-7) vorgelegt.

Eine gekürzte Darstellung könnte wie folgt aussehen: Der zu Befragende füllt einen kurzen Fragebogen aus. Anschließend wird er in einen mit Instrumenten vollgestopften Versuchsraum geführt. Dort schließt man ihn an eine imposante Apparatur an und erklärt, es sei nun möglich, seine Antworten anhand unbewußter, kleinster Muskelspannungen zu kontrollieren. Jede Person habe aber einen unterschiedlichen Grundwert. Deshalb sei es nötig, die Apparatur zunächst einzuregulieren. Man bittet ihn, den bereits ausgefüllten Fragebogen, gewissermaßen in Gedanken nochmals auszufüllen. Auf einem Bildschirm erscheinen dann zunächst mehr, später weniger von den ursprünglichen Auskünften abweichende Antworten. Am Ende der Prozedur stimmt die Bildschirmanzeige weitgehend mit den im Fragebogen überein. Der letzte Schritt besteht darin, daß man dem Befragten einen neuen (den "eigentlichen") Fragebogen aushändigt. Außerdem wird der Bildschirm verhüllt. Der Befragte erhält die Aufgabe jeweils zu schätzen, welche Antworten der Computer für ihn errechnet.

Die Erwartung, daß Befragte unter solchen Bedingungen ehrlicher antworten, leuchtet ein. Man hat ihnen erstens suggeriert, ein unbestechlicher Johnny Kontrolletti sei in der Lage, ihre physiologischen Reaktionen im großen und ganzen fehlerfrei zu interpretieren. Zweitens werden sie von dem Druck befreit, selbst sozial unerwünschte Antworten zu geben.

Sie stellen ja nur Vermutungen über die Computer-Ergebnisse an.

Der Witz, aber zugleich auch die Schwäche des Bogus-Pipeline-Paradigmas liegt darin, daß das Ganze natürlich Humbug ist. Der Befragte wird hinters Licht geführt. Insbesondere die Bildschirm-Anzeigen sind nicht "Einregulierungs-Ergebnisse", sondern Einspielungen, die ein Mitarbeiter des Untersuchungsleiters nach Sichtung des kurzen Vorab-Fragebogens steuert. Es ist somit von vorneherein klar, daß das Bogus-Pipeline-Paradigma für einen regelmäßigen Einsatz ungeeignet sein dürfte. Und genau darin scheint auch die Schwierigkeit aller anderen Techniken zur Bewältigung des Problems der sozialen Erwünschtheit zu bestehen. Ihr Erfolg hängt entscheidend davon ab, wie weit der Befragte (beziehungsweise der Beobachtete) sich täuschen läßt. Bereits die Neutralität der Interviewerin bei einer Marktforschungs-Studie etwa ist ja in der Regel gespielt. Sie *tut so, als ob* sie keine Meinung zu dem getesteten Produkt hätte. Streng genommen versucht sie also, den Befragten zu betrügen. Unter Berücksichtigung der wachsenden Vetrautheit immer größerer Bevölkerungsteile mit dem Instrumentarium der Sozialforschung wird man aber längerfristig eine zunehmende Durchsichtigkeit solcher und ähnlicher Betrugsversuche befürchten.

Im Falle der hier so genannten *handfesten* Wahrhaftigkeitskosten hingegen sind Täuschungsmanöver und daher auch die damit zusammenhängenden Probleme prinzipiell gegenstandslos. Es geht immer nur darum, vermeintliche oder tatsächliche Umständlichkeiten beziehungsweise Nachteile des wahrhaftigen Untersuchungsteilnehmers auszuräumen. Dem Akademiker, der sich an seinen letzten Kinobesuch erinnern soll, gibt man Hilfen. Man legt ihm etwa eine Liste neuerer Filme vor oder eine Übersicht über die örtlichen Lichtspielheater. Aber diese Maßnahmen wären immer darauf zugeschnitten, Kurzschluß-Reaktionen vorzubeugen. Kleine und größere Schwindeleien des Forschers oder seiner Mitarbeiter würden gar keinen Sinn ergeben. Der Befragte soll es leicht und bequem haben. Aber in empiristisch-rationaler Sicht ist es geradezu unvorstellbar, dem Befragten zu suggerieren, er vergnüge sich, während ihm in Wirklichkeit der Kopf raucht.

Da die empiristisch-rationale Sicht jedoch mit einer aus rein pragmatischen Erwägungen heraus eingeführten Fiktion arbeitet, die also ihre Berechtigung durch den Nutzen zu erweisen hat, den die Orientierung an ihr verspricht, ist die Frage unumgänglich, ob es sich nicht empfiehlt, hier und da einmal inkonsequent zu sein und, wo das Erfolg verheißt, mehr oder weniger stark von der Grundposition abzuweichen. Wir wollen uns daher das Problem der sozialen Erwünschtheit noch etwas genauer ansehen.

Das Beispiel des kulturellen Verhaltens von Akademikern war ja eigentlich untypisch für die Art von Fragestellungen, in deren Rahmen man auf dieses Problem zu stoßen pflegt. Charakteristischere Fälle ergeben sich bei Untersuchungen beziehungsweise Untersuchungsteilen, in denen es um sogenannte Einstellungen geht. Die Sorge des Forschers ist zumeist die, der Befragte (oder der Beobachtete) könne durch die Erhebungsbedingungen dazu veranlaßt werden, eine andere Darstellung seiner Normen, Werte, Präferenzen und so weiter zu geben, als man sie erhalten würde, wenn man ihn gewissermaßen durchleuchten könnte. Den Ausgangspunkt bildet dabei die reifizierende Vorstellung, Einstellungen seien etwas, was sich "messen" ließe: nicht "direkt beobachtbare", aber "über Indikatoren" dennoch zugängliche *latent traits* beziehungsweise Dispositionen (KARMASIN und KARMASIN 1977: 104). Die Effekte sozialer Erwünschtheit stellen sich so als "Meßfehler" dar und man bemüht sich dementsprechend "Meßverfahren" zu finden, die gegen derartige Störungen der "Meßgenauigkeit" weitgehend unempfindlich sind.

KLAUS ALLERBECK und WENDY HOAG haben diese Betrachtungsweise anhand einer empirischen Analyse von "Interviewer- und Situationseffekten in Umfragen" mit großem Nachdruck kritisiert. Sie sei zum einen "falsch", weil sie davon ausgehe, der "interpersönliche Charakter der Interviewsituation" ließe sich irgendwie "bereinigen". Sie sei "zum anderen falsch, weil sie den 'Meßvorgang Interview' mechanisch mißversteht." Die in der Interviewsituation produzierten Daten enthielten stets Erhebungseffekte und seien deshalb regelmäßig als Resultate von strategischen Interaktionen zu begreifen (1981: 424).

Just den Zusammenhängen, in denen er am häufigsten verwendet wird, scheint der generalsierende Begriff sozialer Erwünschtheit am wenigsten angemessen zu sein. Jedenfalls fanden ALLERBECK und HOAG, daß "Meinungsäußerungen" von Befragten in persönlichen Interviews unter anderem beeinflußt sind vom Geschlecht des Interviewers, von der von ihm benutzen Sprache (Dialekt/Hochsprache) und von der "Anwesenheit Dritter". Dies übrigens in teilweise recht komplexen Konstellationen (1981: 421):

Die Anwesenheit eines Ehegatten hat anscheinend keinen Einfluß, wenn Befragter und Interviewer gleichen Geschlechts sind. (...) Die Anwesenheit des Ehegatten wirkt sich aus, wenn Befragter und Interviewer unterschiedlichen Geschlechts sind.

Man wird daher Einstellungen vernünftigerweise nicht als "latente" oder "theoretische" Variable auffassen, sondern als Bündel verschiedener, stark situationsabhängiger Verhaltensweisen.

Wenn man beispielsweise einen Lehrer als autoritär bezeichnet, dann schließt das nicht aus, daß dieser Lehrer sich unter bestimmten Bedingungen extrem anti-autoritär äußert. Es kann vielmehr sogar zu den definierenden Merkmalen einer oder mehrerer Varianten des Autoritarismus gehören, daß im Sinne dieses Begriffs autoritär zu nennende Personen sich in Umfragen für "herrschaftsfreie Diskurse" stark machen, gegen "staatliche Bevormundung" polemisieren oder der "Entfaltung der Persönlichkeit" das Wort reden. Die autoritäre Einstellung würde in diesem Fall nicht "gemessen", sondern, sagen wir, festgestellt. Autoritarismus wäre eine beschreibende, keine explikative Kategorie. Bestimmte Individuen sind autoritär, weil sie sich unter den-und-den Bedingungen auf die-und-die Weise verhalten. Nicht umgekehrt. So interessant und wichtig es bliebe, die situationsbezogenen Veränderungen des Verhaltens zu untersuchen, soziale Erwünschtheit erschiene als ein viel zu grobes Raster, um die vielfältigen Eigentümlichkeiten der Reaktionen eines Untersuchungsteilnehmers auf unterschiedliche Stimuli zu beschreiben.

Von der Alltagserfahrung, daß es viele Menschen gibt, die "ihr Fähnlein immer nach dem Winde hängen," lassen wir uns dazu verleiten, nach "wahren" Meinungen, Einstellungen, Ansichten und so weiter zu suchen. Das pikierte Stirnrunzeln, mit dem unter Sozialforschern manchmal über NOELLEs *Tannenbaum* hergezogen wird, macht deutlich, wie weit solche Biertisch-Weisheiten in die Folklore der Sozialforschung eingedrungen sind. Es erscheint als unseriös, wenn eine Meinungsforscherin - ob sie es wirklich tut, sei dahingestellt - ihre Auftraggeber fragt: Wieviel Prozent hätten Sie denn gerne? Man weiß zwar, aber man will einfach nicht wissen, daß Meinungsäußerungen von Befragten nichts widerspiegeln. Es handelt sich um sehr variable Stellungnahmen zu sehr variabel gestaltbaren Fragen. Dazu gibt es keine in diese Stellungnahmen sich einkleidende aparte Meinung. MARSHALL MCLUHAN abwandelnd, läge es nahe zu formulieren: *Die Stellungnahme ist die Meinung.* Deshalb kann man - je nach Frageformulierung - einmal 80 Prozent Zustimmung, einmal 80 Prozent Ablehnung herausbekommen, wenn jemand untersucht haben möchte, wie eine so-oder-so abgegrenzte Population über den Präsidenten der Vereinigten Staaten, das neue Waschmittel für Feinstrumpfhosen oder die südafrikanische Rassentrennungspolitik denkt. Mit "Tricks" oder "Manipulationen" hat das wenig zu tun. Es handelt sich um Selbstverständlichkeiten empirischer Erhebungen: Der Forscher kriegt das, wonach er fragt.

So pointiert klingt diese These dem einen oder anderen vielleicht nach Positivismus. Doch mit Positivismus hat sie nicht das geringste zu tun. Gesagt soll nur sein: Gedanken, im Sinne des Liedes "Die Gedanken sind frei", können prinzipiell nicht zum Gegenstand erfahrungswissenschaftlicher Untersuchungen gemacht werden. Nehmen wir als Beispiel den *Schmeichler*.

Unsere Vermutung sei, daß bestimmte soziale Bedingungen wie sie paradigmatisch durch den Hof des Tyrannen repräsentiert werden, das Auftreten dieses "Charakters" begünstigen. Es bereite keine größeren Schwierigkeiten, soziale Bedingungen oder Umgebungen danach zu unterscheiden, ob sie als Tyrannen-Hof anzusehen sind oder nicht. Wie aber sollten wir herausbekommen, ob ein Verhalten schmeichlerisch, also gemäß der Definition THEOPHRASTs unaufrichtig ist? Die Lösung, die THEOPHRAST wählt, kommt ohne unmittelbare "Beweise" für die Unaufrichtigkeit des Schmeichlers aus. Er begnügt sich mit dem Hinweis auf Äußerungen und Handlungsweisen, die - seiner Meinung nach - fraglos unaufrichtig sind (o.J.: 5/6):

> Wenn der Schmeichler seinen Gönner begleitet, sagt er etwa zum ihm: 'Merkst du, wie die Leute dir nachschauen? Die Ehre hat sonst niemand in der ganzen Stadt!'
> 'Gestern hat man dich in der Galerie am Markt in den Himmel gehoben.' Mehr als dreißig Leute hätten herumgesessen, und als die Rede darauf gekommen sei, wer das Beste leiste, sei sein Name natürlich in aller Munde das A und O gewesen.
> (...)
> Wenn der Gönner etwas sagt, so heißt er die andern still sein; hört der Gönner hin, so gibt er seinen Beifall kund, und ist er fertig mit reden, dann stimmt er laut zu: 'Ausgezeichnet!'
> Wenn der Gönner einen faulen Witz macht, so lacht er darüber, ja er stopft sich den Mantel in den Mund, als könne er sich vor Lachen nicht halten.
> Begegnen ihnen Leute, so läßt er sie warten, bis der Gönner vorbei ist.
> Den Kindern kauft er Äpfel und Birnen und bringt sein Geschenk vor den Augen des Gönners an. Dann küßt er sie und sagt: 'Ach, ihr herzigen Buben eines prächtigen Vaters!'

Wer sich so oder ähnlich verhält, der ist für THEOPHRAST *per se* unaufrichtig und damit ein Schmeichler. Man mag gegen das Vorgehen von THEOPHRAST einwenden wollen, es könne doch nicht ganz ausgeschlossen werden, daß so jemand es tatsächlich ernst meint und daß man deshalb mindestens einen Beleg für eine gegenteilige Äußerung des vermeintlichen Schmeichlers bräuchte, etwa einen abfälligen Scherz über den sonst Gelobhudelten. Dieser Einwand geht von der sicher nicht unberechtigten Vermutung aus, daß Theophrast nur scheinbar eine streng operationale Auffassung vom Schmeicheln vertritt und "in Wirklichkeit" doch annimmt, es gäbe da im Innern des Schmeichlers so etwas wie seine "wahre" Meinung. Trotzdem liegt dem Einwand ein Irrtum zugrunde: Der als zusätzliches Kriterium herangezogene abfällige Scherz ändert beziehungsweise komplettiert lediglich die Liste typischer Beispiele für das Verhalten des Schmeichlers. Wir erlangen so mitnichten einen direkteren Zugang zu seinen "Gedanken". Das ist kein Grund, sie zu leugnen. Doch gerade in der angewandten Sozialforschung muß man sich darüber im klaren sein, daß es keinen Sinn hat, ihnen - jenseits konkretisierbarer beziehungsweise erhebbarer Äußerungen und Handlungsweisen - nachspüren zu wollen. Wem es gefällt, dem sei es unbenommen, ihr Raunen oder ihr "Rauschen" im Verhalten der Akteure zu erahnen. Solange jedoch nicht gezeigt werden kann, daß und wie sie sich intersubjektiv greifbar machen ließen, bleibt ihre (empirische) Analyse wortwörtlich gegenstandslos.

Gewissermaßen den Härtefall stellt die von KARL-DIETER OPP (1976: 174) und anderen nachdrücklich kritisierte *Sonntagsfrage* dar: "Wenn schon am nächsten Sonntag Bundestagswahl wäre: Welche Partei würden Sie dann wählen?" Mit dieser Frage erkundigt sich der Interviewer nach dem voraussichtlichen Verhalten der Wähler für einen Fall, der nicht eintreten wird. Es hat sich eingebürgert, die Ergebnisse entsprechender Befragungen als eine Art Stimmungsbarometer zu betrachten. Und daran gibt es auch gar nichts zu monieren. Nur weiß eigentlich niemand, was dieses *Stimmungsbaromenter* genau besagt beziehungsweise besagen soll. Insbesondere klärt es ja nicht darüber auf, wer die nächste Bundestagswahl gewinnen wird. Es verrät Regierung und Opposition auch nicht, ob der bisher eingeschlagene Weg richtig oder falsch ist. Es informiert nicht einmal über die Einschätzung der Parteien durch die Wahlbevölkerung im Sinne einer Abwägung von Leistungen und Versäumnissen. Es gibt lediglich Auskunft zum Antwortverhalten der Wähler, wenn man ihnen eine ganz bestimmte Frage, eben die Sonntagsfrage, stellt.

Eine der wichtigsten Eigentümlichkeiten der angewandten Sozialforschung besteht darin, daß sie sich - von Ausnahmen wie dieser abgesehen - nicht darum herumdrücken kann, überprüfbare Aussagen zu den Konsequenzen ihrer Befunde zu machen. Den Marketing-Direktor des Margarine-Herstellers interessiert es allenfalls am Rande, daß "nur" 46 Prozent oder "immerhin" 58 Prozent der Verbraucher die Frage bejahen: "Würden Sie diese Margarine kaufen?" Er will wissen, ob sein bespielsweise geschmacklich verändertes Produkt tatsächlich (mehr) gekauft wird. Das gleiche gilt entsprechend für den Leiter einer Fortbildungsmaßnahme der BUNDESANSTALT FÜR ARBEIT. Ihm geht es nicht um dekorative Prozentsätze, sondern um aussagekräftige (das heißt: prognostisch relevante) Resultate: Wird die Maßnahme angenommen werden und wird sie Erfolg haben oder nicht? Alles andere ist ihm, wenn er seine Aufgabe ernst nimmt, gleichgültig.

Die scheinbar positivistische Ausrichtung der Strategien zur Bewältigung des Problems der Wahrhaftigkeit ergibt sich just aus dieser Einsicht. Man geht - wie auch bei der Erzeugung von Teilnahmebereitschaft - von einem kontrafaktischen *Ideal* aus. Dort wie hier ist es das *undurchdringliche Individuum*. Diese Fiktion stellt für die angewandte Sozialforschung jedoch keine theoretische, sondern eine pragmatische Vorgabe dar. Ein Postulat der Zweckmäßigkeit. Nichts darf den Forscher davon abhalten, gegebenenfalls inkonsequent zu sein und sich, wo dies zielführend sein könnte, mehr oder weniger weit von den Prinzipien zu entfernen, die der angewandten Sozialforschung die Form einer "Oberflächen-Wissenschaft" geben. Nur sollte er sich die Entscheidung zur Inkonsequenz möglichst schwer machen. Der Grundgedanke von dem er ausgeht, beruht ja nicht auf einer willkürlichen Setzung, sondern auf der Erfahrung, daß es nichts bringt, den im Forschungsprozeß erhobenen Daten irgendwelche Konstrukte aufzusatteln, die das Beobachtbare, nämlich die Relation beispielsweise zwischen der Interview-Antwort auf die Frage nach dem Gehalt und dem durch den Lohnstreifen belegten Gehalt, auf dem Umweg etwa über ein kognitives System oder dergleichen weiter durchdringen sollen.

ETHIK

Es dürfte nicht ganz einfach sein, mit guten Gründen zu bestreiten, daß es sich bei der Ethik beziehungsweise der Theorie der Sittlichkeit um eine nicht-erfahrungswissenschaftliche, philosophische Disziplin handelt. Hauptsächlich wohl deshalb überheben sich Soziologen und Sozialforscher gerne der Erörterung ethischer Probleme. Um so mehr erstaunt es allerdings, wenn sie sich doch berufen fühlen, eine auch für andere als bindend gedachte Moral oder - wie manche es lieber ausdrücken - einen *code of ethics* zu formulieren. Ohne eine Theorie der Sittlichkeit erscheinen moralische Grundsätze in ihrer dadurch unvermeidlichen Beliebigkeit leicht als abgeschmackte Grotesken. Ein typisches Beispiel liefert HO-WARD S. BECKERS Aufsatz "Whose Side Are We On?" (1967). Aber selbst tiefer schürfende Beiträge, wie sie etwa im Werturteilsstreit entstanden sind, ermangeln gewöhnlich der letzten Konsequenz.

Seinem "Versuch einer wissenschaftsgeschichtlichen Interpretation" des "Werturteilsstreits 1909/1959" schickt CHRISTIAN V. FERBER (1959: 21) eine Bemerkung MAX WEBERs voraus, in der dieser sich dagegen verwahrt, mit den ihm "unendlich gleichgültigen, subjektiven 'Wertungen'" der Kollegen behelligt zu werden. Dieses Zitat enthält - gewissermaßen in einer Nußschale - die ganze Problematik der Auseinandersetzungen um das Werturteil in den Sozialwissenschaften. WEBER, um bei ihm zu bleiben, nimmt fraglos eine Reihe von Vermutungen hin, die sich bei näherer Betrachtung als eben das zu erkennen geben, wodurch die Kontroverse zwischen ihm und seinen Gegnern überhaupt erst zustandekommt. "Die Wissenschaft" könne dem wollenden Menschen "zu dem Bewußtsein verhelfen, daß alles Handeln, und natürlich auch, je nach den Umständen, das Nicht-Handeln, in seinen Konsequenzen eine Parteinahme zugunsten bestimmter Werte bedeutet, und damit - was heute so besonders gern verkannt wird - regelmäßig gegen andere. Die Wahl zu treffen" aber, sei "seine Sache" (WEBER 1982: 150). Oder: "Eine empirische Wissenschaft" vermöge "niemanden zu lehren, was er soll, sondern nur, was er kann und - unter Umständen - was er will" (*ibidem*: 151).

Es steckt in diesen und ähnlichen Thesen eine implizite Definition "sozialwissenschaftlicher und sozialpolitischer Erkenntnis", die mitsamt den Werturteilen die Geisteswissenschaften schlechthin aus der Soziologie verbannt. Insbesondere Mathematik und Logik gehen ja weit darüber hinaus, uns Möglichkeitsspielräume zu eröffnen. Sie legen unter anderem Kriterien der Zulässigkeit und der Gültigkeit von Argumenten fest. Auch

wenn man diese Kriterien nicht normativ nennen mag, so schreiben sie
doch etwas vor. Jedenfalls ist es nicht "Sache" des "wollenden Menschen", die "Wahl zu treffen" zwischen schlüssigen Folgerungen und
Fehlschlüssen.

Freilich: Die Geisteswissenschaften sind in soziologischer Sicht nur
Lieferant von Analysetechniken. Aber sofern sie sich nicht *in toto* aus
unserem Werkzeugkasten wegdenken lassen, mutet es doch willkürlich
an, ausgerechnet der Ethik ihren Platz zu verweigern. Genau dies tut
Weber, wenn er eine werturteilsfreie Soziologie propagiert, ohne seinen
Vorschlag mit den Methoden der hier "zuständigen" Hilfswissenschaft zu
prüfen. Er nimmt sich die geläufige Unterscheidung zwischen dem "Sei-
enden" und dem "Seinsollenden" und hängt daran *qua fiat* eine vielleicht
undurchführbare Trennung der Moralwissenschaft von der Wissenschaft
der Moral auf.

Bei ARISTOTELES kehrt eine Begründungsfigur immer wieder, die auf
Grund des Mißbrauchs, den man mit ihr getrieben hat (vgl. exemplarisch:
SPRENGER und andere 1582: *passim*), zu Unrecht in Verruf geraten ist.
Veranschaulichen läßt sie sich anhand des zehnten Kapitels von Buch A
der "Topik" (1974:10/11):

Οὐ γὰρ πᾶσαν πρότασιν οὐδὲ πᾶν πρόβλημα διαλεκτικὸν θετέον· οὐδεὶς γὰρ ἂν
προτείνειε νοῦν ἔχων το μηδενὶ δοκοῦν οὐδὲ προβάλοι τὸ πᾶσι φανερὸν ἢ τοῖς
πλείστοις· τὰ μὲν γὰρ οὐκ ἔχει ἀπορίαν, τὰ δ'οὐδεὶς ἂν θείε. ἔστι δὲ πρότασις
διαλεκτικὴ ἐρώτησις ἔνδοξος ἢ πᾶσιν ἢ τοῖς πλείστοις ἢ τοῖς σοφοῖς, καὶ τούτοις ἢ
πᾶσιν ἢ τοῖς πλείστοις ἢ τοῖς μάλιστα γνωρίμοις, μὴ παράδοξος.

In der Ästhetik erlaubt diese Figur, insbesondere wenn man sie mit dem
freilich nicht-aristotelischen Entwicklungsgedanken verknüpft, die Angabe
eines interessanten Einwandes gegen das unter Banausen verbreitete
Argument, die Beurteilung beispielsweise von Schöpfungen der Kochkunst sei *Geschmackssache*, und es sei hier deshalb nicht möglich, objektive Qualitätsstandards einzuführen. Wenn dieses Argument triftig wäre,
dann sollte man sich eigentlich darüber wundern, daß Experten in kulinarischen Dingen - Gastrokritiker zum Beispiel - ein so hohes Maß an
Übereinstimmung zu erzielen vermögen. Weiter müßte es uns erstaunen,
daß nahezu jeder Esser mit fortschreitender Erfahrung dazu tendiert,
bestimmte Speisen gegenüber anderen vorzuziehen. Unverständlich erschiene schließlich auch die wie auf ein bestimmtes Ziel hin gerichtete
Entwicklung der Kochkunst beziehungsweise der mit dieser in einem

Verhältnis wechselseitiger Kontrolle stehenden "kollektiven" Präferenzen.

Einen ebenfalls auf das der Ästhetik entnommene Beispiel der Qualitätsstandards für Speisen anwendbaren Gesichtspunkt liefert das Stichwort "Entdeckungen". Wir wissen nicht, wann die Köstlichkeit solcher Naturprodukte wie Kaviar, Austern, Kalbsbries oder Trüffeln zuerst erkannt wurde. Aber seither gelten sie jedenfalls bei allen Feinschmeckern als außerordentliche Delikatessen. Könnten sich über Jahrhunderte und Jahrtausende hinweg "Fachleute" derart einig sein, ohne daß diese Einigkeit mehr beinhaltete als eine, sei es zufällige, sei es traditionsbestimmte, sei es sonstwie "äußerliche" Konformität?

KARL POPPER hat ähnliche Erwägungen in bezug auf ein ethisches Problem angestellt (1974: 1158):

> We all know that our moral decisions and our moral judgements are fallible (and sometimes even criminally so); that we may, and often do, fall short of the best, the 'right' decision; that if we find out that we have made a moral mistake, or adopted a defective moral judgement, we may not be merely wavering (in world 2) but may be improving our moral decisions and our moral judgements (in world 3): we may have earlier fallen short of what we now more clearly realize is the 'right' standard, the better judgement, or the better way. We may progress morally, in the world 3 sense.

Sollte das von ARISTOTELES gelegte Fundament in Verbindung mit oder auch ohne Unterstützung durch die Säule einer - übrigens sogar empirisch nachweisbaren - gerichteten Entwicklung tragfähig sein, dann dürfte es erhebliche Schwierigkeiten bereiten, gegen POPPER einen Relativismus zu verteidigen, wie wir ihn bei WEBER und vielen seiner Schüler antreffen (vgl. allerdings HABERMEHL 1980: 139-144). Im vorliegenden Zusammenhang entscheidend ist freilich etwas anderes: Die Relativisten verweigern sich *ex ante* der Idee der Möglichkeit einer wie auch immer eingeschränkten Relevanz von Werturteilen für die erfahrungswissenschaftliche Forschung. Es ist für sie keine Frage, daß solche Urteile immer "subjektive Meinungen" sind. Das Problem, die eigene Position mit dem von diesen "unendlich gleichgültigen" Parteinahmen implizierten Standpunkt zu konfrontieren, stellt sich ihnen gar nicht. Sie deuten jedwede Zweifel am Relativismus als moralische "Wertungen" und erzielen so den doppelten, wenngleich wohl trügerischen Vorteil, erstens, den Streitgegenstand von der höheren, nämlich der ethischen Ebene her anzugehen und, zweitens, sich auf dieser höheren Ebene ganz allein und unbehelligt zu finden.

Manch ein "naiver" Moralist hätte unter Umständen eine wesentlich stärkere Stellung anzubieten als die zum Privatisieren neigende "Relativitätstheorie" WEBERS. Aber selbst bei einem GUSTAV SCHMOLLER schimmert doch nur allzu selten etwas von dem "theoretischen Hintergrund" durch, vor dem er seine, die Sittlichkeit eines Kathedersozialisten, entwickeln zu können glaubt (1900: 42):

> Indem der Mensch die niedrigen Zwecke den höheren unterordnet, die Wohlfahrt in jenem höheren Sinne anstrebt, die auf das Ganze gerichtet ist, handelt er gut.
> Wie gelingt ihm aber die Unterscheidung von gut und böse, wenn er vor der Wahl steht, wenn er in jedem Moment von verschiedenen Möglichkeiten die richtige, von verschiedenen Zwecken den guten wählen soll? Die Erkenntnis, die Weisheit, sagt Sokrates, muß ihm den Weg weisen. Und gewiß giebt es keinen sittlichen Fortschritt, keine Möglichkeit, das Gute zu wählen, ohne zunehmende Erkenntnis der Zusammenhänge, der Kausalverbindungen, der Zwecke und der ihnen dienenden Mittel, ohne Vorstellung von den Folgen des guten Handels in der Zukunft. Aber die Erkenntnis giebt nicht an sich die Kraft der richtigen Entscheidung, des guten Handelns. Das höhere Gefühl, das den Wert des Guten und des Besseren findet, mit impulsiver Kraft dafür entscheidet, giebt den Ausschlag. Die Freude unter den möglichen Handlungen nicht die schlechte, sondern die gute zu thun, hebt uns über Zweifel und Versuchung hinweg, sie durchglüht und elektrisirt uns, sie befestigt die Kraft, in ähnlichen Fällen wieder gut zu handeln.

Offenbar war SCHMOLLER sich ebensowenig wie WEBER darüber im klaren, daß jedes Werturteil - zumindest implizit - just das behauptet, was der Relativismus ohne Angabe von Gründen bestreitet: die Wahrheitsfähigkeit moralischer Setzungen. Es ist zwar nicht ganz klar, bei wem hier die Beweislast liegt. Aber soviel kann man doch sagen: Die WEBER-Schule bringt gar keine Einwände gegen die wertenden Sozialwissenschaften vor; sie lehnt diese lediglich ab.

Das Beispiel der *Goldenen Regel* zeigt, wie Tatsachen unmittelbare Relevanz für die Geltungsansprüche von Werturteilen und Normen erlangen können. Nicht erst sozialwissenschaftliche Daten, auch bereits Alltagserfahrungen lehren uns, daß eine Befolgung der Goldenen Regel ihrer Absicht in vielen Fällen widerstreiten wird. In einem freilich anderen als dem von ADORNO intendierten Sinn kann man hier also von einer "normativen Kraft des Faktischen" sprechen.

Relativisten würden dem vielleicht entgegenhalten wollen, daß empirische Kritik an der Goldenen Regel nur dann zu greifen vermag, wenn zuvor Einvernehmen über deren Sinn hergestellt worden ist. Doch gestehen wir das einmal zu. Es bleibt dessenungeachtet der Befund, daß die

Goldene Regel - diese einvernehmliche Deutung vorausgesetzt - erfahrungswissenschaftlicher Kontrolle unterliegt. Das heißt aber: Empirie gibt - obgleich unbestritten stets nur vermittelt - durchaus Auskunft über das, was wir sollen.

Der einzige Ausweg, der den WEBERianern so verbleibt, liegt auf der Linie voluntaristischer Unverbindlichkeit: Laß' jeden nach seiner *façon* glücklich werden! Keine Frage, daß dieser Ausweg in einer Sackgasse endet. Es ist dem Einzelnen eben nicht unbenommen, sich für irgendeine Moral zu entscheiden. Jede Moral muß eine mehr oder weniger große Zahl weder intern noch auch nur innerhalb der Ethik lösbarer Probleme bewältigen. Genannt sei, um das vielleicht am wenigsten umstrittene Beispiel zu nehmen, die Möglichkeit logischer Inkonsistenzen. Ein Individuum, das eine inkonsistente Moral wählt, kann sich nicht mit dem Hinweis aus der Affäre ziehen, Widersprüche würden ihm nichts ausmachen oder seien ihm sogar willkommen.

Speziell im Falle eudaimonistischer Systeme kommt grundsätzlich immer die oben bereits im Zusammenhang mit der Goldenen Regel angeschnittene Schwierigkeit hinzu, daß selbst erfahrungswissenschaftliche Entdeckungen nicht schlankweg als unbeachtlich behandelt werden können. Außerdem enthält ja nahezu jede Moral eine mehr oder weniger explizite Festlegung ihres Geltungsbereiches im Sinne einer Definition des - sagen wir - vollwertigen Wesens. Bei den Christen beziehungsweise in der christlichen Moral scheint dies heute der Mensch zu sein. Jedenfalls beziehen die meisten beispielsweise das Fünfte Gebot allein auf den Menschen. Interessanterweise zeichnet sich jedoch ein Trend ab, der auch anderen, insbesondere "höheren" Lebewesen den Schutz dieses Gebots angedeihen lassen möchte. Dabei sind verschiedene Gründe im Spiel. Einer davon dürfte in Zusammenhang stehen mit der empirischen Hypothese einer zumindest in Ansätzen vergleichbaren Intelligenz von Menschen und bestimmten Tierarten, zum Beispiel Walen. Aus dem *Dritten Reich* ist uns ein in die gleiche Richtung zielendes Bestreben überliefert (Tierschutzgesetze), das sich jedoch mit der gegenläufigen Tendenz verband, bestimmte (menschliche) *Rassen* aus der Kategorie der vollwertigen Wesen auszugrenzen. Hier war anstelle des Gedankens der Intelligenz als Leitidee die Vorstellung einer arteigenen Wertigkeit wirksam. Als weiteres einschlägiges und allgemein bekanntes Beispiel könnte man die hinduistische Kastenordnung und die *heiligen Kühe* anführen, wohinter sich abermals ein anderes Selektionskriterium verbirgt. In jedem

Fall aber erfolgen die Grenzziehungen, so weit zu sehen ist, unter Bezug auf empirische Annahmen, die sich als falsch oder richtig darstellen können und somit von nicht unerheblicher Bedeutung für die jeweilige Moral sind.

Wenn sich aber moralische Systeme nicht nur in wenigen Einzelfällen mit erfahrungswissenschaftlichen Bedenken konfrontieren lassen, kann der Erfahrungswissenschaftler nicht mehr pauschal jede Wertung als "subjektiv" oder "gleichgültig" abtun. Einzelne Wertungen mögen sich bei näherer Prüfung in der Tat als belanglos erweisen. Aber das Seinsollende ist keineswegs als solches und von vorneherein für die Soziologie ohne Interesse. Dies um so weniger als auch ein amoralischer Standpunkt sich der Einsicht in die Kritisierbarkeit moralischer Positionen nicht verschließen kann und außerdem wohl anerkennen muß, daß Amoral, sofern sie nicht ihrerseits ins rein Subjektive abgleiten will, ebenfalls geprüft und eventuell verworfen werden kann.

Für die angewandte Sozialforschung dürften sich vor allem zwei Fragen stellen. Ist es möglich, verbindliche moralische Standards: erstens, zur Durchführung von Untersuchungen, zweitens, zur Verwendung von Untersuchungsergebnissen zu formulieren?

Zur Durchführung von psychologischen Untersuchungen hat HEINZ SCHULER (1980) den Vorschlag unterbreitet, die im Alltag üblichen Handlungsnormen zu befolgen. Läßt man einmal die Tatsache außer Acht, daß unterschiedliche Kulturkreise für den Alltag unterschiedliche Handlungsnormen haben, dann ist dieser auf den ersten Blick vielleicht oberflächlich anmutende Vorschlag auch im Hinblick auf die soziologische Forschung durchaus nicht ohne eine gewisse Plausibilität.

Um nämlich Abweichungen von den im Alltag geltenden Regeln moralischen Verhaltens verteidigen zu können, bedürfte es einer vorgängigen Auszeichnung des Aktionsraumes "Wissenschaft", die insbesondere der angewandten Sozialforschung schwer fallen dürfte. Vielleicht verfolgt reine Forschung Ziele, mit denen sie Verletzungen von Alltagsnormen zu rechtfertigen vermag. Angewandte Sozialforschung hingegen ist *e definitione* auf die Praxis, also den Alltag hin angelegt. Sie betreibt Wissenschaft als Mittel zum Zweck. Ihre eventuell auch innerwissenschaftlich relevanten Ergebnisse mögen sie bisweilen statusgleich mit der reinen Forschung stellen. Aber vor der Hand hat sie sich wohl als - man könnte sagen - handwerkliche Disziplin zunächst an den Handlungsnormen des Alltags zu orientieren. Abweichungen oder Ausnahmen zu begründen, dürfte jedenfalls nicht ganz leicht sein.

Nehmen wir das Beispiel des Verbots der Täuschung. KANTs rigoristische Vorbehalte gegenüber der Zulässigkeit von Täuschungsmanövern selbst in Ausnahmesituationen stellen sicherlich ein Kuriosum dar (1956: 639):

> Hast du (...) einen eben itzt mit Mordsucht Umgehenden *durch eine Lüge* an der Tat verhindert, so bist du für die Folgen, die daraus entspringen möchten, auf rechtliche Art verantwortlich. Bist du aber strenge bei der Wahrheit geblieben, so kann dir die öffentliche Gerechtigkeit nichts anhaben; die unvorhergesehene Folge mag sein, welche sie wolle. Es ist doch möglich, daß, nachdem du dem Mörder, auf die Frage, ob der von ihm angefeindete zu Hause sei, ehrlicherweise mit Ja geantwortet hast, dieser doch unbemerkt ausgegangen ist, und so dem Mörder nicht in den Wurf gekommen, die Tat also nicht geschehen wäre; hast du aber gelogen, und gesagt, er sei nicht zu Hause, und er ist auch wirklich (obzwar dir unbewußt) ausgegangen, wo denn der Mörder ihm im Weggehen begegnete und seine Tat an ihm verübte: so kannst du mit Recht als Urheber des Todes desselben angeklagt werden. Denn hättest du die Wahrheit, so gut du sie wußtest, gesagt: so wäre vielleicht der Mörder über dem Nachsuchen seines Feindes im Hause von herbeigelaufenen Nachbarn ergriffen, und die Tat verhindert worden.

Wie man nun aber auch immer zu KANTs Beurteilung dieses Falles stehen mag: Anschließen muß man sich vermutlich doch der Auffassung, daß Lügen nicht quasi automatisch durch "beste Absichten" zu entschuldigen sind. In der Markt- und Umfrageforschung kommt hinzu, daß weder die "Absichten" des Forschers noch wenigstens die Abfallprodukte seiner Arbeit regelmäßig "höheren Zwecken" dienen.

Schon eine - eventuell notwendigerweise unaufrichtige - Kontrollfrage kann unter solchen Umständen bedenklich sein. Darf man einem Befragten zum Beispiel die Existenz einer Person öffentlichen Interesses vorgaukeln, die es gar nicht gibt? Der als solcher zweifellos redliche Zweck desjenigen, der - wie vor einiger Zeit das Institut für Demoskopie Allensbach - nach der Beurteilung eines fiktiven Bundesministers fragt, beinhaltet ja keine Generalamnestie für kleinere Verstöße gegen das Prinzip der Aufrichtigkeit. Der Forscher muß sich also Rechenschaft über die Billigkeit dieser Nonchalance im Umgang mit den Vorschriften seiner Alltagsmoral ablegen. Er braucht ein Argument, weshalb das, was sonst gelten soll, in der (angewandten) Forschung nicht gilt.

Allem voran muß freilich die Formulierung einer vertretbaren Alltagsmoral gehen. HANS-HERMANN HOPPE (1987) hat hierzu einen interessanten Versuch unternommen, der bislang in seiner Stringenz wohl einzig-
artig ist. HOPPE setzt bei dem von ihm so genannten "Gewaltausschluß-
prinzip" (13) an: Niemand darf Gewalt gegen friedliche Mitmenschen
anwenden.

HOPPE geht dabei von der Situation des philosophischen Diskurses aus.
Eine rationale Diskussion ist nur dann möglich, wenn im Konfliktfall den
streitenden Parteien die Möglichkeit bleibt, ohne daß eine Einigung erzielt
worden wäre, friedlich auseinander zu gehen. Die bloße Verfügbarkeit
von Zwangsmitteln gegen die Vertreter abweichender Auffassungen stellt
bereits einen Störfaktor dar. Jeder muß sich sicher sein können, daß er im
Konfliktfall, unabhängig von den Macht- und Mehrheitsverhältnissen,
ruhig nach Hause gehen und so weiter machen kann wie bisher.

Dazu gehört die Existenz eines Zuhauses: Jeder muß Eigentumsrechte
erwerben können, die ihm niemand streitig zu machen vermag. HOPPE
ordnet sie dem "Recht auf ursprüngliche Appropriation" unter (1987):

> Jede Person kann die Verfügungsgewalt über alle Dinge erlangen, die noch von keiner
> anderen Person bearbeitet worden sind, sondern sich im Naturzustand befinden, indem
> sie diese Sachen ihrerseits als erste bearbeitet und damit für jedermann erkennbar als
> ihr Eigentum sichtbar macht.

Im Ergebnis bedeutet das, daß der Sozialforscher strengen Restriktionen
unterworfen ist. Alle Erhebungsmethoden müssen insbesondere die Un-
verletzlichkeit der Persönlichkeitsrechte und der Wohnung berücksichtigen. Unzulässig sind außerdem verdeckte Erhebungsmethoden, die zu
einer Speicherung identifizierbarer persönlicher Daten führen könnten.
Als zumindest bedenklich stellen sich forcierende Methoden (beispielsweise Einschreiben als Versandform von Mahnungen bei schriftlichen
Befragungen) zur Erhöhung der Antwortbereitschaft dar. Fraglich ist die
Zulässigkeit der Verdeckung des Auftraggebers einer Erhebung sowie
ihrer Zielrichtung beziehungsweise der mit ihr verbundenen Verwertungs-
absichten. Die Liste zweifelhafter Methoden und Vorgehensweisen zieht
sich fast endlos hin.

Um so wichtiger ist für die Forschung der von SCHULER unterbreitete
Vorschlag, in Zweifelsfällen die Alltagsmoral heranzuziehen und von der
Konstruktion neuartiger "wissenschaftsimmanenter" Regeln abzusehen.

Wer so verfährt, gerät zumindest nicht in die Gefahr, sich einen Freibrief für tollkühne Ausflüge in die Unsittlichkeit auszuschreiben. Er ist zwar noch lange nicht gefeit gegen moralische Irrtümer. Aber er ist sich der Möglichkeit von Verfehlungen bewußt und erfüllt so immerhin Minimalbedingungen sittlich einwandfreier Forschung.

MODELLE

POSTALISCHE BEFRAGUNG

Den *Königsweg* der angewandten Sozialforschung stellt ein Verfahren der *schriftlichen Befragung* dar, das durch den Versuch gekennzeichnet ist, die jeweils ins Auge gefaßten Erhebungseinheiten zunächst auf dem Postwege anzusprechen und zu ebenfalls auf dem Postwege übermittelten Reaktionen zu bewegen: die *postalische Befragung*.

Kein anderes Erhebungsverfahren ist so sauber und so *überschaubar* wie die postalische Befragung. Außerdem gibt es kein anderes Verfahren, dessen *methodologische Durchdringung* ähnlich weit fortgeschritten wäre. Der auf den Punkt gebrachte Vergleich mit Alternativen läßt die Vorzüge der postalischen Befragung am deutlichsten hervortreten.

Im Unterschied zur mündlichen Befragung durch Interviewer schließt die postalische Befragung Schummeleien weitgehend aus. Ein Interviewer mag zur Vereinfachung seiner Aufgabe bisweilen heikle Fragen übergehen und statt dessen die Kategorie "keine Antwort" ankreuzen. Unter Umständen erfindet er sogar ein ganzes Interview von vorne bis hinten (REUBAND 1990). (Und nur ausgemachte Witzbolde wie RAINER SCHNELL (1991) können wohl der Meinung sein, das wäre eigentlich kaum weiter schlimm.)

Bei einer postalischen Befragung ist es zwar ebenfalls nicht völlig unmöglich, daß jemand anders antwortet als der, den der Forscher ansprechen wollte. Doch das Risiko ist wesentlich geringer. Der Interviewer erspart sich durch seine Schummeleien einigen Aufwand. Der ungetreue Postbote oder wer sonst unaufgefordert zu Fragen Stellung nimmt, die nicht an ihn gerichtet sind, macht sich Aufwand, den er sonst nicht hätte.

Ähnlich liegen die Dinge im Verhältnis der postalischen Befragung zur Beobachtung. Von einem Beobachter angefertigte Protokolle sind mindestens ebenso unzuverlässig wie die Aufzeichnungen von Interviewern.

Zu den Nachteilen von Interviews und Beobachtungen gehört es weiter, daß die Erhebungssituation durch den Interviewer beziehungsweise den Beobachter *unkontrolliert verändert* wird. Exemplarisch zu nennen wären (im Falle von Interviews): Dialekt, Idiolekt, Gebärdensprache, äußere Merkmale des Interviewers und so weiter. *Nota bene*: Bei postalischen Befragungen läßt sich eine nahezu identische Anmutung beispielsweise der Anschreiben an die Befragten ohne sonderliche Schwierigkeiten sicherstellen.

Außerdem verdient hervorgehoben zu werden, daß es so gut wie keinen Aspekt der postalischen Befragung gibt, zu dem nicht umfangreiches und analytisch besser als für jedes andere Verfahren aufbereitetes Datenmaterial bereitliegt. Papierfarbe und -gewicht, Schrifttypen, das Für und Wider von Sondermarken, kleine Belohnungen (z.B. Kugelschreiber) *versus* große (z.B. stattliche Honorare), Fragebogenlänge, Versandzeitpunkt, Zahl der Mahnungen: Mindestens einige dutzend Mal sind alle diese und zig andere Details schon untersucht worden. Über die wichtigsten Einflußfaktoren auf den Rücklauf und die Qualität postalischer Befragungen zählen die Studien nach Hunderten.

Präzisiert sei zunächst, daß als "postalisch" allgemein auch solche Befragungen gelten, wo das Zustellungsproblem nicht das der Post im engeren Sinne des Wortes - in der Bundesrepublik der BUNDESPOST - ist. *Hauswurfsendungen* stellen ein typisches Beispiel dar. Eine bewährte Verfahrensalternative ist die *Verteilung der Fragebogen durch Beauftragte* des Forschungsleiters. Diese Verteiler händigen den Befragten mit dem Fragebogen einen Antwortumschlag aus. Der ausgefüllte Fragebogen kann dann

   - entweder vom Befragten selbst an das Institut zurückgeschickt werden; in diesem Fall ist der Antwortumschlag ein adressierter Freiumschlag (bei dieser Variante besteht naturgemäß ein erhöhtes Risiko, daß die Rücksendung nicht erfolgt),
   - oder er wird vom Verteiler nach einer gesetzten Frist persönlich abgeholt.

Die zweite Variante läßt sich schneller als die postalische Befragung im engeren Sinne durchführen, wenn die einzelnen Verteiler jeweils nur in einem begrenzten regionalen Umkreis eingesetzt werden. Die Fragebogen können dann in einem Rundgang verteilt und in einem unmittelbar anschließenden zweiten Rundgang wieder eingesammelt werden. Bei besonders *eiligen* Umfragen werden die Fragebogen anschließend von den Verteilern entweder per Telefax an die Zentrale übermittelt, mündlich per Telefon oder mit Hilfe von Akustikkopplern beziehungsweise Modems.

Auch die Benutzung eines Fragebogens ist keine zwingende Bedingung. Jede Aufforderung zu schriftlicher Äußerung kann an die Stelle des Fragebogens treten. Speziell im Falle der Nicht-Beantwortung von Fragebogen bedient man sich oft mündlicher oder fernmündlicher Nachfaß-

Methoden, bei denen der Fragebogen allenfalls noch Leitfadenfunktion hat. Es geht dann nur darum, die Befragten *überhaupt* zu einer Antwort zu bewegen, die sich angemessen auswerten läßt.

Die erste eingehende Beschreibung eines umfassenden Modells für die postalische Befragung durch DON DILLMAN (1978) erlangte bei uns selbst unter Methodologen erst recht spät größere Bekanntheit (vgl. KÜCHLER 1982: 82). Inzwischen wurden die am Beispiel der USA entwickelten Ideen DILLMANS auch für Europa systhematisch getestet (u.a. EICHNER und HABERMEHL 1981a, 1982; NEDERHOF 1981; HIPPLER 1985).

Es folgt eine Darstellung des gegenwärtigen Erkenntnisstandes für die Bundesrepublik Deutschland.

Die erste Voraussetzung für die Durchführung einer postalischen Befragung ist der Zugang zu geeignetem *Adressenmaterial*. Es kann ein guter Gedanke sein, sich an *Vereine* und *Verbände* zu wenden. Speziell wenn es darum geht, Personengruppen zu befragen, deren Anteil an der Gesamtbevölkerung sehr gering ist, z.B. Jäger oder Soziologen oder Polospieler. Ein nützliches Hilfsmittel sind bisweilen auch die *Gelben Seiten* sowie überhaupt die *Fernsprechbücher* (deren Komplett-Preis für das gesamte Bundesgebiet 1991 bei 250 DM lag; Bezugsquelle: Fernmeldeamt, Fernmeldebuchstelle, Bahnhofsplatz 2, Postfach 1000, 8700 Würzburg 1; Tel.: 0931/333311).

Der *Gelben Seiten* bedient man sich unter anderem, um vorliegende Branchenverzeichnisse zu aktualisieren, etwa für Marktforschungszwecke. Die Fernsprechbücher erfüllen eine dreifache Funktion. Erstens können mit ihrer Hilfe aus anderen Quellen stammende Adressen überprüft werden. Zweitens erlauben sie die Ergänzung der aus *Adreßbüchern* ersichtlichen Daten um Rufnummern. Drittens stellen sie eine wichtige Ausweichmöglichkeit für den Fall dar, daß sonstige Anschriftenlisten nicht verfügbar sind. Für viele Zielsetzungen ist es außerdem ratsam, Rücksprache mit *Experten* zu nehmen. Oft gibt es ausführlichste Dokumentationen über Wirtschaftszweige, Hobby-Bereiche, Sportarten und so weiter, von denen der Außenstehende sich nichts träumen läßt. Exemplarisch genannt seien die Dutzende von Restaurantführern, die bei uns im Umlauf sind; die Hunderte von Messekatalogen; die durch Mitglieder-Organisationen (vom ROTARY CLUB über die FKK-Vereine bis zum DINERS CLUB) ausgegebenen Anlaufadressen; die Datenbanken der Versandhäuser; die Kundenlisten der großen Reiseunternehmen.

Die schier unübersehbare Vielfalt denkmöglicher Untersuchungsaufgaben schließt bereits den Versuch aus, die wichtigsten Stellen für die Adreßbeschaffung zu benennen. Trotzdem soll ein Prozedere angegeben werden, das sich zumindest überall dort einsetzen läßt, wo sogenannte Bevölkerungsquerschnitte oder *repräsentative Stichproben* zu befragen sind.

Im strengsten Sinne des Wortes repräsentative Stichproben gibt es natürlich nicht. Jedenfalls nicht für die Bevölkerung der Bundesrepublik Deutschland. Zahlreiche in den Grenzen des Landes lebende Einwohner sind nirgendwo so erfaßt, daß es möglich wäre, sie mit der gleichen Wahrscheinlichkeit wie alle anderen Einwohner in eine Untersuchungsstichprobe hineinzubekommen. Typische Fälle sind flüchtige Straftäter, illegale Immigranten, Personen ohne festen Wohnsitz. Läßt man diese unvermeidlichen Einschränkungen der Repräsentativität jeglicher Befragung von Bevölkerungsquerschnitten jedoch unbeachtet, dann ergibt sich schnell ein klares Konzept für die Extraktion repräsentativer Stichproben.

In einem ersten Schritt wird die Größe der zu analysierenden Stichprobe festgelegt. Hier müssen einmal Kostengesichtspunkte beachtet werden. Aber vordringlicher noch sind die an das Untersuchungsergebnis zu richtenden Präzisionsforderungen. Wenn eine Aussage mit der-und-der Genauigkeit getroffen werden soll, ist eine entsprechende Stichprobengröße zwingend. Wie man sich die für die gewünschte Genauigkeit erforderliche Stichprobengröße errechnet, darüber geben Einführungen in die Statistik wie die von WERNER PATZELT (1985) Auskunft. Als Faustregel kann das Prinzip gelten, daß man für halbwegs brauchbare quantitative Schätzungen etwa 250 Befragte haben sollte. Besser sind 500 bis 1000. 2000 Befragte oder mehr erlangen erst dann Bedeutung, wenn es darum geht, kleinere Gruppen innerhalb der Gesamtstichprobe zu Schätzungen heranzuziehen.

Im zweiten Schritt erfolgt die Wahl des Verfahrens der Stichprobenziehung. Für die Bundesrepublik kommen zwei Spielarten in Betracht: die *zweistufige Zufallsauswahl* und ein Ersatz für die einstufige Zufallsauswahl: das *pseudo-simple random sampling*.

Bei der zweistufigen Zufallsauswahl wird zunächst eine sogenannte

Gebietsauswahl aus der Systematik der "Amtlichen Schlüsselnummern und Bevölkerungsdaten der Gemeinden und Verwaltungsbezirke in der Bundesrepublik Deutschland" (STATISTISCHES BUNDESAMT 1990) gezogen (erste Stufe), die für die ehemalige DDR hoffentlich demnächst ergänzt werden wird. Auf der zweiten Stufe wird dann eine gewichtete Personenauswahl nach den Verzeichnissen der jeweils zuständigen Einwohnermeldeämter gebildet (zweite Stufe) In der einfachsten Form geschieht das so, daß man für jede Gemeinde in der Bundesrepublik eine Karte mit dem Namen der Gemeinde oder ihrer Schlüsselnummer erstellt. Anschließend mischt man die so kompilierten Karten und hebt einen der Größe der intendierten Gebietsauswahl entsprechenden Stapel davon ab. Er sollte mindestens einen Umfang von $n=30$ haben. Die Gewichtung orientiert sich an der relativen Bevölkerungszahl: Wenn in einer Gemeinde beispielsweise 7% der Bevölkerung der in der Stichprobe enthaltenen Gemeinden wohnen, wird der Anteil der anzufordernden Adressen aus dieser Gemeinde 7% des insgesamt anzufordernden Adressenmaterials betragen.

Beim *pseudo-simple random sampling* arbeitet man streng genommen auch mit einer Gebietsauswahl. Aber die Gemeinden dieser Gebietsauswahl sind von vornherein gewichtet. *De facto* wird das ganze Verfahren (wie selbstverständlich auch die zweistufige Auswahl) heute über Rechenanlagen abgewickelt (vgl. EICHNER und HABERMEHL 1981c). Doch bildlich kann man es sich so vorstellen, als würden für jede Gemeinde in der Bundesrepublik soviele Karten angefertigt, wie sie Einwohner hat. Diese (ca. 80 Millionen) Karten würden gemischt, um dann einen der intendierten Stichprobengröße entsprechenden Stapel abzuheben. Aus großen Gemeinden hätte man vergleichsweise viele Karten, aus kleinen wenige oder gar keine. Gemäß den Karten pro Gemeinde wären dann von den Einwohnermeldeämtern Adressen anzufordern.

Wenn man sich für das *pseudo-simple random sampling* entscheidet, kann es leicht passieren, daß aus einer ganzen Reihe von Orten nur sehr geringe Zahlen von Adressen benötigt werden. Unter wirtschaftlichen Gesichtspunkten erscheint es deshalb manchmal als vorteilhafter, sich der zweistufigen Zufallsauswahl zu bedienen. Sie erlaubt eine kontrollierte Begrenzung der Zahl der Gemeinden, aus denen (per Einwohnermeldeamt, per Adreßbuch, per Fernsprechbuch) Namen und Anschriften zu beschaffen sind. Der Preis dieser Kostenersparnis (bei Porto, Gebühren usw.) ist allerdings ein in der Regel höherer *Auswahlfehler* (SCHEUCH 1974: 30). Das heißt, es müssen mehr Personen befragt werden, um vergleichbar exakte Ergebnisse zu erzielen.

Schritt drei: Adressenbeschaffung. Die Einwohnermeldeämter erzeugen die vom Sozialforscher angeforderten Adressenlisten ebenfalls durch Zufallsauswahl. Beispiel: *Sprungstichprobe*. Eine Gemeinde hat 50.000 Einwohner. Angefordert werden 19 Adressen. Das Einwohnermeldeamt könnte jede 2631. Adresse aus seiner Kartei auswählen.

Immer häufiger kommt es allerdings vor, daß Einwohnermeldeämter Adressen-Anfragen sehr zögernd beantworten, hohe Gebühren berechnen und/oder - vorzugsweise mit Bezug auf Datenschutz-Argumente - grundsätzliche Bedenken gegen die Herausgabe von Namen und Anschriften geltend machen. Von den besonderen Problemen in den neuen Bundesländern gar nicht zu reden.

Es bietet sich deshalb an, mehr und mehr auf das Angebot der Adreßbuch-Verlage und anderer Adressen-Händler zurückzugreifen. Adreßbücher basieren auf den Daten der Einwohnermeldeämter und sind genauso zuverlässig beziehungsweise unzuverlässig wie die dort geführten Dateien.

Ein Mangel besteht allerdings darin, daß es erstens bei weitem nicht für alle Gemeinden in der Bundesrepublik Adreßbücher gibt und daß zweitens die Erscheinungsweise der meisten Adreßbücher nicht jährlich ist. Dadurch bestehen erhebliche Lücken in der Adreßbuchabdeckung sowie beachtliche Unzuverlässigkeiten im vorliegenden Adreßbuchmaterial. Für Sozialforschungszwecke sollten möglichst nur Adreßbücher herangezogen werden, deren Erscheinungsdatum nicht weiter als ein halbes Jahr zurückliegt.

Wo keine Adreßbücher vorliegen, bedient man sich des amtlichen Telefonbuchs. Telefonbuch-Stichproben eignen sich allerdings strenggenommen nur für die Auswahl ganzer Haushalte. Sollen dennoch einzelne Personen ausgewählt werden, ist im Anschreiben (*vide infra*) die sogenannte *Geburtstagsformel* einzusetzen (oder etwas Ähnliches).

Für die Anforderung von Adressen bei den Einwohnermeldeämtern lassen sich keine allgemein verbindlichen Regeln aufstellen. Der in Abbildung 8 wiedergegebene Entwurf ist deshalb nur als Formulierungshilfe, nicht als Muster oder Empfehlung zu verstehen. Beachtet werden sollte insbesondere, daß die Bezeichnungen der Meldeämter von Gemeinde zu

**Universität   Fakultät für
Bielefeld   Soziologie**

Universität Bielefeld Postfach 8640 4800 Bielefeld 1   Universitätsstraße   Ruf (0521) *106-1

An das Einwohnermeldeamt   Durchwahl 106-
der Stadt Castrop-Rauxel   Telex: 932362 unibi
Europaplatz 1
4620 Castrop-Rauxel   30. Juni 1986

Bielefeld, den

Az.:   4056

Sehr geehrte Damen und Herren:

Für ein Forschungsprojekt an der Universität Bielefeld benöti-
ge ich die Namen und Anschriften von 200 Personen mit Wohnsitz
in Castrop-Rauxel. Ich möchte Sie hiermit ersuchen, mir die
genannte Anzahl von Personen im Wege der Amtshilfe zu benennen. Die Personen sollten zufällig (z.B. durch Sprungstichprobe) aus dem Kreis aller Wahlberechtigten ausgewählt und jeweils durch folgende Angaben charakterisiert sein: Vorname,
Familienname, Straße, Hausnummer und ggfs. Zustellpostamt.

Die erbetenen Anschriften sollen im Rahmen einer postalischen
Befragung Verwendung finden. Ein auf dem Briefwege versandter
Fragebogen wird von einem Erläuterungsschreiben begleitet, in
dem u.a. auf die Freiwilligkeit der Beantwortung hingewiesen
wird. Nach Abschluß der Befragung werden die Anschriften ve-
nichtet. Eine personenbezogene Speicherung der Befragungsergebnisse erfolgt nicht. Die Daten werden nur zu dem geschilderten Zweck verwendet und Dritten nicht zugänglich gemacht.

Über die voraussichtliche Bearbeitungszeit und ggfs. entste-
hende Kosten bitte ich Sie, mich vorab in Kenntnis zu setzen.

Freundliche Grüße
Ihres

Dr. Werner Habermehl

Abbildung 8: Beispiel einer Adressenanforderung

Gemeinde recht unterschiedlich sind. Sie heißen unter anderem "Ordnungsamt", "Amt für öffentliche Ordnung" oder "Einwohnermeldeamt". Manchmal sind die Anforderungen auch an ein "Bürgermeisteramt", ein "Polizeiamt" oder einen "Magistrat" zu richten.

In eiligen Fällen und zur Vermeidung von längeren Amtswegen kann es ein guter Gedanke sein, vor der Adressenanforderung fernmündliche Erkundigungen nach Bezeichnung und Sitz des zuständigen Einwohnermeldeamtes einzuholen. Das einfachere, meistens allerdings auch langwierigere Vorgehen besteht darin, für alle Einwohnermeldeämter eine *Pauschalanschrift* zu benutzen (in Anlehnung beispielsweise an Abb. 8).

Mit wenigen Ausnahmen reagieren die Einwohnermeldeämter auf Adressenanforderungen mit mehr oder weniger umfangreichen Antwortschreiben, Rückfragen, Kostenaufgaben. Sie verlangen außerdem manchmal Unbedenklichkeitsbescheinigungen anderer, vorgeordneter Behörden, zum Beispiel des Landes-Innenministeriums. Schlechte Aussichten, überhaupt durch die Einwohnermeldeämter an Adressen zu kommen, haben insbesondere alle außerhalb des staatlichen Forschungs- und Bildungswesens angesiedelten Interessenten (Marktforschungsinstitute, an einer Dissertation arbeitende Studenten, private wissenschaftliche Einrichtungen).

Auch "Insider" müssen jedoch auf extreme Bearbeitungszeiten ihrer Anforderungen gefaßt sein. Es empfiehlt sich deshalb, mit der Anforderung von Adressen bei den Einwohnermeldeämtern regelmäßig mindestens ein halbes Jahr vor der geplanten Aussendung der Fragebogen zu beginnen.

Das entscheidende Problem der postalischen Befragung, hinter dem alle anderen Schwierigkeiten verblassen, besteht freilich weniger in der Beschaffung als vielmehr in der *Ausschöpfung* des Adressenmaterials.

Eine immer noch brauchbare Faustregel zur Vorab-Kalkulation liefert das *Ten Variable Model Predicting Final Response Rate* von THOMAS HEBERLEIN und ROBERT BAUMGARTNER (1978: 457):

Rücklaufquote (in Prozent) = 36,3
- 10,1 (falls Marktforschung)
+ 10,2 (falls amtlicher Hintergrund: Universität, Behörde)
- 7,5 (falls Bevölkerungsquerschnitt)

+ 11,8 (falls Angestellten-Population)
+ 9,9 (falls Schüler-, Studenten- oder Soldaten- Population)
+ 7,3·A
− 0,44·(Seitenzahl des Fragebogens)
+ 7,4·(Anzahl der Kontakte mit den Befragten)
+ 8,6·B
+ 6,1·C.

$A=0$, wenn die Befragung für die Befragten ohne Bedeutung ist (z.B. eine Befragung von Bergleuten über das Für und Wider von farbigen Wegweisern in Freizeitheimen für Verwaltungsangestellte); $A=1$, wenn die Befragung für die Befragten *möglicherweise* von Bedeutung ist (z.B. eine Befragung von Schülern über die Berufsaussichten von Fernsehtechnikern); $A=2$, wenn die Befragung *so gut wie sicher* von Bedeutung für die Befragten ist (z.B. eine Befragung von Schwangeren über den Vorschlag der Erhöhung eines an alle jungen Mütter zu zahlenden "Erziehungsgeldes").

$B=0$, wenn die Zahl der Kontakte zwischen den Befragten kleiner als drei ist; $B=1$, wenn ein dritter postalischer Kontakt *ohne besondere Versendungsart* hergestellt wird; $B=2$, wenn ein dritter postalischer Kontakt *mit besonderer Versendungsart* (Eil-, Einschreibebrief, Telegramm usw.) hergestellt wird; $B=3$, wenn ein dritter *persönlicher oder fernmündlicher Kontakt* hergestellt wird.

$C=0$, wenn die Befragten beim ersten Kontakt *keine* Belohnung erhalten; $C=1$, wenn die Belohnung *etwa 0,50 DM* entspricht; $C=2$, wenn die Belohnung *etwa 1,00 DM* entspricht; und so weiter.

Unter anderem zur Überprüfung der Vorab-Kalkulation nach HEBERLEIN und BAUMGARTNER dient der Pretest: Acht Wochen vor dem eigentlichen Versandtermin der Fragebogen wird ein Entwurf an eine Teilstichprobe aus dem angeforderten Adressen-Material versendet. Diese Teilstichprobe sollte mindestens einen Umfang von $n=50$ haben und ist - mit dem Faktor 2 - bereits bei der Adressen-Anforderung zu berücksichtigen. Im übrigen entspricht der Pretest formal in allen Punkten dem Ernstfall. Die Teilstichprobe ist ein möglichst maßstabgetreues Abbild der Gesamtstichprobe. Auch der Fragebogen, die Papierfarbe, die Art der Frankierung und so weiter werden genauso gestaltet, wie es für die Hauptbefragung geplant ist.

(Die Acht-Wochen-Frist für den Versand des Pretests ergibt sich aus dem Zeitbedarf, falls ein - gemessen am HEBERLEIN-BAUMGARTNER-*Modell* - unterdurchschnittlicher Rücklauf analysiert, in ein verbessertes Befragungskonzept umgesetzt und der Fragebogen erneut in einen Pretest gegeben werden muß. Daher übrigens auch der angegebene Faktor 2. Der empfohlene Mindestumfang $n=50$ der zu versendenden Fragebogen beruht auf dem Gedanken, daß die Resultate des Pretests auch zur inhaltlichen Prüfung der Befragung, also insbesondere zur Bewertung des

Fragebogens herangezogen werden sollten. Und 20 Prozent Rücklauf oder sogar noch weniger sind bei verunglückten postalischen Befragungen keine Seltenheit. Für aussagefähige (statistische) Untersuchungen stellt aber eine Fallzahl der Größenordnung $n=10$ (20 Prozent von $n=50$) so etwas wie ein unterstes Limit dar.

Pretests wären an sich überflüssig, wenn das HEBERLEIN-BAUMGART-NER-*Modell* alle Bedingungen berücksichtigen würde, die einen Einfluß auf die Stichproben-Ausschöpfung haben. Das ist jedoch nicht der Fall. Insbesondere vernachlässigt das Modell multiplikative und Katalysator-Effekte: Effekte, die sich erst durch das Zusammenwirken zweier oder mehrerer Faktoren ergeben. Ganzheitliche Vorschläge für die Gestaltung von postalischen Befragungen gehen deshalb in der Detaillierung ihrer Forderungen weit über die zehn Punkte des HEBERLEIN-BAUMGARTNER-*Modell*s hinaus. Die in der Bundesrepublik am besten bewährten Vorschläge dieser Art enthalten vor allem - neben Anregungen für den Versand und den formalen Aufbau der Fragebogen - auch Hilfen für die Abfassung der einzelnen Fragen.

Fragebogen werden als *Briefe* versendet, die mit farbenfrohen *Sondermarken* (zusätzlich, falls nötig, Marken aus Dauerserien) der jeweils höchstmöglichen Werte freigemacht sind. Bei einem erforderlichen Porto von 1,30 DM beispielsweise lieber eine Marke zu 80 und eine zu 50 Pfennigen als fünf zu 20 und eine zu 30 Pfennigen. Der Abstand zum oberen und zum rechten Rand beträgt für die äußerste Marke ca. 20 mm.

Die Motive der Sondermarken müssen (bei Bevölkerungsquerschnitten) *weltanschaulich und politisch neutral* sein. Dafür bieten sich speziell Geburts- und Todestage von Künstlern an. Aber auch 1000-Jahr-Feiern alter Städte, unumstrittene wissenschaftliche Entdeckungen und technische Errungenschaften, Tiere und Pflanzen, Szenen aus der Arbeitswelt. Zu meiden sind unbedingt Motive, um neuere Beispiele aus dem Programm der Deutschen Bundespost zu nehmen, die solcher Jubiläen gedenken wie "30 Jahre Bundeswehr" oder "40 Jahre Eingliederung heimatvertriebener Deutscher".

Die *Briefumschläge* (DIN B 5) sind aus weißem oder braunem Papier der Stärke 150g/qm. Sie haben einen *Adhäsionsverschluß*. Von gummierten Umschlägen ist abzuraten.

Die Anschriften der Befragten werden auf *selbstklebende Adreßetiketten* gedruckt (geeignete Formate liegen in der Nähe von 80 mal 40 mm) und auf der Vorderseite der Umschläge in einem Abstand von ca. 30 mm nach unten und nach rechts angebracht. Die Druckqualität sollte Schönschriftanforderungen entsprechen und - bei Matrix-Druckern - die sogenannte *near letter quality* (NLQ) erreichen.

Es ist praktisch, wenngleich nicht notwendig, die Anschriften vor dem Druck in einer Datenbank, zum Beispiel dBASE III® (ALBRECHT 1985), zusammen mit allen relevanten Zusatzinformationen (Alter, Geschlecht, Telefonnummer und so weiter) abzuspeichern. Ein Vorteil dieses Verfahrens liegt darin, daß jede Anschrift beliebig oft manipuliert, korrigiert und neu ausgedruckt werden kann.

Auf den Adreßaufklebern steht in der ersten Zeile die Anrede: **Frau** oder **Herrn**. **Fräulein** sollte man bei der Befragung von Bevölkerungsquerschnitten ab 16 Jahren vermeiden. Der Anteil Unverheirateter, denen an dieser Anrede liegt, ist kaum noch meßbar. Aber aus den Unter- und Mittelschichten dringt gerade bei den Jüngeren der Wunsch vor, als "Frau" angeredet zu werden.

Kombi-Anreden wie **Frau/Herrn** sind selbstverständlich ebenfalls zulässig, aber weniger empfehlenswert. Im übrigen sollte der Aufbau der Anschrift den gängigen Konventionen folgen. Zweite Zeile: Amtsbezeichnung und/oder Titel (zum Beispiel: "Prof. Dr." oder "General a. D."), Vorname, Name.

Dritte Zeile: Straße und Hausnummer (gegebenenfalls mit entsprechenden Zusätzen). Vierte Zeile: Postleitzahl, Ort und (falls vorhanden) Zustellbezirk. Die Absenderangabe ist (ca. 20 mm vom oberen und linken Rand) auf den Briefumschlag aufgedruckt.

Der Schrifttyp der Absenderangabe wird in vielen Fällen vorgegeben sein. In anderen Fällen sollte eine gut lesbare (*Borgis* bis *Cicero*) *Antiqua*-Schrift (zum Beispiel *Garamond*) gewählt werden. Das gleiche gilt für die Anschrift, deren Schriftbild mit dem Text des Anschreibens an den Befragten übereinstimmen muß.

Abweichungen im Schrifttyp oder in der Schriftgröße zwischen Absenderangabe und Anschrift sind durchaus zulässig und können in manchen Fällen ästhetischen Reiz haben (zum Beispiel der Kontrast von *Courier* und *Courier Italic*). Bei der farblichen Gestaltung der Absenderangabe sollte - sofern nicht anders vorgegeben - im Falle weißer Umschläge ein Grauton, im Falle brauner Umschläge Schwarz genommen werden. Die Anschriften sind immer schwarz.

Neben Anschrift und Absenderangabe steht auf dem Versandumschlag der Hinweis:

Wissenschaftliche Befragung!
Falls unzustellbar oder Empfänger
verzogen, bitte zurück. Ggfs. mit neuer Anschrift.

Dieser Hinweis ist in 5 mm Abstand oberhalb des Adreßaufklebers angebracht. Gemittet! Benutzt werden kann ein Stempel. Stempelfarbe: Schwarz, Blau oder Rot. Schriftgröße: 10 Punkt (*Korpus*).

Jedem Fragebogen liegt ein *Anschreiben* im Format DIN A 4 bei. Es ist auf holzfreies weißes Papier (80g/qm) gedruckt und enthält im Briefkopf wie bei Geschäftskorrespondenz üblich nochmals den Absender und - sofern durch das verwendete Briefpapier nicht anders vorgegeben - 25 mm vom linken und 55 mm vom oberen Rand die Anschrift. Schrifttyp und Schriftfarbe entsprechen der Absenderangabe beziehungsweise der Anschrift auf dem Umschlag.

In das Anschreiben gehört ferner eine Durchwahl-Telefonnummer, über die montags bis freitags zwischen 9 und 13 sowie 14 und 18 Uhr ein *Ansprechpartner* für die Befragten erreichbar ist, der kundig Auskunft über die Befragung geben kann.

Das Absendedatum wird exakt angegeben: Tag, (ausgeschriebener) Monat, Jahr. Sofern keine Datumsposition durch das benutzte Briefpapier vorgegeben ist, wird das Datum fünf Zeilen oberhalb der Anrede mindestens 30 mm vom rechten Rand, auf keinen Fall über das längste Zeilenende des Brieftextes hinausragend, gedruckt.

Anrede und Text:

Sehr geehrte Frau/geehrter Herr TITEL, (NACH)NAME
(x)

(x)
**DREI SÄTZE (IN DREI BIS FÜNF ZEILEN) ÜBER DAS THE-
MA BEZIEHUNGSWEISE DEN INHALT DES FRAGEBO-
GENS.**

(x)
Die INSTITUTION hat jetzt ein Forschungsprojekt eingerichtet, in dem THEMA untersucht werden soll. Ich möchte sie bitten, zu dieser Untersuchung beizutragen.

(x)
Ihre Adresse wurde der Einwohnermeldekartei/dem Adreßbuch entnommen. Sie gehört zu einer repräsentativen Stichprobe aus allen Meldekarteien/Adreßbüchern der Bundesrepublik.

(x)
Der Fragebogen ist selbstverständlich anonym. Niemand kann später feststellen, welcher Fragebogen von wem ausgefüllt wurde.

(x)
Die Teilnahme an der Untersuchung ist freiwillig. Um so nachdrücklicher möchte ich Sie um Ihre Hilfe bitten. Nur wenn möglichst jeder Fragebogen beantwortet wird, können die Ergebnisse zuverlässig sein.

(x)
(x)
**Herzlicher Dank
und freundliche Grüße
Ihrer/-s**

(x)
(x) UNTERSCHRIFT: VORNAME, NAME
(x)
**TITEL ,VORNAME, NAME
Projektleitung**

Die (x)-Symbole bezeichnen im Druck vorzusehende Leerzeilen. Von Fall zu Fall variierende Elemente des Anschreibens sind in Versalien wiedergegeben.

Wird eine Schrift benutzt, die zehn Zeichen pro Zoll (cpi) vorsieht, dann hat die Zeile 60 Anschläge. Bei 12 cpi hat die Zeile 70 Anschläge. Der Zeilenabstand wird bei 60 Anschlägen so festgelegt, daß fünf bis sechs Zeilen pro Zoll (lpi) gedruckt werden (an herkömmlichen Schreibmaschinen: sogenannte anderthalbzeilige und einzeilige Schaltung). Bei 70

Anschlägen sollte stets in anderthalbzeiliger Schaltung gedruckt werden.

Randverteilung: Anrede und Text beginnen in der gleichen Spalte wie die Anschrift. Dank und Gruß können auch an den rechten Rand verschoben werden.

Falls das Adressenmaterial Telefonbüchern entnommen wird, ist der zweite Absatz des Anschreibens wie folgt zu ergänzen (*Geburtstagsformel*):

Und zwar indem Sie den Fragebogen von demjenigen in Ihrem Haushalt ausfüllen lassen, der als nächster Geburtstag hat und heute mindestens JAHRE Jahre alt ist. Wenn Sie selbst der- oder diejenige sind oder wenn Sie allein in Ihrem Haushalt leben, füllen Sie ihn bitte aus.

Dies ist speziell dann erforderlich, wenn eine Erhebung sich nicht auf Haushalte, sondern auf Personen, Individuen, Akteure bezieht: In der Bundesrepublik sind Telefonanschlüsse von Ehepaaren und Familien häufiger auf den Namen und nur auf den Namen des Mannes beziehungsweise des Vaters zugelassen als zugleich oder allein auf den Namen der Frau beziehungsweise der Mutter.

Außerdem wird im dritten Absatz für **der Einwohnermeldekartei/dem Adreßbuch** und **allen Meldekarteien/Adreßbüchern** eingesetzt: **dem amtlichen Telefonbuch** und **allen Telefonbüchern.**

Die **DREI SÄTZE** zum Thema des Fragebogens gehen unmittelbar zur Sache. Beispiele:

- Gewalt in der Familie -

Gelegentliche Auseinandersetzungen gibt es in jeder Familie. Vor allem wenn es um die Erziehung der Kinder geht. Selbst in der Wissenschaft ist man ja noch weit von einer idealen Pädagogik entfernt.

- Soziale Kontakte -

Viele Menschen in der Bundesrepublik fühlen sich einsam und

allein. Oft hört man, daß die moderne Gesellschaft hierfür verantwortlich ist. Die Stichworte kennen Sie: Gleichgültigkeit, rücksichtsloser Gebrauch der Ellenbogen, Kampf aller gegen alle, Materialismus.

- Ehe und Familie als Institution -

Jede vierte Ehe in der Bundesrepublik scheitert. Immer mehr Paare heiraten gar nicht erst, leben ohne Trauschein zusammen. Gleichzeitig sinken die Kinderzahlen, bleiben 50% kinderlos oder haben nur ein Kind.

Die **UNTERSCHRIFT** muß nicht leserlich sein. Sie sollte sich aber als Schrift erkennen lassen. Amerikanisierte Namen (mit *middle initial*) sind ebenso wie Doppelnamen nach Möglichkeit zu vermeiden. Als Schreibinstrument wird ein Kugelschreiber benutzt, den man beim Unterschreiben fest aufdrückt.

Akademische Grade (außer "Dr.") sind im Gruß wie Amtsbezeichnungen (außer "Prof.") *nach* (durch Komma getrennt) oder *unter* dem Namen anzugeben. Beispiele:

Prof Dr. Harald Schröder
aber:
Dr. Harald Schröder, Diplom-Soziologe
oder:
Dr. Harald Schröder
Diplom-Soziologe
beziehungsweise:
Dr. Harald Schröder, Hochschulassistent
oder:
Dr. Harald Schröder
Hochschulassistent
beziehungsweise:
Dr. Harald Schröder
Professor für Soziologie

Abkürzungen wie "Dipl.-Soz.", "PD" oder "Wiss. Ass." sollten nicht gebraucht werden.

Jedem Fragebogen liegt ein mit den Initialen des/der Befragten versehener *Kugelschreiber* bei.

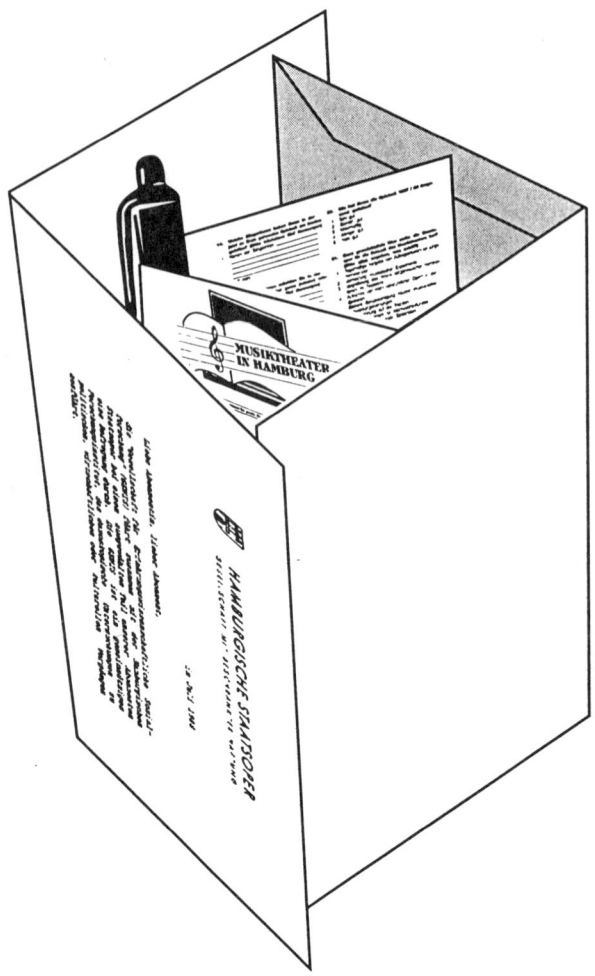

Für die Rücksendung des Fragebogens erhält der Befragte zusammen mit dem Fragebogen, dem Anschreiben und dem Kugelschreiber einen *Rückumschlag* im Format DIN B5.

Für die Gestaltung gelten die Grundsätze für die zum Versand der Fragebogen verwendeten Umschläge. Es sind nur folgende Besonderheiten zu beachten: Erstens, der Rückumschlag erhält keine Absenderangabe. Zweitens,

Abbildung 9: Fragebogenversand

da der Empfänger dieses Mal der Forscher oder sein Institut ist, ändern sich entsprechend die Regeln der Anschriftengestaltung. Drittens, über der Anschrift erhält der Rückumschlag anstelle des Hinweises: **Wissenschaftliche Befragung! Falls unzustellbar oder Empfänger verzogen, bitte zurück. Ggfs. mit neuer Anschrift.** den Hinweis: **Rückantwort.** Dieser Hinweis wird 3 cm oberhalb der Anschrift angebracht. Es kann ein Stempel verwendet werden. Stempelfarben: Schwarz oder Blau. Schriftgröße: 14 Punkt.

Viertens, der Rückumschlag wird nicht freigemacht. Er erhält anstelle des Freimachungsvermerks oder der Briefmarken einen Aufdruck:

Gebühr
bezahlt
Empfänger

Es kann ein Stempel verwendet werden. Stempelfarben: Schwarz oder Blau. Schriftgröße: 12 Punkt (*Cicero*).

Fragebogen, Anschreiben, Kugelschreiber, Rückumschlag werden wie folgt zum Versand in den Umschlag gelegt (Abb. 9):

- Der Kugelschreiber wird auf das Fragebogen-Heft geschoben, und zwar so, daß der Klammerbügel des Kugelschreibers etwa eine Linie mit dem Rückfalz des Fragebogen-Hefts bilden und nach außen greift, während das Korpus innen im Mittelteil liegt.

- Der Rückumschlag wird mit der beschrifteten Seite nach außen quer gefalzt, und der Fragebogen nebst Kugelschreiber wird dann so eingelegt, daß die Schnittseite des Fragebogens innen gegen die Falzkante des Rückumschlags stößt.

- Entsprechend wird dann wiederum der Rückumschlag in das Anschreiben eingelegt.

Anstatt als Briefe kann man die Fragebogen auch als Briefdrucksachen, Drucksachen oder Massendrucksachen versenden. Einen Überblick über die einzuhaltenden Bedingungen und die Kostenvorteile bietet das vom Bundesministerium für das Post- und Fernmeldewesen herausgegebene »Postgebührenheft«, das ebenso wie die eingehenderen (und allein maßgebenden) »Merkblätter« bei den Postämtern erhältlich ist.

Neben Sondermarken können Marken aus Dauerserien und durch Freistempelmaschinen angebrachte Freimachungsvermerke benutzt werden. Bei Massendrucksachen außerdem die "in einem beliebigen mechanischen Verfahren" hergestellten Freimachungsvermerke nach dem Post-Muster (vgl. »Merkblatt über Massendrucksachen«).

Die Briefumschläge können auch aus andersfarbigem (als weißem oder braunem) und leichterem beziehungsweise schwererem (als 150g/qm) Papier sein. Farbalternativen sind hellblau, hellgrün, hellgelb, rosa. Gewichtsalternativen liegen im Bereich 100g/qm bis 250g/qm. Speziell bei niedrigem Papiergewicht ist selbstverständlich zu prüfen, ob beim Postversand nicht unansehnliche Riß- und Stoßbeschädigungen auftreten.

Statt auf Adreßaufkleber können die Anschriften der Befragten auch direkt auf die Umschläge gedruckt werden. Neben Schwarz kommen als Druckfarben auch Blau, Grün und Braun in Betracht. Dabei sollte Rücksicht auf die Zusammenstimmung mit der Hintergrundfarbe (der Umschläge) genommen werden.

Sofern Adreßaufkleber benutzt werden, kann die Absenderangabe auch (einzeilig oder zweizeilig) darauf gedruckt sein. Schriftgröße: *Nonpareille*. Dieses Verfahren eignet sich jedoch nur, wenn die Sendungen freigestempelt werden. Im Falle der Benutzung von Briefmarken (gleich welcher Art), sollte man diesen Weg nicht beschreiten.

Manche Fragebogen werden numeriert verschickt. In diesem Fall ist im Anschreiben Abschnitt 4 nach Satz 1 zu ändern. An Satz 1 schließt sich an:

Die Zählnummer auf Ihrem Fragebogen dient allein postalischen Zwecken. Wir können dadurch den Rücklauf besser übersehen. Ihre Anschrift und Zählnummer werden sofort nach Eingang des Fragebogens vernichtet.

Sofern kein geeignetes Programm für den Mischdruck von Anschrift, Anrede und Text im Anschreiben zur Verfügung steht, wird man ersatzweise auf die Anschrift im Anschreiben verzichten und als Anrede verwenden:

Sehr geehrte Dame!
Sehr geehrter Herr!

An Stelle eines "initialisierten" Kugelschreibers kann auch ein neutraler Kugelschreiber dem Fragebogen beigelegt werden oder ein Kugelschreiber aus dem "Fundus" der befragenden Institution.

Wo mit einem besonders hohem Rücklauf gerechnet werden kann, empfiehlt es sich, die Rückumschläge nicht mit dem Vermerk **Gebühr bezahlt Empfänger** zu versehen, sondern per Frankiermaschine einen Freimachungsvermerk anzubringen. Welchem Verfahren der Vorzug gegeben werden sollte, ist eine rechnerisch zu entscheidende Frage. Sie hängt außer vom Rücklauf von der Gebührenordnung der Post ab. Im Regelfall stellt der Freimachungsvermerk eine erhebliche Mittelvergeudung dar.

Wenn Fragebogen im Format DIN A5 minus 2 mm verwendet werden, geht man von Rückumschlägen des Formats DIN B5 zu Rückumschlägen des Formats DIN A5 oder DIN C5 über. Außerdem wird man unter Umständen aus ästhetischen Gründen die Plazierung der Aufdrucke etwas verschieben.

Die Fragebogen werden zwischen Mittwoch und Donnerstag verschickt. Sie sollen möglichst an einem Freitag bei den Befragten eintreffen. Wenn der Freitag ein Feiertag ist, sind die Fragebogen entsprechend früher zu verschicken. Über die Laufzeiten von Briefen informieren die Postämter. Es kann ein Fehler sein, Ferienzeiten nicht zu beachten. Einer von vielen Kalendern, die Ferien-Pläne enthalten, ist erhältlich über SUCCES-VERLAG GMBH, Klosterstraße 73/75, 4000 Düsseldorf 1.

Bei allen Arten von Drucksachen sollten die Versandzeitpunkte um ein bis zwei Tage vorverlegt werden. Wenn Probeläufe allerdings kaum Zweifel am rechtzeitigen Eintreffen (freitags) der Sendungen lassen, kann die Mittwoch-Donnerstag-Terminierung beibehalten werden.

Siebe Tagen nach dem Versand der Fragebogen wird (per Brief) eine *erste Mahnung* verschickt. Als Umschlag wird eine weiße Fensterhülle mit Adhäsionsverschluß im Format 110 x 220 mm benutzt, die freigemacht ist wie der Umschlag, in dem der Fragebogen versendet wurde. Es wird allerdings kein Adreßetikett auf den Umschlag geklebt, sondern nur das Mahnschreiben direkt beschriftet. Für die Absenderangabe und die Einzelheiten der Anschriften-Gestaltung gelten wieder die Grundsätze des Fragebogenversands.

Die *zweite Mahnung* ist wie die erste aufgebaut. Sie wird sieben Tage nach dem Versand der ersten Mahnung verschickt. Formal besteht die einzige Besonderheit darin, daß sie als Eilbrief aufgegeben wird.

Das Mahnschreiben ist sowohl bei der ersten als auch bei der zweiten Mahnung äußerlich (Papierqualität, Datum, Anrede uns so weiter) so gestaltet wie das dem Fragebogen beiliegende Anschreiben. Der Text der ersten Mahnung lautet:

Vor einer Woche habe ich Ihnen einen Fragebogen zum Thema THEMA geschickt. Ich nehme an, daß Sie ihn schon beantwortet haben. Für diese kleine Mühe möchte ich Ihnen meinen aufrichtigen Dank sagen.
(x)
Sollten Sie noch nicht dazu gekommen sein, den Fragebogen auszufüllen, tun Sie das doch bitte in den nächsten Tagen.
(x)
Ich bin auf Ihre Hilfe dringend angewiesen!
(x)
Mit nochmaligem Dank
und besten Wünschen
grüßt Sie
Ihr(e)
(x)
(x) UNTERSCHRIFT: VORNAME, NAME
(x)
TITEL, VORNAME, NAME
Projektleitung

Der Text der zweiten Mahnung lautet:

Es tut mir leid, daß ich Sie abermals anschreiben muß. Aber das Forschungsprojekt, bei dem ich um Ihre Hilfe gebeten habe, soll demnächst abgeschlossen werden. Falls Sie Ihren Fragebogen schon beantwortet haben, ist dieser Brief gegenstandslos. Anderenfalls wäre ich sehr dankbar, wenn Ihre Antwort möglichst noch kommende Woche hier eintreffen könnte.
(x)
(x)
Freundliche Grüße
und besten Dank

für Ihr Verständnis
(x)
(x) UNTERSCHRIFT: VORNAME, NAME
(x)
TITEL, VORNAME, NAME
Projektleitung
(x)
(x)
(x)
(x)
P.S. Der Bericht über das Forschungsprojekt ist selbstverständlich für alle Befragungsteilnehmer kostenlos erhältlich. Eine Postkarte mit Ihrem Namen und Ihrer Anschrift genügt.

Statt im Sieben-Tage-Rhythmus können die Mahnungen auch 14tägig verschickt werden. Als alternative Umschlagfarben zu Weiß stehen Hellblau, Hellgelb, Hellgrün und Rosa zur Wahl. Auch fensterlose Selbstklebehüllen sind verwendbar. Außerdem neben dem Format 110 x 220 mm das Format 110 x 160 mm (DIN C6). Im Falle der Verwendung fensterloser Hüllen werden Adreßaufkleber wie beim Fragebogenversand benutzt. Für das einliegende Mahnschreiben ist dann eine Adressierung nicht erforderlich.

Mindestens eine Mahnung zählt bei postalischen Befragungen als *Pflicht*. Ihre Gestaltung wird aber regelmäßig vom angegebenen Standard abweichen, wenn sie die einzige Mahnung bleibt. Es sind drei Möglichkeiten zu überlegen. Bereits die erste Mahnung wird (*Möglichkeit 1*) per Eilbrief vorgenommen oder statt postalisch (*Möglichkeit 2*) telefonisch oder (*Möglichkeit 3*) persönlich per Hausbesuch. Wo zwei Mahnungen eingeplant sind, sollte man beim Versand der ersten Mahnung dem Vorbild der Fragebogen-Aussendung folgen: Als Briefe expedierte Fragebogen werden brieflich, als Drucksache verschickte per Drucksache angemahnt. Die dritte Mahnung kann stets außer postalisch auch telefonisch oder persönlich erfolgen.

Da telefonische und persönliche Mahnung als mündliche Kontakte in der Regel dialogisch erfolgen, läßt sich das Vorgehen nur in Umrissen beschreiben. Der Dialogpartner wird oft idiosynkratisch auf das Ansinnen des Forschers beziehungsweise seiner Mitarbeiter reagieren. Es ist deshalb in jedem Fall mit überraschenden und ungewöhnlichen Verhaltensweisen zu rechnen. Zur Vorbereitung empfehlen sich bei beiden Formen der mündlichen Mahnung:

- freie Rollenspiele zur Einübung in die Situation;
- Festlegung der Sprache und Sprechweise (dabei: Erörterung der Aussprache ungewöhnlicher Namen von Befragten);
- Anlage einer Handreichung mit allen Informationen, die an die Gemahnten weitergegeben werden sollen und dürfen;
- formierte Rollenspiele zur Einübung in Sprache und Sprechweise sowie in die Benutzung der Handreichung.

Bei der Vorbereitung telefonischer Mahnungen ist (zusätzlich) besonders zu achten auf:
- angenehme Mikrofon-Stimme;
- leicht verständliche Aussprache;
- flottes und versprecherfreies Reden.
Bei der Vorbereitung persönlicher Mahnungen ist (zusätzlich) besonders zu achten auf:
- angenehmes Äußeres;
- angenehme Stimme;
- verständliche Aussprache;
- flottes Reden;
- saubere, eher klassische als modische Kleidung (sowohl bei Frauen als auch bei Männern sind verschiedenfarbige Kombinationen von Jacke und Rock (Frauen) bzw. Jacke und Hose (Männer) am besten geeignet; dazu bei Frauen: Bluse mit Halstuch und/oder Halskette, eventuell zusätzlich oder ersatzweise Pullover; bei Männern: Hemd mit Krawatte (Schlips, keine "Fliege"), eventuell zusätzlich Pullover oder ersatzweise Rollkragenpullover; Schuhe: sportlich, aber keine Turnschuhe; bei ungünstiger Witterung kann zusätzlich ein Woll- oder Popelinemantel getragen werden (keine Leder- oder Pelzjacken).

Wenn die Bekleidungsvorschläge etwas konservativ ausfallen, dann ist dies durchaus gewollt. Der Mahnende soll auch von der äußeren Erscheinung her - mit Maßen - einen gewissen Druck ausüben, was ja bereits in der Philosophie des Mahnens angelegt ist. Bei einem Interviewer ist dagegen mittlerweile eine weniger konservative Kleidung zu empfehlen (*vide infra*). Hierbei ist natürlich eine Veränderung der Moden zu berücksichtigen: In zwanzig Jahren werden die gemachten Vorschläge sicherlich keine Gültigkeit mehr haben.

Der *Fragebogen* wird auf 80g/qm holzfreies weißes Papier schwarz bis dunkelgrau gedruckt. Das Format ist DIN B5 abzüglich (in Länge und Breite) 5 mm. Die Herstellung dieses Formats erfolgt durch Verkleinerung einer DIN A4-Vorlage auf DIN B5 und anschließenden Zuschnitt. Beim einfachsten Verfahren werden zunächst Druckvorlagen im Format DIN A4 erstellt. Der Fragebogen ist (ab drei Seiten) immer als *Heft* zu gestalten. Daraus ergibt sich eine bestimmte Anordnung der Druckvorlagen bei der Verkleinerung. Soll ein Fragebogen beispielsweise acht Seiten haben und außerdem als Heft nach DIN B5 formatiert sein, dann sind zwei Bogen im Format DIN B4 zu drucken. Auf dem ersten Bogen werden auf der Vorderseite nebeneinander Seite 1 und Seite 8 angeordnet, auf der Rückseite Seite 2 und 7. Dies geschieht dadurch, daß man von den entsprechenden Druckvorlagen auf einem Fotokopiergerät, das die Verkleinerung von DIN A4 auf DIN B4 erlaubt, nach B4 verkleinerte Ablichtungen der Seiten 1 und 8 rückseitig so mit (B4-verkleinerten) Ablichtungen der Seiten 2 und 7 bedruckt, daß jeweils die Seiten 1 und 2 sowie 7 und 8 einmal die Vorder- und einmal die Rückseite bilden. Entsprechend ist zu verfahren bei den Seiten 3 und 6 sowie 4 und 5. Anschließend werden die Bogen geordnet, mit verkupferten Heftklammern 24/6 zweimal, jeweils 80 mm vom Ober- und Unterrand, in der Bogenmitte geheftet und gefalzt. Die Heftung geschieht von außen nach innen. Der Fragebogen wird so unter die Heftmaschine gelegt, daß Vorder- und Rückseite beim Heften nach oben weisen. Erst nach dem Heften und Falzen erfolgt der Zuschnitt auf exakt DIN B5 minus 5 mm.

Die Fragen im Fragebogen werden (durch-)numeriert. Dabei können aber auch Nummern wie 6a, 6b, 6c vorkommen. (Diese Numerierung der Fragen ist zu unterscheiden von der Numerierung der Fragebogen, bei der jeder Befragte eine Zählnummer erhält.) Die einzelnen Antwortmöglichkeiten auf eine Frage werden durch Ziffern oder Buchstaben gekennzeichnet. Im Kopftext auf der ersten Seite des Fragebogens steht:

Bitte machen Sie einen Kreis um die Ziffer vor Ihrer Antwort.

Die Schrift des Fragebogens ist nach Möglichkeit eine *Helvetica*-Schrift. Die Fragen werden dabei jeweils in fett gedruckt, die Antworten beziehungsweise die Antwortmöglichkeiten normal.

Immer häufiger werden zur Verdeutlichung von Fragen oder zu ihrer Pointierung *Illustrationen* eingesetzt. Formale Gestaltungsgrundsätze konnten bisher allerdings noch nicht formuliert werden. Entscheidend ist, soweit sich sehen läßt, allein, was man genau wissen will. Farbe versus Schwarzweiß, Fotografie versus Druckgrafik und so weiter: Die Entscheidungen über das Für und Wider sind stets inhaltliche Entscheidungen.

Man kann auch Fragebogen benutzen, die auf das Format DIN A5 verkleinert sind. Die Heftstellen sollten dann von 80 auf 40 mm (vom Rand) verkürzt wer-

Abbildung 10: Beispiel eines *Titelblatts*

den. Beim Zuschnitt empfiehlt sich eine Verkürzung der Schnittkante von 5 auf 2 mm.

Gegen ein *Titelblatt*, das unter Umständen mit einer Illustration (Zeichnung, Grafik) geschmückt wird (Abb. 10), läßt sich nichts einwenden. Ein Titelblatt kann allerdings nur in Betracht kommen, wenn es nicht die Anzahl der erforderlichen Bogen erhöht.

Statt durch Ziffern bzw. Buchstaben können die Antwortmöglichkeiten auch durch Kästchen oder Kreise ausgezeichnet und zur Beantwortung präpariert sein. Im Kopftext auf der ersten Seite des Fragebogens steht in diesem Fall: **Bitte machen Sie ein Kreuz in das Kästchen/den Kreis vor Ihrer Antwort.**

Eine vor allem unter Kostengesichtspunkten interessante Variante zum herkömmlichen Fragebogen stellt der *Fragebogen mit Deckblatt* oder *Antwortkarte* dar. Auf dem Deckblatt beziehungsweise auf der Antwortkarte stehen dabei die Nummern aller Fragen mit den Ziffern bzw. Buchstaben der jeweiligen Antwortmöglichkeiten, aber ohne den zugehörigen Text. Der Befragte markiert seine Antworten nicht auf dem Fragebogen, sondern auf dem Deckblatt/der Antwortkarte. Ein Fragebogen, der sonst 16 Seiten lang wäre, findet so problemlos auf einem (beidseitig bedruckten) Antwortblatt Platz oder (verkleinert) auf einer Antwortkarte im Postkartenformat (Abbildung 11).

Immer schwieriger wird es, die unter Kostengesichtspunkten lange attraktiven numerierten Fragebogen einzusetzen. Bei diesem Verfahren erhält jeder Befragte eine Zähl- oder Laufnummer. Dadurch ist es unter anderem möglich, den Versand von Mahnungen einzusparen (im Unterschied zu anonymen Befragungen, wo auch beantwortete Fragebogen - man kann sagen - unnötigerweise angemahnt werden müssen).

Das einfachste Verfahren besteht darin, jeden Fragebogen mit Hilfe eines Paginierstempels zu numerieren. Die Numerierung folgt dabei entweder einer woanders festgehaltenen Numerierung der Befragten, oder man verfährt so, daß jeweils dieselbe Nummer einmal auf den Fragebogen und außerdem auf die erforderlichen Adreßaufkleber gestempelt wird.

Die Probleme der numerierten Fragebogen ergeben sich aus der Datenschutzdiskussion: "Meine Daten gehören mir." Die Vorteile der numerierten Fragebogen gehen so verloren. Zur Zeit spricht eigentlich alles gegen und nichts für numerierte Fragebogen. In jedem Fall sollten Fragebogennummern leicht zu entfernen (abzureißen) sein. Außerdem müssen sie gut sichtbar angebracht werden (zum Beispiel eher auf der ersten als auf der letzten Fragebogenseite).

Um Fragen optisch deutlich von den Antworten abzusetzen, kann man anstelle von Kursiv- oder Fettdruck auch Farbdruck benutzen. In jedem

Fall sollten dabei die Fragen stärker ins Auge stechen als die Antworten. Zur Klärung von Zweifelsfällen kann man sich auf Pretest-Ergebnisse stützen.

Fragen müssen *kurz, klar* und *einfach* sein. Kurze Fragen sind insbesondere solche, die nur aus wenigen Wörtern bestehen. Zur Kürze kann der Versuch beitragen, erstens, keine Kommata zu setzen und, zweitens, keine Sätze oder Nebensätze zu bilden, die aus mehr als sechs Wörtern bestehen.

Klar sind Fragen, die das Gemeinte unzweideutig bezeichnen. Zu den Bedingungen von Klarheit gehört vor allem, daß der Forscher in seinen Fragen möglichst nur Ausdrücke mit fest umrissener Bedeutung verwendet.

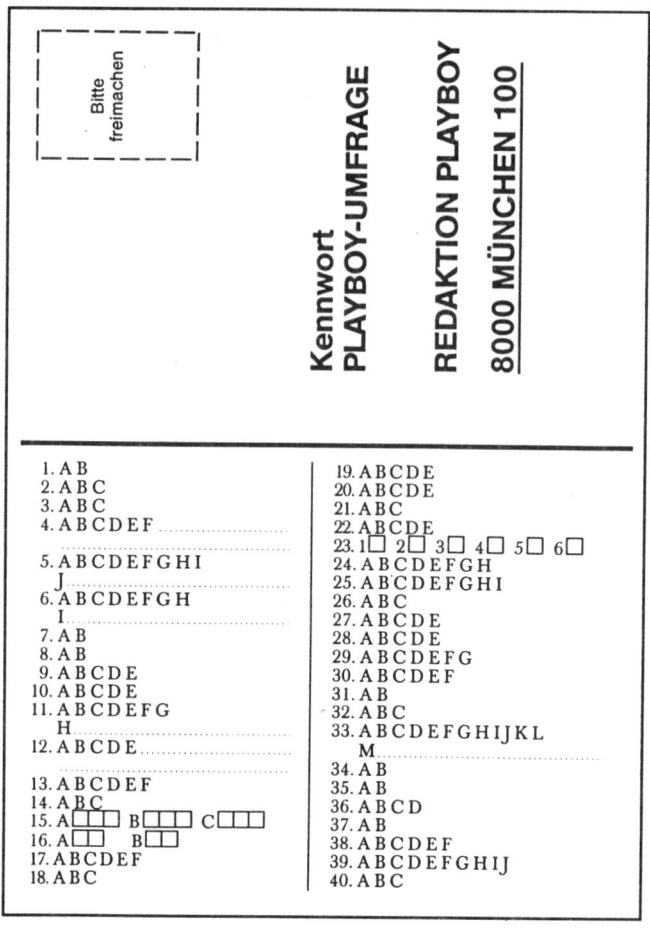

Abbildung 11: Beispiel einer *Antwortkarte*

Bei der Prüfung verschiedener Ausdrücke auf ihre Fragebogeneignung hin kann es von Nutzen sein, die entsprechenden Definitionen in Wörterbüchern und Lexika miteinander zu vergleichen. Je höher die Übereinstimmung, desto größer die Chance, daß der jeweilige Begriff einheitlich verstanden wird und in diesem Sinne klar ist.

Einfach sind Fragen, die von jedermann verstanden werden. Insbesondere Fragen, die keine ungewöhnlichen Wörter enthalten (wobei Fremd- und Lehnwörter oft weniger ungewöhnlich sind als Wörter der Muttersprache; vergleiche "Computer" und "Rechenanlage", "Telefon" und "Fernsprecher", "Fotokopie" und "Ablichtung", "Joggen" und "Dauerlauf").

Eine wichtige Bedingung von Einfachheit liegt außerdem in der Satzkonstruktion. Hilfreich kann unter anderem der Verzicht auf Genitive sein, auf Verschachtelungen, auf ungewöhnliche Wortstellungen.

Für eine ganze Reihe von Fragen lassen sich heute bereits erprobte und zuverlässige Formulierungen angeben. Als Beispiel kann die Frage nach dem Alter dienen:

Wie alt sind Sie?

Diese Frage läßt sich auch so stellen:

Ihr Alter?

Entsprechend gilt für die Frage nach dem Geschlecht:

Welches ist Ihr Geschlecht?

Und daneben:

Ihr Geschlecht?

Die Entscheidung für die längere oder die kürzere Version wird man so treffen, daß stets die erste demographische Frage lang beziehungsweise ausführlich formuliert wird. Danach kann man übergehen zur Kurzform. Im folgenden soll stets die Langform mit entsprechenden Antwortmöglichkeiten angegeben werden.

1. Wie alt sind Sie?

_____ (Jahre)

2. Was ist Ihr Geschlecht?

1 Männlich
2 Weiblich

3. Wie groß ist Ihr Wohnort?

1 Bis 30.000 Einwohner
2 Bis 100.000 Einwohner
3 Bis 500.000 Einwohner
4 Über 500.000 Einwohner

Die Einwohnerzahlen können selbstverständlich anders und auch tiefer gestaffelt sein.

4. In welche Gruppe ordnen Sie sich ein?

1 Hausfrauen/Hausmänner
2 Rentner(innen)/Pensionäre, -innen
3 Schüler(innen)/Studierende
4 Soldaten/Zivildienstleistende
5 Angestellte
6 Arbeiter(innen)
7 Beamte
8 Selbständige
9 Sonstige, und zwar _____

5. Was ist Ihr Familienstand?

1 Ledig
2 Verheiratet
3 Dauernd getrennt lebend
4 Geschieden
5 Verwitwet

Oft werden die Kategorien 3 und 4 zusammengefaßt zu: **Geschieden oder dauernd getrennt lebend.** Kategorie 2 kann nach Bedarf aufgesplittet werden. Zum Beispiel in zwei Kategorien: **In erster Ehe verheiratet; in zweiter, dritter, ...-ter Ehe verheiratet.**

6. Wieviele eigene Kinder haben Sie?

1 Keine
2 Habe eigene Kinder, und zwar ____ **(Anzahl)**

7. Welchen Schulabschluß haben Sie?

1 Keinen
2 Hauptschule (Volksschule)
3 Realschule (Mittelschule)
4 Abitur

8. Wie hoch ist Ihr persönliches Nettoeinkommen im Monat?

1 Habe kein eigenes Einkommen
2 Unter 500 DM
3 500 bis unter 1000 DM
4 1000 bis unter 1500 DM
5 1500 bis unter 2000 DM
6 2000 bis unter 2500 DM
7 2500 bis unter 3000 DM
8 3000 DM oder mehr

Selbstverständlich können die Kategorien anders und auch tiefer gestaffelt sein. Außerdem besteht die Möglichkeit, das ungefähre Einkommen eintragen zu lassen: In diesem Fall wird Kategorie 2 ersetzt durch: **Ich habe eigenes Einkommen, und zwar ungefähr DM** ____ **(bitte eintragen).** Von dieser Möglichkeit sollte allerdings nur Gebrauch gemacht werden, wenn sonst ein zusätzlicher Bogen erforderlich würde.

Zur Ermittlung des Haushaltseinkommens wird die Frage für andere Haushaltsmitglieder - Ehemann, Ehefrau, Kinder und so weiter - jeweils entsprechend umformuliert. Die zusammengefaßten Einzelangaben dienen zur Schätzung des Gesamtbetrages.

'10. Welche Religion haben Sie?

1 Evangelisch
2 Katholisch
3 Andere Religion
4 Keine Religion

11. Wie groß ist die Wohnung, in der Sie leben?

_____Quadratmeter

Eine besonders knappe und überdies sehr vielseitige Form der Frage stellt die *Liste* dar. Listen benutzt man unter anderem, wenn es darum geht, das Image einer Person oder Sache zu untersuchen:

Wie ist Bundeskanzler Helmut Kohl? (Bitte alles angeben, was zutrifft.)

1 Tüchtig
2 Unentschlossen
3 Ehrlich
4 Clever
5 Dickköpfig
6 Träge
7 Intelligent
8 Gemütlich
9 Menschlich
10 Unsozial
11 Dumm
12 Nichts davon

Es gibt keine Regeln, welche Punkte in so eine Linie hineingehören. Nur die Antwortmöglichkeit **nichts davon** darf nie fehlen. Die Auswahl der Punkte oder *Items*, wie manchmal auch gesagt wird, ergibt sich allein aus dem, was ermittelt werden soll. Wenn es interessiert, ob die Menschen den Kanzler für dumm halten, wird danach gefragt, sonst nicht. Das gleiche gilt für Cleverness, Trägheit oder Intelligenz. Eine *Ausnahme* stellen Items dar, die auf Grund vorgängiger Datenkenntnis mit hoher Wahrscheinlichkeit von den Befragten als Antwortmöglichkeit gewünscht werden. Es besteht die Gefahr, daß Befragte die Beantwortung eines

Fragebogens abbrechen, wenn er sich ihrem Bedürfnis nach Expressivität versagt. Manche Dinge wollen einfach gesagt sein. Der Forscher kann unter Umständen gehalten sein, zahlreiche Antwortmöglichkeiten vorzusehen, die zwar die von ihm untersuchte Problematik nicht berühren, die aber zur Herstellung und Aufrechterhaltung eines kooperativen Antwortverhaltens zwingend erforderlich sind.

In Listen verbirgt sich natürlich kein Geheimwissen, das es erlauben würde, so etwas wie die "wahre" Meinung der Befragten über einen Gegenstand (beispielsweise den Kanzler) hinter einer sonst undurchschaubaren Fassade hervorzuziehen. Aber Listen haben den unschätzbaren Vorteil, daß mit ihrer Hilfe ein Höchstmaß an Informationen auf engstem Raum und in kürzester Zeit abgefragt werden kann. Darin liegt ihr Sinn und Wert. Umfangreiche Fragebogen lassen sich oft auf einige wenige Listen reduzieren. Ansonsten unzumutbar lange Fragebogen können durch die Umformulierung einzelner Fragen zu Listen auf eine akzeptable Länge zurückgeschnitten werden.

Zu achten ist bei Listen stets auf eine gewisse *Mischung* der den Befragten vorgelegten Items. Wenn es, wie im Beispiel, um die Beurteilung eines Politikers geht, legt man sowohl positive als auch negative und relativ neutrale Items vor und diese in einem *bunten Durcheinander*. Der

Skala H: Häufigkeit

--	-	.	+	++
nie	selten	gelegentlich	oft	immer
1	2	3	4	5

Skala I: Intensität

--	-	.	+	++
nicht	wenig	mittelmäßig	ziemlich	sehr
1	2	3	4	5

Abbildung 12: ROHRMANN-*Skalen H* (Häufigkeit) und *I* (Intensität)

Befragte wird so dazu angehalten, jedes einzelne Item zu würdigen, bevor er sein Urteil abgibt.

Wenn eine Liste nicht Urteile oder Meinungen, sondern Gegebenheiten erheben soll, etwa den Besitz von Haushaltsgeräten, wird man ebenfalls um Abwechslung bemüht sein und dem Befragten die Items nicht nach irgendeinem Prinzip geordnet präsentieren. Beispiel:

Welche Geräte haben Sie in Ihrem Haushalt? (Bitte alles angeben, was zutrifft.)

1 Kühlschrank
2 Staubsauger
3 Mikrowellen-Grill
4 Stereoanlage
5 Bügeleisen
6 Elektrischer Quirl
7 Fernseher
8 Solarium
9 Computer
10 Schreibmaschine
11 Telefon
12 Elektrische Zitrus-Presse
13 Videorekorder
14 Elektrische Bohrmaschine
15 Plattenspieler (ohne CD-Player)
16 CD-Player
17 Elektrisches Messer
18 Elektrische Küchenmaschine
19 Tonbandgerät
20 Kassettenrekorder
21 Taschenrechner
22 Radiowecker
23 Anrufbeantworter
24 Eierkocher
25 Nichts davon

In der Regel sollten Listen nicht mehr als 12 Items umfassen. Ausnahmen (wie hier) sind in einem Pretest auf eine gegen Listenende abnehmende Antwortbereitschaft zu testen.

Bisweilen möchte man die Befragten zu einer abgestuften Aussage nötigen. Es interessiert wie sehr sie einer bestimmten Meinung sind oder wie oft sie etwas tun. Als Paradigma dienen in diesem Fall die ROHR-MANN*Skalen H* und *I* (ROHRMANN 1978a und b). ROHRMANN nimmt bei seinen Skalen zur Verdeutlichung Zahlen und Symbole zuhilfe. Für "nicht" bis "sehr" beziehungsweise "nie" bis "immer" die Ziffern 1 bis 5 und die Symbole --, -, ., +, ++ (Abbildung 12).

Man kann aber auch auf diese Hilfestellung verzichten. Beispiele:

Sind Sie mit Ihrem derzeitigen Sexualleben zufrieden?

1 Sehr
2 Ziemlich
3 Mittelmäßig
4 Wenig
5 Nicht

Passiert es Ihnen, daß Sie beim Fernsehen einschlafen?

1 Nie
2 Selten
3 Gelegentlich
4 Oft
5 Immer

Es existieren natürlich zahlreiche durchaus brauchbare *Varianten* der ROHRMANN-*Skalen*. Zunächst kann man, worauf auch ROHRMANN selbst schon hingewiesen hat, die Intensitätsskala *erweitern*:

Wie war Ihre Kindheit?

1 Nicht glücklich
2 Weniger glücklich
3 Mittelmäßig glücklich
4 Ziemlich glücklich
5 Sehr glücklich

Außerdem gibt es eine Reihe interessanter Alternativen zu den von ROHRMANN vorgeschlagenen Antwortmöglichkeiten. Im Falle der Intensitätsskala bietet sich neben verschiedenen Spielarten der Mittelkategorie **mittelmäßig** (zum Beispiel: **teils, teils; mittel; weder, noch**) ganz besonders eine Vereinfachung an, die anhand der Frage nach der Kindheit illustriert werden kann:

Wie war Ihre Kindheit?

1 Sehr unglücklich
2 Ziemlich unglücklich
3 Teils, teils
4 Ziemlich glücklich
5 Sehr glücklich

Statt **ziemlich** benutzt man manchmal auch **eher**. Aber ob **ziemlich** oder **eher**, der Witz dieser Variante besteht jedenfalls in der bei vielen Wörtern möglichen Invertierung durch die Vorsilbe "un-". Diese Vorsilbe erlaubt eine Vereinheitlichung der Antwortkategorien 1 und 2 einerseits, 4 und 5 andererseits, die zur Vereinfachung oder jedenfalls zur einfacheren Anmutung von Fragebogen beitragen kann.

In der Häufigkeitsskala stört bisweilen die Kategorie **immer**. Es gibt Dinge, die man sehr oft oder sogar regelmäßig tut, aber eben doch nicht immerzu. Die Frage nach dem Einschlafen beim Fernsehen ist ein gutes Beispiel. Wahrscheinlich gibt es überhaupt niemand, der beim Fernsehen immer einschläft. Mindestens ist völlig unklar, was es eigentlich heißen soll, daß jemand beim Fernsehen immer einschläft: Schläft der Betroffene sofort ein, sobald ein Fernseher eingeschaltet wird? Sobald er auf die Mattscheibe sieht? Sobald der Apparat länger als fünf Minuten läuft?

Bisweilen erscheint aber dennoch eine Steigerung zu **oft** als wünschenswert. Man kann dann - am Beispiel der Frage nach dem Einschlafen beim Fernsehen - folgende Modifikation der Antwortmöglichkeiten vornehmen:

Passiert es Ihnen, daß Sie beim Fernsehen einschlafen?

1 Nie
2 Selten
3 Gelegentlich
4 Oft
5 Regelmäßig

Als unbedenkliche Spielart zu **gelegentlich** stellt sich **manchmal** dar.

Weitere Spielarten ergeben sich, wo der Wunsch besteht, noch differenziertere Antwortmöglichkeiten anzubieten, also anstelle von fünf zum Beispiel sechs, sieben, acht, neun oder noch mehr. Zu den wichtigsten Varianten der fünfstufigen Häufigkeitsskala nach ROHRMANN gehört die sechsstufige Skala mit der Antwortmöglichkeit **ganz selten**. Diese Skala wird vor allem benötigt, wo abweichende Verhaltensweisen abgefragt werden sollen, zum Beispiel heftige körperliche Gewalt in der Familie:

Wie oft bekommen Ihre Kinder von Ihnen eine Tracht Prügel?

1 Regelmäßig
2 Oft
3 Gelegentlich
4 Selten
5 Ganz selten
6 Nie

Speziell bei abweichenden Verhaltensweisen kann es im übrigen vorteilhaft sein, mit dem am weitesten abweichenden Item zu beginnen. Im Falle der heftigen körperlichen Gewalt in der Familie also mit **regelmäßig**.

Meistens wird man auf stärker, das heißt über fünf Stufen hinaus differenzierte Antwortmöglichkeiten verzichten. Für Befragungen gilt der Grundsatz der Demagogie, demzufolge es sich empfiehlt, alle intellektuellen Ansprüche (hier: Ansprüche an das Differenzierungsvermögen) auszurichten an dem geistigen Niveau der am wenigsten gebildeten Adressaten. Nur selten gibt es im übrigen vernünftige inhaltliche Gründe für eine weitergehende Differenzierung der Antwortmöglichkeiten. In der Hauptsache dient die Ausfächerung der Kategorien ja dazu, den zögerlichen Befragten die Möglichkeit einer informativeren Antwort als **unentschieden** (**weiß nicht; teils, teils; mittel**) zu bieten.

Es gibt selbstverständlich *topics*, wo man Häufigkeiten genauer als mit Hilfe der ROHRMANN-*Skalen* erfragen kann. Etwa wenn es darum geht, für eine soziale Gruppe die durchschnittliche Zahl der Mahlzeiten pro Tag zu erheben. Hier und in ähnlich gelagerten Fällen bietet es sich an, beziffernde Antwortkategorien vorzusehen. Die Befragten wissen höchstwahrscheinlich recht präzise und in Zahlen ausdrückbar, wie oft sie pro Monat das Treppenhaus reinigen (lassen), pro Quartal zum Friseur gehen und so weiter. Anstelle solcher Kategorien wie **nie** oder **selten** sind dann Antworten möglich wie **einmal, zweimal, drei- bis viermal, öfter als viermal.**

Ein *Kunstfehler* ist es, in Fragen eine Begründung der Antwort aufzunehmen. Beispiel:

Sind Sie für eine Senkung der Gewerbesteuer, weil dadurch neue Arbeitsplätze geschaffen werden?

1 Sehr dafür
2 Eher dafür
3 Unentschieden
4 Eher dagegen
5 Sehr dagegen

Solche (und ähnliche) Fragen *vexieren* Befragte, die zwar für eine Senkung der Gewerbesteuer sind, aber nicht deshalb, weil dadurch neue Arbeitsplätze geschaffen werden. Heikel ist die Frage auch für Befragte, die zwar für neue Arbeitsplätze sind, die aber bezweifeln, daß der richtige Weg dahin über eine Senkung der Gewerbesteuer führt.

Überhaupt sollten in Fragebogen Belehrungen möglichst vermieden werden. Es kann zwar interessant sein zu erfahren, wie Befragte reagieren, denen glaubhaft gemacht wird, per Gewerbesteuer-Senkung ließen sich neue Arbeitsplätze schaffen. Aber in aller Regel interessiert es doch mehr, erstens, was unbeeinflußte Befragte meinen, zweitens, sofern tatsächlich die Meinung beeinflußter Befragter thematisch ist, wie die längerfristigen und dauerhafteren Wirkungen von Beeinflussungsversuchen aussehen.

Nicht so sehr ein Kunstfehler, sondern ein Unsinn ist es deshalb auch, einer Frage längere Erläuterungen voranzustellen. Entweder die Befragten sind im Bilde, dann sollte man sie auch ganz direkt fragen. Oder die Befragten haben keine Ahnung. Dann ist es zweifelhaft, ob die ihnen erstmals unterbreiteten Tatsachen zu einer irgendwie beachtlichen Stellungnahme führen können.

Als abschreckendes Beispiel kann eine von der Zeitschrift »Der Spiegel« beim Bielefelder EMNID-Institut in Auftrag gegebene Umfrage über

"Tschernobyl und die Deutschen" (Heft Nr. 20, 1986, S. 28-32, hier: S. 28) dienen. Dem Artikel zufolge, in dem der »Spiegel« diese Umfrage präsentiert, wurde dabei "zunächst auf die verschiedenen Warnungen vor Milch, vor Gemüse und vor Lebensmitteln aus dem Ostblock" hingewiesen und dann gefragt: "Haben Sie aufgrund dieser und anderer Warnungen in den letzten Tagen Ihre Einkaufs- und Lebensgewohnheiten verändert, oder hielten Sie das nicht für notwendig?" (Die Antwortmöglichkeiten lauteten: "Habe meine Einkaufs- und Lebensgewohnheiten verändert" und: "Hielt das nicht für notwendig".) Leider erfährt man nicht im einzelnen, wie die Interviewer "die verschiedenen Warnungen" den Befragten vortragen sollten. Aber die Merkwürdigkeit des Verfahrens, eine Frage nach Veränderungen in "Einkaufs- und Lebensgewohnheiten" durch Hinweis auf mögliche Gründe für solche Veränderungen einzuleiten, dürfte auf der Hand liegen.

Manchmal erscheint es wünschenswert, daß die Befragten eine *Rangordnung* bilden. Man möchte beispielsweise wissen, wen sie als Gesprächspartner besonders schätzen. Für eine Rangordnung auf der Aggregatebene genügt es unter Umständen zu wissen, wie oft bestimmte Personen(gruppen) insgesamt oder an erster Stelle genannt werden:

Mit wem unterhalten Sie sich gern? (Bitte alle angeben, die dazu gehören.)

1 Mein Vater
2 Meine Mutter
3 Bruder
4 Schwester
5 Mein Mann
6 Meine Frau
7 Sohn
8 Tochter
9 Andere männliche Verwandte
10 Andere weibliche Verwandte
11 Mein Freund, meine Freundin
12 Freund oder Freundin der Familie
13 Pfarrer
14 Jugendfreund oder Jugendfreundin
15 Jemand, mit dem ich die gleichen Interessen habe
16 Kollege, Kollegin

17 Nachbar, Nachbarin
18 Jemand, unter dem ich arbeite/ein Vorgesetzter
19 Jemand, mit dem ich gut über religiöse Fragen sprechen kann
20 Jemand, mit dem ich mich in politischen Fragen gut verstehe
21 Jemand aus meinem Verein/Klub
22 Kriegskamerad
23 Mieter, Untermieter
24 Geschäftsfreund
25 Parteifreund
26 Unterhalte mich mit niemand gern

Aus so einer Frage kann eine Tabelle hervorgehen, die für ein gegebenes Kollektiv (zum Beispiel die bundesdeutschen Frauen unter 30) eine nach der Häufigkeit der Nennungen gestaffelte und in Prozenten ausgedrückte Rangordnung erhält (HABERMEHL 1986). Unter Umständen möchte man aber auch von jedem einzelnen Befragten wissen, wie er (oder sie) persönlich bestimmte Personen(gruppen) ordnet. Für diesen Zweck gibt es eine Technik, bei der die Befragten explizit Rangplätze vergeben:

Mit wem unterhalten Sie sich am liebsten? (Bitte ordnen Sie Ihre liebsten Gesprächspartner von 1 bis 3. Die Ziffer Ihres allerliebsten Gesprächspartners tragen Sie in die erste Zeile ein und dann so weiter.)

1 __
2 __
3 __

1 Mein Vater
2 Meine Mutter
3 Bruder
4 Schwester
5 Mein Mann
6 Meine Frau
7 Sohn
8 Tochter
9 Andere männliche Verwandte
10 Andere weibliche Verwandte
11 Mein Freund, meine Freundin

12 Freund oder Freundin der Familie
13 Pfarrer
14 Jugendfreund oder Jugendfreundin
15 Jemand, mit dem ich die gleichen Interessen habe
16 Kollege, Kollegin
17 Nachbar, Nachbarin
18 Jemand, unter dem ich arbeite/ein Vorgesetzter
19 Jemand, mit dem ich gut über religiöse Fragen sprechen kann
20 Jemand, mit dem ich mich in politischen Fragen gut verstehe
21 Jemand aus meinem Verein/Klub
22 Kriegskamerad
23 Mieter, Untermieter
24 Geschäftsfreund
25 Parteifreund
26 Niemand

Die Zahl der Rangplätze darf nicht zu groß sein. Aber fünf bis acht oder sogar zehn sind durchaus vertretbar. Bei einer entsprechend geringen Zahl einzustufender Items spricht im übrigen nichts dagegen, genausovie-

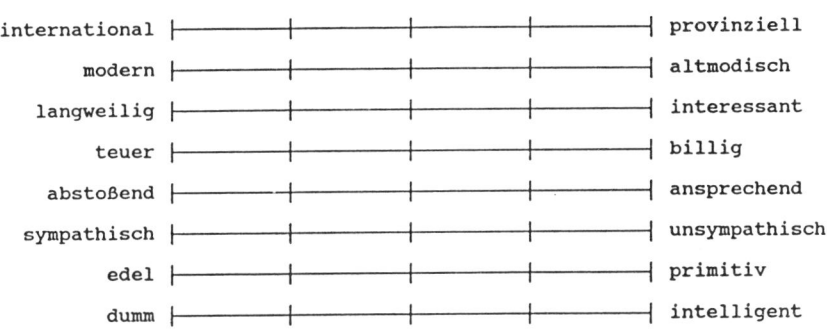

Abbildung 13: Anmutungsgitter zur Konstruktion eines *Polaritätsprofils*

le Rangplätze vorzusehen, wie Items geordnet werden sollen. (Wird ein Fragebogen mit Deckblatt oder Antwortkarte verwendet, sind auf dem Fragebogen selbst nur die Items aufgeführt, auf dem Deckblatt beziehungsweise der Antwortkarte nur die Rangplätze - sei es in numerierten

Zeilen, sei es in numerierten Kästchen.)

Bei den beiden zuletzt behandelten Beispielen stellt sich ein typisches Problem: Soll das Item immer die grammatikalisch korrekte Form annehmen (in diesem Fall hätte es natürlich heißen müssen: **mit meinem Vater, mit meiner Mutter, mit meinem Bruder** und so weiter), oder sind (wie hier) Abweichungen erlaubt? Als Faustregel gilt, daß gerade bei

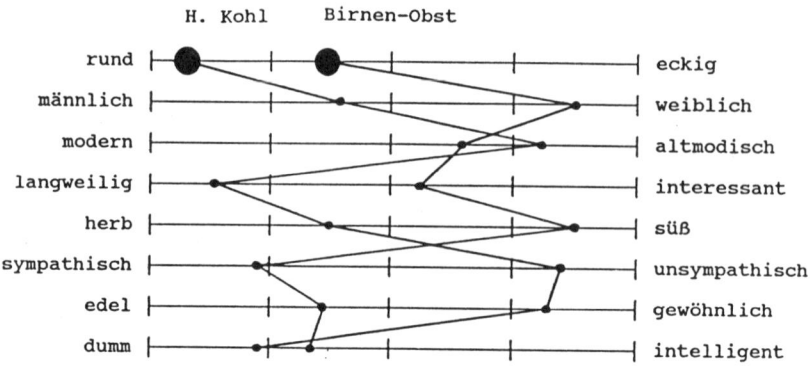

Abbildung 14: Profil von HELMUT KOHL im Vergleich zu Birnen-Obst

längeren Listen die ungebeugte Form vorzuziehen ist, da die gebeugte Form in der Häufung oft seltsam wirkt.

Speziell für Image-Untersuchungen (*vide supra*) eignen sich sogenannte *Polaritätsprofile* (*semantische Differentiale*). Das Verfahren geht auf CHARLES E. OSGOOD (1952, 1957) zurück, der die Anmutung beliebiger Objekte mit Hilfe von Gegensatz-Paaren der drei Dimensionen *evaluation* (zum Beispiel: **gut-schlecht; schön-häßlich; sauber-schmutzig**), *potency* (zum Beispiel: **stark-schwach; groß-klein; selbständig-abhängig**) und *activity* (zum Beispiel: **scharf-stumpf; aktiv-passiv; heiß-kalt**) erfassen zu können glaubt. Der Einsatz der Polaritätsprofile in der Praxis erfolgt allerdings weitgehend losgelöst von den theoretischen Annahmen und Intentionen OSGOODS. Für den Praktiker stellt prinzipiell jede Batterie aus Gegensatzpaaren eine geeignete Grundlage zur Konstruktion von Polaritätsprofilen dar (für ein Beispiel aus der Marktforschung s. Abb. 13). Durch Mittelwertbildung pro Gegensatz-Paar entstehen aus solchen Batte-

Durch Mittel-
wertbildung pro
Gegensatz-Paar
entstehen aus
solchen Batte-
rien für ver-
schiedene Ob-
jekte teils stark
voneinander ab-
weichende, teils
einander sehr
ähnliche Profile.
Graphisch pfle-
gen die Abwei-
chungen und
Ähnlichkeiten
durch Verbin-
dungslinien
zwischen den
jeweiligen Mit-
telwerten her-
vorgehoben zu
werden (Abb.
14 zeigt das
Profil des sech-
sten Bundes-
kanzlers HEL-
MUT KOHL im
Vergleich zu
Birnen-Obst).

Abbildung 15: "Hier sind sechs Wohnzimmer abgebildet. Welches (...) gefällt Ihnen am besten (...)?" NOELLE-NEUMANN und PIEL 1983: 48/49)

Zur Auflockerung der ROHRMANN-*Skalen* bieten sich (anstelle von **nicht, wenig, mittelmäßig** und so weiter) insbesondere stärker emotional gefärbte und nachdrücklichere Ausdrücke an wie in der Skala:

1 Auf keinen Fall
2 Mit starken Einschränkungen
3 Höchstens ansatzweise
4 Ein bißchen schon
5 Im großen und ganzen: Ja

6 Überdurchschnittlich gut
7 Sehr bis super

Einer durch das INSTITUT FÜR DEMOSKOPIE ALLENSBACH unter ELISA-
BETH NOELLE-NEUMANN popularisierten Technik folgend, kann man
Antwortmöglichkeiten verbildlichen (Abb. 15), durch Verbildlichungen
präzisieren oder mit Hilfe von Verbildlichungen strukturieren.

Anstelle des Angebots von Antwortkategorien besteht die Möglichkeit,
den Befragten Meßlatten vorzulegen. Die Befragten beantworten die an
sie gestellten Fragen in diesem Fall nicht mit **ja** oder **nein** beziehungsweise mit **nie, selten, gelegentlich** oder **öfter,** sondern durch Markierung

We'd also like to get your feelings about some groups in American society.
When I read the name of a group, we'd like you to rate it with what we call a
feeling thermometer. It is on Page 19 of your booklet. Ratings between 50° and
100° mean that you feel favorably and warm toward the group: ratings between
0° and 50° mean that you don't feel favorably toward the group and that you
don't care too much for that group. If you don't feel particularly warm or cold
toward a group, you would rate them at 50°. If we come to a group you don't
know much about, just tell me and we'll move on to the next one. Our first
group is Big Business—how warm would you say you feel toward them? *(Write
number of degrees or DK [don't know] in boxes provided below.)*

A.	Big business	☐☐☐	S.	Labor unions	☐☐☐
B.	Poor people	☐☐☐	T.	Young people	☐☐☐
C.	Liberals	☐☐☐	U.	Conservatives	☐☐☐
D.	Southerners	☐☐☐	V.	Women's Liberation movement	☐☐☐
E.	Chicanos, Mexican-Americans	☐☐☐	W.	People who use marijuana	☐☐☐
F.	Catholics	☐☐☐	X.	Black militants	☐☐☐
G.	Radical students	☐☐☐	Y.	Jews	☐☐☐
H.	Policemen	☐☐☐	Z.	Civil rights leaders	☐☐☐
J.	Older people	☐☐☐	AA.	Protestants	☐☐☐
K.	Women	☐☐☐	BB.	Workingmen	☐☐☐
M.	The military	☐☐☐	CC.	Whites	☐☐☐
N.	Blacks	☐☐☐	DD.	Men	☐☐☐
P.	Democrats	☐☐☐	EE.	Middle-class people	☐☐☐
Q.	People on welfare	☐☐☐	FF.	Businessmen	☐☐☐
R.	Republicans	☐☐☐			

100°	Very Warm or Favorable Feeling
85°	Quite Warm or Favorable Feeling
70°	Fairly Warm or Favorable Feeling
60°	A Bit More Warm or Favorable Than Cold Feeling
50°	No Feeling at All
40°	A Bit More Cold or Unfavorable Feeling
30°	Fairly Cold or Unfavorable Feeling
15°	Quite Cold or Unfavorable Feeling
0°	Very Cold or Unfavorable Feeling

Abbildung 16: *Thermometer* (SUDMAN und BRADBURN 1982: 159)

beziehungsweise Angabe eines Punktes auf einem Maßband oder einem Thermometer (Abb. 16). Die beliebtesten Meßlatten differenzieren millimeterweise oder mindestens halbzentimeterweise. Sie erlauben es, eine sonst nur schwer oder gar nicht erreichbare Exaktheit des Antwortverhaltens vorzutäuschen.

MÜNDLICHE BEFRAGUNG

Weitaus häufiger als die postalische Befragung wird in der Praxis der angewandten Sozialforschung das *Interview* eingesetzt: die *mündliche Befragung*. Wenn die postalische Befragung als der Königsweg anzusehen ist, dann stellt das Interview den *Regelfall* dar.

Die bekannten Schwächen des Interviews sind *supra* schon angesprochen worden. Hier sei nur noch einmal hervorgehoben, daß der Datenzugriff vermittels des Interviews, erstens, gewöhnlich weniger direkt ist als bei der postalischen Befragung (bedingt durch die Zwischenschaltung eines Interviewers zwischen Forscher und Befragte), zweitens, weniger gleichförmig als bei der postalischen Befragung erfolgt. Der auf dem Postwege versandte Fragebogen ist für alle Befragten in etwa der gleiche. Die durch Interviewer vorgenommene mündliche Befragung ist von Interview zu Interview mit großer Wahrscheinlichkeit sehr verschieden. Selbst wenn der Forscher alle Interviews selbst durchführt, werden seine Stimme, seine Haltung, sein ganzes Verhalten und seine ganze Einstellung in Abhängigkeit von der Tageszeit, vom Allgemeinbefinden, von den jeweils bereits geführten Interviews mehr oder weniger stark variieren.

Die herausragende Bedeutung des Interviews beruht vor allem auf drei Faktoren: Kosten, Geschwindigkeit, Anpassungsvermögen. Kosten: Der Forscher vergütet normalerweise nur vollständig durchgeführte Interviews. Speziell bei persönlichen Befragungen kann er so einerseits den Interviewern ein durchaus attraktives Entgelt bieten und andererseits doch für einen Bruchteil der bei postalischen Befragungen einzusetzenden Beträge zu durchaus verwertbaren Ergebnissen kommen. Geschwindigkeit: Unter Termindruck ist es ein wesentlicher Vorteil von Interviews, daß die Befragungen telefonisch durchgeführt werden können. Erst dadurch sind Blitzumfragen möglich, bei denen innerhalb weniger Stunden 500, 1000 oder mehr Menschen befragt und die entsprechenden Ergebnisse elektronisch erfaßt und ausgewertet werden. Anpassungsvermögen: Bei postalischen Befragungen besteht für den Forscher nach dem Versand der Fragebogen kaum noch eine Möglichkeit des Ergreifens in die Auffassungen seiner Fragen durch die Befragten. Bei Interviews dagegen kann insbesondere im Falle später entdeckter Fragebogen-Mängel nachträglich oft noch relativ problemlos korrigierend eingegriffen werden. Wertvoll sind Interviewer außerdem dort, wo sprachliche, speziell mundartliche Eigentümlichkeiten einzelner Regionen beachtet werden sollten.

Elementar ist die Unterscheidung zwischen persönlichen und telefonischen Befragungen. Im ersten Fall findet das Interview unter Bedingungen der Begegnung *von Angesicht zu Angesicht* statt. Im zweiten Fall läuft der Kontakt über das *Fernmeldesystem*. In beiden Fällen können der Befragung schriftliche, telefonische oder persönliche Ankündigungen vorausgehen, Kontaktaufnahme-Versuche, einleitende Gespräche. Das Besondere liegt jeweils, wie auch bei der postalischen Befragung, allein in der Art der Durchführung der eigentlichen Erhebung.

Die Durchführung mündlicher Befragungen setzt einen Interviewerstab voraus, der auf dem gleichen Wege angeworben werden kann wie Mitarbeiter für andere Aufgaben: Inserate in Tageszeitungen, Annoncen in Anzeigenblättern, Plakate und so weiter. Als Faustregel kann man davon ausgehen, daß weniger als fünf von hundert neu angeworbenen Interviewern brauchbar, insbesondere hinreichend ehrlich sind, um auch ohne strengste Kontrollen einen ordnungsgemäßen Interview-Betrieb zu gewährleisten.

Als Test für die Ehrlichkeit der Interviewer eignen sich schriftliche Befragungen, bei denen die Fragebogen von den Interviewern verteilt, von den Befragten ausgefüllt und von den Interviewern wieder eingesammelt werden. Den größten Nutzen versprechen dabei Fragebogen, in die von den Befragten ganze Wörter oder Sätze einzutragen sind. Zum Beispiel:

In welchem Bundesland wohnen Sie?

_____(Bitte eintragen)

Wie redet Ihr Partner Sie normalerweise an?

1 Entfällt: Habe keinen Partner
2 Mit meinem Vornamen
3 Anders, und zwar mit:_____

Irgendwelche speziellen graphologischen Kenntnisse sind zur Beurteilung solcher Schriftproben nicht erforderlich. Betrugsversuche pflegen ins Auge zu stechen. Jeder kann leicht nachprüfen, wie schwer es ist, die eigene Schrift zu verändern beziehungsweise die Schrift anderer zu imitieren. Unechte Fragebogen sind deshalb gewöhnlich ohne größere Schwierigkeiten an den Eigenheiten der Hand des Fälschers zu erkennen. Das

Besondere einer Handschrift zeigt sich zwar meistens zweifelsfrei nur an bestimmten Buchstaben. Doch es handelt sich dabei in aller Regel gerade um diejenigen, an denen sich die Hand des Fälschers am stärksten ausgeschrieben hat, häufige Buchstaben also.

Fälscher schreiben deshalb gerne wechselweise einmal mit rechts, einmal mit links. Sie variieren zwischen Block- und Schreibschrift. Wechseln von links- zu rechtsgeneigter Schrift. Benutzen verschiedenfarbige Stifte. Markieren die Antworten auffallend vielfältig: mal mit einem Kreuz vor der Antwortmöglichkeit, mal mit einem Kreuz dahinter, mal mit einem Kringel um den Kennbuchstaben vor der Antwort, mal mit einem Haken davor, mal mit Unterstreichen der zutreffenden, mal mit Durchstreichen aller nichtzutreffenden Antworten.

Um das Fingerspitzengefühl beziehungsweise den Blick für die übliche Bandbreite der Schriften und Schreibweisen einerseits, der Farbpalette und weiterer Merkmale der schriftlichen Fragebogenbeantwortung andererseits zu bekommen, eignet sich am besten die postalische Befragung. Denn da sind selbst die regelwidrig (zum Beispiel nicht von der als Befragte intendierten Mutter, sondern von ihrer Tochter) beantworteten Fragebogen in dem Sinne echt, daß alle durch verschiedene Personen ausgefüllt werden.

Eine wichtige Hilfe für den Forscher bei der Entdeckung von Unregelmäßigkeiten ist außerdem die Rechtschreibung. Hier erhält man oft die ersten Hinweise auf sonst vielleicht gar nicht unmittelbar ins Auge stechende Fälschungen. Ein amüsantes Exempel statuierte eine Kölner Interviewerin, die "Bundesrepublik" entgegen den orthographischen Geflogenheiten in allen von ihr eingesandten und angeblich von den Befragten selbst ausgefüllten Fragebogen mit "ck" schrieb: "Bundesrepublick".

Nicht vernachlässigt werden sollten schließlich auch die Schrift und die Schreibweise. Fragebogen, auf denen gängige Wörter wie "Telefon und "Fotograf" mit "ph" geschrieben werden, sind verdächtig, wenn der Befragte angeblich unter 25 ist. Das gleiche gilt für Ausrutscher in die Sütterlin-Schrift. Umgekehrt deutet die besonders ungelenke Sütterlin einer angeblich 65jährigen eher auf eine Fälschung hin als auf eine gichtige Hand.

Viele verräterische Eigentümlichkeiten von Handschriften sind leider schwer mitteilbar. Sie lassen sich - ähnlich wie die Bewegungsabläufe etwa beim Skilaufen - eigentlich nur durch Übung aneignen. Spröde Mitteilungen über Stemmbögen, über Schwünge und Kraftverlagerung bekommen erst für den einen Sinn, der die Technik schon beherrscht. Das gleiche kann man von den Indizien für einen Fragebogen sagen, der etwa von einem linkshändig schreibenden Rechtshänder ausgefüllt worden ist. Selbst wenn es im Prinzip möglich sein sollte, das zur Entdeckung derartiger Manipulationen erforderliche *know how* auch theoretisch zu vermitteln, so ist doch der Weg über die durch Übung eintrainierte Erfahrung sicher die schnellere und effizientere Remedur.

Alle halbwegs ehrlichen Interviewer sollten nach Möglichkeit auch gehalten und regelmäßig eingesetzt werden.

Telefonische Befragung

Das billigste und schnellste Erhebungsverfahren in allen Gesellschaften mit einem entwickelten Fernmeldesystem stellt die telefonische Befragung dar. (Die von FREY und anderen mitgeteilten Kostenkalkulationen (1990: 30 und 173) liegen erheblich zu hoch und stufen überdies den finanziellen Aufwand der telefonischen Befragung irrtümlich oberhalb der postalischen Befragung ein.) In der Bundesrepublik - bei einem Telefonnetz, das über 90 Prozent aller Haushalte erreicht - kann das Verfahren der telefonischen Befragung auch unter methodenkritischen Gesichtspunkten durchaus zielführend eingesetzt werden.

Als Grundlage für die *Auswahl* der zu befragenden Personen dient das amtliche Fernsprechbuch. Die Stichprobe wird im einfachsten Fall aus den x-ten Einträgen in der y-ten Spalte der Seiten $a+z$, $a+2z$, $a+3z$ und so weiter aller Fernsprechbücher (erhältlich bei: Fernmeldeamt, Fernmeldebuchstelle, Bahnhofplatz 2, Postfach 1000, 8700 Würzburg 1; für das Ausland bei: Fernmeldeamt Gießen, Austauschstelle für ATB, Postfach, 3500 Marburg) zusammengestellt. Bezieht sich ein Eintrag nicht nur auf eine Person (oder einen Haushalt), sondern auf eine Firma, einen Betrieb oder ähnliches, wählt man den jeweils als ersten sich anschließenden Privat-Eintrag.

Dieses Verfahren bedingt eine Reihe von *Verzerrungen*. Telefonbuchbereiche mit einem überdurchschnittlich großen Anteil an gewerblichen Einträgen werden überrepräsentiert. Nicht registrierte Anschlüsse und Privatanschlüsse, die nur unter einem gewerblichen Eintrag registriert sind, fallen heraus. Personen (oder Haushalte) mit langen Einträgen werden überrepräsentiert. Und so weiter. Außerdem besteht natürlich das grundsätzliche Problem der Schiefe aller Stichproben auf Telefonanschluß-Basis (vgl. auch FREY und andere 1990: 72ff).

Für viele Zwecksetzungen sind diese Verzerrungen jedoch völlig unbeachtlich. Es gehe beispielsweise darum, wie die Fernsehzuschauer der Fußballweltmeisterschaft die Leistungen "ihrer" Elf nach einem Spiel einschätzen. Hier ist es völlig ohne Belang, ob ein Prozentsatz um fünf Punkte zu hoch oder zu niedrig ausfällt. Man möchte einfach wissen, ob das Spiel gefallen hat, ob die Zuschauer zufrieden sind. Und da interessieren nur markante Größenverhältnisse: Zweidrittel zu einem Drittel, Dreiviertel zu einem Viertel, Hälfte-Hälfte und so weiter.

In den Vereinigten Staaten, wo schon lange viele Fernsprechteilnehmer ihren Anschluß nicht ins Telefonbuch eintragen lassen, ist das *random-digit-dialing* (RDD) entwickelt worden (COOPER 1964; GLASSER und METZGER 1972). Es handelt sich, vereinfacht gesagt, um das blinde Wählen von Nummern, die mit einem Zufallszahlen-Generator erzeugt wurden, wie er unter anderem in BASIC für MS/DOS-Rechner (zum Beispiel: IBM PC) verfügbar ist (IBM 1983: 4-356ff). Steht kein Zufallszahlen-Generator zur Verfügung, kann man sich mit einer Zufallszahlen-Liste behelfen (zum Beispiel GEIGY 1960: 131).

Der Nachteil des blinden Wählens zufälliger Zahlenkombinationen besteht hauptsächlich darin, daß viele mögliche Kombinationen gar nicht als Telefonnummern existieren. Selbst wenn ein Wählautomat eingesetzt werden kann, kommt es so zu erheblichem Tempo-Verlust. Dieser wird noch verstärkt durch die große Zahl zwar existenter, aber gewerblicher Nummern. Nicht zu reden von den Gebühren, die durch Verbindungen zu ungeeigneten Nummern entstehen.

Bei der Befragung spezieller Gruppen, zum Beispiel von selbständigen Schneidermeistern, kann man manchmal die *Gelben Seiten* der Fernsprechbücher heranziehen. Außerdem natürlich alle sonstwie greifbaren Fernsprechnummern-Verzeichnisse von Vereinen, Verbänden, Parteien und so weiter. Hilfreich beim Aufspüren entsprechender Verzeichnisse ist oft das regelmäßig neu aufgelegte "Taschenbuch des öffentlichen Lebens" ("der OECKL") aus dem Bonner FESTLAND VERLAG. Der OECKL verzeichnet nämlich so ziemlich alle Zentral- und Spitzenverbände selbst winziger Gruppen. Man findet daher auf diesem Weg schnell und unkompliziert die Ansprechpartner zur Beschaffung des gewünschten Materials.

Als *Fragebogen* kann fast jeder Fragebogen Verwendung finden, der sich auch für schriftliche Befragungen eignet. Zu vermeiden sind lediglich Fragen, bei denen für längere Listen, speziell solche mit zehn oder mehr Punkten, Rangordnungen gebildet oder Auswahlen getroffen werden sollen. Es empfiehlt sich auch, auf Fragen mit einer größeren Zahl von (sich gegenseitig ausschließenden) Antwortmöglichkeiten zu verzichten. Die äußerste Grenze sinnvollen telefonischen Interviewens dürfte bei fünf Antwortmöglichkeiten liegen, zum Beispiel: **sehr, ziemlich, mittelmäßig, wenig, nicht.** Und bereits in diesem Fall wäre es unbedingt erforderlich, die eventuell aus einer schriftlichen Befragung vorliegende Frage umzuformulieren. Statt beispielsweise einfach zu fragen: **Sind Sie mit Ihrem derzeitigen Sexualleben zufrieden?** und dann die Antwort zu notieren,

müssen die Interviewer jetzt auf unbestimmt zustimmende und unbestimmt verneinende Auskünfte gefaßt sein, die eine Nachfrage erforderlich machen: **Sehr oder ziemlich?** beziehungsweise: **Wenig oder gar
nicht?**

Es braucht nicht besonders hervorgehoben zu werden, daß dem telefonischen Interview außerdem die eleganten Möglichkeiten der schriftlichen
Befragung und teilweise auch des persönlichen Interviews fehlen, bei
heiklen Fragen wie der nach der sexuellen Zufriedenheit das Aussprechen
peinlicher Dinge zu umgehen. Über ihr Geschlechtsleben, ihre wirtschaftlichen Verhältnisse, etwaigen Mißbrauch von Genuß- oder Betäubungs-
mitteln, seelische Krankheiten, geistige Behinderungen, begangene Ge-
setzesverstöße, insbesondere Straftaten äußern sich viele Menschen nur
ungern. Ganz besonders ungern aber *sprechen* sie darüber. In der schriftlichen Umfrage ist diese Schwierigkeit gewissermaßen automatisch gelöst,
weil die Befragten ihre Antworten nicht mündlich, sondern per Stift und
Papier mitteilen. Beim persönliche Interview kann man im Falle heikler
Fragen sogenannte *Kartenspiele* zu Hilfe nehmen: Sets von Karten, auf
denen die jeweiligen Antwortmöglichkeiten stehen; die Interviewer übergeben diese Sets an die Befragten und lassen sich - anstelle einer mündlichen Antwort - aus jedem Set die Karten mit den zutreffenden Angaben
heraussuchen. Im telefonischen Interview besteht nicht einmal die Möglichkeit der persönlichen Befragung, sich von den Befragten (zur Vermeidung expliziter Auskünfte) nur Zahlen oder Buchstabencodes nennen
zu lassen. Die Peinlichkeit muß ausgesprochen werden. Von den Interviewern in jedem Fall. Von den Befragten eigentlich auch. Es sei denn,
die Interviewer sollen ihnen die peinlichen Antworten und die Codes
dafür in einer Art Diktat übermitteln!

Ähnliche Beschränkungen des Spielraums telefonischer Interviews
ergeben sich trivialerweise im Hinblick auf die gebärdensprachliche
Unterstützung der persönlichen Befragung und die visuelle Unterstützung
allgemein sowohl der persönlichen als auch der schriftlichen Befragung.
(Es könnte sich insofern lohnen, über Mischformen - speziell zwischen
der schriftlichen und der telefonischen Befragung - mehr als bisher nachzudenken).

Die Dauer des telefonischen Interviews sollte eine Viertelstunde nicht
wesentlich überschreiten. Am besten eignen sich für telefonische Interviews Befragungen einer Länge bis zu zehn Minuten. Als Norm kann

dabei die durchschnittliche Sprechgeschwindigkeit erfahrener Nachrichten-
sprecherInnen wie WILHELM WIEBEN oder DAGMAR BERGHOFF vom
NORDDEUTSCHEN RUNDFUNK dienen: An dieser Norm orientieren sich
gute Interviewer hinsichtlich ihrer eigenen Sprechgeschwindigkeit. Die
Sprechgeschwindigkeit der Befragten wird gemäß dieser Norm hyposta-
siert. Wegen der erforderlichen *Bedenkzeit* scheint es allerdings klug zu
sein, hier sicherheitshalber den Faktor 2 oder sogar 3 anzusetzen - je
nach der Komplexität der Befragung beziehungsweise ihres Gegenstandes.
Um zu einer realistischen Vorabkalkulation zu gelangen, liest man die
Fragen des Interviewers mehrfach gemäß »Tagesschau«-Norm vor. Das
gleiche geschieht mit denkmöglichen Antworten fiktiver Befragter. Beide
Zeiten werden gestoppt und gemittelt. Die Antwortzeit wird außerdem mit
2,5 multipliziert. Anschließend bildet man dann die Summe aus der
einfachen Befragungszeit und der mit 2,5 multiplizierten Beantwortungs-
zeit, um so die durchschnittliche Gesamtdauer des Interviews vorauszu-
schätzen. Unter Umständen sind die Werte dieser Schätzung anhand eines
Pretests zu korrigieren.

FREY und andere (1990: 49/50) halten telefonische Interviews von bis
zu 50 Minuten Dauer für weitgehend problemlos, neigen jedoch auch
eher einer niedriger angesetzten Empfehlung von 30 bis 45 Minuten zu
(1990: 146/147). FREY und Kollegen scheinen allerdings generell zu einer
eher theoretischen Perspektive zu tendieren. Die Mehrzahl ihrer teilweise
sogar als "verbindlich" deklarierten Vorschläge für das telefonische
Interview stehen im direkten Widerspruch mit Daten, die sie selbst in
ihrem Lehrbuch mitteilen.

Als *Interviewer* können bei telefonischen Befragungen Männer und
Frauen aller Altersgruppen eingesetzt werden. Vorliegende Erhebungen
liefern keine Anhaltspunkte für durchgängige systematische Verzerrungen
bei der Befragung von Männern durch Frauen, von Jugendlichen durch
Ältere und so weiter. Auch themenbezogen haben sich Hinweise auf
entsprechende Probleme nicht zufriedenstellend bestätigen lassen. Gene-
rell gilt im Unterschied zu Erfahrungen aus den vierziger und fünfziger
Jahren (MAYNTZ und andere 1978: 116ff) allerdings, daß Frauen beim
Interviewen eine höhere Stichprobenausschöpfung erzielen als Männer.
Und zwar sowohl im persönlichen als auch im fernmündlichen Interview.
Dies sollte man bei der Rekrutierung von Interviewern auch unter Kosten-
gesichtspunkten bedenken.

In jedem Fall wird man eine angenehme Telefonstimme verlangen. Außerdem die Fähigkeit zur Anlehnung an einen weitgehend akzentfreien Idiolekt des Deutschen (im Sinne der Bühnenaussprache oder der Hochlautung). Wichtig kann jedoch manchmal die nähere Kenntnis (Verstehen) oder sogar die Beherrschung von Dialekten (Verstehen und Sprechen) sein.

Die allgemein günstigste *Zeit für die Durchführung* von telefonischen Interviews liegt (montags bis freitags) zwischen 16 und 21 Uhr. Jedenfalls gilt dies für Interviews, die ohne Vorankündigung erfolgen. An Wochenenden empfiehlt sich sonnabends (samstags) die Zeit zwischen 9 und 13 und 16 und 21 Uhr, sonntags die Zeit zwischen 9 und 13 Uhr. Verschiedene Spezialgruppen (insbesondere Hausfrauen, Beschäftigte in der Gastronomie, Krankenschwestern, Kraftfahrer, Studierende oder Schichtarbeiter) können zu fast beliebigen Zeiten zwischen 7 und 22 Uhr angerufen werden. Zur Schonung der Nerven des Interviewerstabes sollten jedoch, sofern keine Vorankündigung der Befragung erfolgen kann, die "christlichen" Zeiten zwischen 9 und 21 Uhr eingehalten und außerdem die bevorzugten Zeiten der Mittagsruhe zwischen 13 und 15 Uhr beachtet werden.

Um die Kostenvorteile der telefonischen Befragung voll ausnützen zu können, werden die Interviews *dezentral* durchgeführt. An die Zentrale gelangen sie über Zwischen-Sammelstellen. In der einfachsten Form notieren die Interviewer ihre Befragungsergebnisse in Strichlisten, die sie der Zentrale auf Abruf übermitteln. In Fällen, wo eine Datenanalyse der Ergebnisse vorgenommen werden soll, notieren sie die Antworten der Befragten zunächst auf *Erfassungsbogen*. Die Erfassungsbogen entsprechen im großen und ganzen den *Deckblättern* oder *Antwortkarten* zu manchen schriftlichen Befragungen (*vide supra*). Nur daß die Antworten gedrängter, mit möglichst nur einer Spalte für jeden Befragten erfaßt werden. Abbildung 17 gibt den Erfassungsbogen einer telefonischen Blitzumfrage wieder. Er enthält zeilenweise die Nummern der verschiedenen Fragen und die Ziffern bzw. Buchstaben der jeweiligen Antwortmöglichkeiten. Die Antworten der einzelnen Befragten sind spaltenweise geordnet. Bei der Durchsage der Antworten an die Zwischen-Sammelstellen beziehungsweise an die Zentrale werden nur noch diese Nummern- und Ziffern- bzw. Buchstaben-Spalten vorgelesen und entweder direkt in den Rechner eingegeben oder zunächst handschriftlich auf den gleichen Erfassungsbogen notiert, wie sie auch die Interviewer benutzen, um erst an-

```
1. 1 2 3 4          1. 1 2 3 4          1. 1 2 3 4          1. 1 2 3 4
2. 1 2              2. 1 2              2. 1 2              2. 1 2
3. 1 2 3 4 5        3. 1 2 3 4 5        3. 1 2 3 4 5        3. 1 2 3 4 5
4. 1 2 3 4 5        4. 1 2 3 4 5        4. 1 2 3 4 5        4. 1 2 3 4 5
5. 1 2              5. 1 2              5. 1 2              5. 1 2
6. 1 2 3 4 5 6      6. 1 2 3 4 5 6      6. 1 2 3 4 5 6      6. 1 2 3 4 5 6
7. _____            7. _____            7. _____            7. _____
8. 1 2 _____        8. 1 2 _____        8. 1 2 _____        8. 1 2 _____
9. 1 2              9. 1 2              9. 1 2              9. 1 2
10. 1 2 3 4 5       10. 1 2 3 4 5       10. 1 2 3 4 5       10. 1 2 3 4 5
11. 1 2             11. 1 2             11. 1 2             11. 1 2
12. 1 2 3 4 5 6     12. 1 2 3 4 5 6     12. 1 2 3 4 5 6     12. 1 2 3 4 5 6
13. 1 2             13. 1 2             13. 1 2             13. 1 2
14. 1 2 3 4         14. 1 2 3 4         14. 1 2 3 4         14. 1 2 3 4
15. 1 2             15. 1 2             15. 1 2             15. 1 2
16. 1 2 3 4 5       16. 1 2 3 4 5       16. 1 2 3 4 5       16. 1 2 3 4 5
17. 1 2 3 4 5       17. 1 2 3 4 5       17. 1 2 3 4 5       17. 1 2 3 4 5
18. 1 2             18. 1 2             18. 1 2             18. 1 2
19. 1 2 3 4 5 6     19. 1 2 3 4 5 6     19. 1 2 3 4 5 6     19. 1 2 3 4 5 6
20. 1 2 3 4         20. 1 2 3 4         20. 1 2 3 4         20. 1 2 3 4
21. 1 2             21. 1 2             21. 1 2             21. 1 2
22. 1 2 3 4 5       22. 1 2 3 4 5       22. 1 2 3 4 5       22. 1 2 3 4 5
23. 1 2             23. 1 2             23. 1 2             23. 1 2
24. 1 2 3 4 5 6     24. 1 2 3 4 5 6     24. 1 2 3 4 5 6     24. 1 2 3 4 5 6
25. 1 2 3 4         25. 1 2 3 4         25. 1 2 3 4         25. 1 2 3 4
26. 1 2             26. 1 2             26. 1 2             26. 1 2
27. 1 2 3 4 5       27. 1 2 3 4 5       27. 1 2 3 4 5       27. 1 2 3 4 5
28. 1 2             28. 1 2             28. 1 2             28. 1 2
29. 1 2             29. 1 2             29. 1 2             29. 1 2
30. 1 2             30. 1 2             30. 1 2             30. 1 2
31. 1 2 3 4 5       31. 1 2 3 4 5       31. 1 2 3 4 5       31. 1 2 3 4 5
32. 1 2             32. 1 2             32. 1 2             32. 1 2
33. 1 2 3 4 5 6     33. 1 2 3 4 5 6     33. 1 2 3 4 5 6     33. 1 2 3 4 5 6
34. 1 2             34. 1 2             34. 1 2             34. 1 2
35. 1 2 3 4 5 6     35. 1 2 3 4 5 6     35. 1 2 3 4 5 6     35. 1 2 3 4 5 6
36. 1 2             36. 1 2             36. 1 2             36. 1 2
37. 1 2 3 4         37. 1 2 3 4         37. 1 2 3 4         37. 1 2 3 4
38. 1 2             38. 1 2             38. 1 2             38. 1 2
39. 1 2 3 4 5       39. 1 2 3 4 5       39. 1 2 3 4 5       39. 1 2 3 4 5
40. 1 2             40. 1 2             40. 1 2             40. 1 2
41. 1 2 3 4 5 6     41. 1 2 3 4 5 6     41. 1 2 3 4 5 6     41. 1 2 3 4 5 6
42. 1 2 3 4         42. 1 2 3 4         42. 1 2 3 4         42. 1 2 3 4
43. 1 2 3 4 5       43. 1 2 3 4 5       43. 1 2 3 4 5       43. 1 2 3 4 5
44. 1 2 3 4 5       44. 1 2 3 4 5       44. 1 2 3 4 5       44. 1 2 3 4 5
45. 1 2 3 4 5       45. 1 2 3 4 5       45. 1 2 3 4 5       45. 1 2 3 4 5
46. 1 2 3 4 5       46. 1 2 3 4 5       46. 1 2 3 4 5       46. 1 2 3 4 5
47. 1 2             47. 1 2             47. 1 2             47. 1 2
48. 1 2 3 4 5 6     48. 1 2 3 4 5 6     48. 1 2 3 4 5 6     48. 1 2 3 4 5 6
49. 1 2 3 4         49. 1 2 3 4         49. 1 2 3 4         49. 1 2 3 4
50. 1 2 3 4 5       50. 1 2 3 4 5       50. 1 2 3 4 5       50. 1 2 3 4 5
51. 1 2 3 4 5       51. 1 2 3 4 5       51. 1 2 3 4 5       51. 1 2 3 4 5
52. 1 2 3 4 5 6     52. 1 2 3 4 5 6     52. 1 2 3 4 5 6     52. 1 2 3 4 5 6
53. 1 2 3 4         53. 1 2 3 4         53. 1 2 3 4         53. 1 2 3 4
54. 1 2 3 4 5       54. 1 2 3 4 5       54. 1 2 3 4 5       54. 1 2 3 4 5
55. 1 2             55. 1 2             55. 1 2             55. 1 2
56. 1 2 3 4 5 6     56. 1 2 3 4 5 6     56. 1 2 3 4 5 6     56. 1 2 3 4 5 6
57. _____           57. _____           57. _____           57. _____
58. 1 2 _____       58. 1 2 _____       58. 1 2 _____       58. 1 2 _____
```

Abbildung 17: Beispiel eines Erfassungsbogens für telefonische Befragungen

schließend in einer durchgehenden Sitzung in den Rechner gebracht zu werden.

Der entscheidende Nachteil des dezentralen Vorgehens ergibt sich aus der geringen Kontrolle des Forschers über den Erhebungsprozeß. Die erforderlichen Prüfungen der von den Interviewern telefonisch durchgesagten Resultate können insgesamt nur *ex post* vorgenommen werden. Es gibt keine laufende Überwachung. Sehr einfache Probleme, zum Beispiel das, ob der Interviewer überhaupt jemand befragt hat, verlangen eine vergleichsweise aufwendige Lösung (Rückrufe, Durchsicht eventuell bei der Post beantragter Gesprächsaufzeichnungen und so weiter). Die Kontrolle muß den Interviewern - mit den entsprechenden nachteiligen Folgen für den Gemeinschaftsgeist zwischen Forscher und Interviewer - als Kontrolle deutlich werden.

Besondere Zeiten für die Durchführung telefonischer Befragungen brauchen natürlich nicht eingehalten zu werden, wenn vorab - sei es ebenfalls telefonisch, sei es schriftlich oder persönlich - ein Termin vereinbart wurde. (Das Procedere der Terminvereinbarung folgt den Regeln für die jeweiligen Erhebungsverfahren.) Speziell die Blitzumfrage kann durch den Anlaß bedingt zu geradezu "unmöglichen" Zeiten durchgeführt werden. Etwa wenn im Anschluß an eine Fernsehsendung die Zuschauer nach ihren Eindrücken zu befragen sind.

Unter extremen Geschwindigkeitsanforderungen an eine Erhebung wird man telefonische Umfragen zentral abwickeln. Das heißt die Interviewer führen ihre Befragungen von wenigen Telefonzentralen aus durch, wo die Antworten unmittelbar während der Befragung in einen Rechner eingegeben werden. (Ein vielbenutztes Programm für *computer-assisted telephone interviewing* (CATI) ist das »Ci2 CATI« von SAWTOOTH SOFTWARE aus Evanston, Illinois.)

Für den Befragten ergeben sich dabei keine auffälligen Unterschiede zu einem herkömmlich geführten Telefoninterview. Hier wie dort meldet sich ein menschlicher Gesprächspartner und stellt die Fragen. Allenfalls an den Tastaturgeräuschen ist die Verwendung eines Rechners zu erkennen. Ob sich hieraus Effekte auf die Teilnahmebereitschaft ergeben, ist nicht geklärt.

Für die Interviewer ändert sich die Gesprächsabwicklung und die Erfassung der Antworten in vielerlei Hinsicht. Da CATI die entscheidenden Funktionen der Bildschirmsteuerung automatisch ausführt, sind komplizierte und ablenkende Eingaben unnötig. Im Prinzip beschränken sich die rechnerbezogenen Aktivitäten der Interviewer - wie beim herkömmlichen *Papier-und-Stift-Verfahren* - auf das Ablesen der Fragen und das Markieren der Antworten. (Bei der Arbeitsorganisation sind die ergonomischen Grundsätze zu berücksichtigen, die auch für Schreibsysteme gelten: hohe Bildschirmauflösung, flimmer- und spiegelungsfreie Positivdarstellung (DIETRICH/METZENDORF 1987: 71 ff).)

Die Antworten werden markiert, indem die Lichtmarke (*Cursor*) an die entsprechende Position auf dem Bildschirm bewegt wird. Dies kann über die Tastatur, aber auch mit einer Maus oder einem *touchscreen* geschehen. Es gibt allerdings auch Antworten, die die Eingabe eines alphanumerischen Codes erfordern.

Üblicherweise beginnt ein rechnergestütztes Telefoninterview mit der Eingabe der angewählten Nummer, die als Identifikationsnummer gespeichert werden kann. Kommt das Interview nicht zustande (Teilnehmer meldet sich nicht oder verweigert), wird das ebenfalls eingegeben (unter Spezifizierung des Grundes). Erklärt sich der Angerufene mit dem Gespräch einverstanden, macht der Interviewer die entsprechende Eingabe und das System startet automatisch das Befragungsprogramm.

Es erscheint jeweils eine Frage mit ihren Antwortvorgaben und gegebenenfalls dazugehörenden Interviewanweisungen auf dem Bildschirm. Erst nach einer korrekten Antwort (Markierung an einer dafür vorgesehenen Position bzw. Eingabe eines definierten Codes) folgt die nächste Frage. Fehlerhafte Eingaben werden nicht angenommen und dem Interviewer gemeldet - eine Bereinigung der Daten erfolgt also schon während des laufenden Interviews. Darüberhinaus lassen sich automatische Konsistenz-Checks durchführen.

Wird dem System bei der Implementation des Fragebogens die logische Unvereinbarkeit bestimmter Antwortvorgaben mitgeteilt, meldet es dem Interviewer die Inkonsistenz, falls eine Antwort einer vorausgehenden widerspricht. Durch Nachfragen wird dann eine Berichtigung der falschen Angabe ermöglicht. Bei manchen Programmen kann der Interviewer jederzeit alle gespeicherten Antworten eines Befragten abrufen, wenn er Unklarheiten ausräumen oder zur "Kommunikationsverbesserung" eine frühere Antwort zitieren will (vgl. HIPPLER und andere 1988: 79).

Eine weitere Service-Funktion für den Interviewer ist die systemgesteuerte Ausführung von Filtersprüngen: Nach der Beantwortung einer Filterfrage erscheinen nur noch die auf den jeweiligen Befragten zugeschnittenen Items. So können selbst komplexe Filter mit besonderen Fragen für spezielle soziale Gruppen vorgesehen werden, ohne daß eine Überforderung der Interviewer befürchtet werden müßte.

Hier bietet sich dem Forscher ein Anknüpfungspunkt für grundsätzlich neue Gestaltungsvarianten von Telefoninterviews, die bei Verwendung herkömmlicher *Papier-und-Stift-Fragebogen* schon aus Gründen der Übersichtlichkeit problematisch sind.

Überhaupt scheint die Rechnerunterstützung hinsichtlich der Befragungstechnik ein noch gar nicht zu übersehendes Innovationspotential zu eröffnen. Zum Beispiel durch die Möglichkeit, die Reihenfolge von Fragen oder Antwortvorgaben rechnergesteuert zu randomisieren, wenn *Halo*-Effekte zu erwarten sind.

Zusätzliche Vorzüge von CATI liegen im Bereich des *monitoring*. Schnell und ohne großen Aufwand erhält der Forscher wichtige Kontrolldaten über den Fortgang der Untersuchung, so daß beim Auftreten von Problemen selbst bei Blitzumfragen in die laufende Erhebung interveniert werden kann. Voraussetzung ist die rasche Zusammenführung der erhobenen Daten.

Steht ein Mehrplatzsystem zur Verfügung, können die Daten unmittelbar nach Abschluß eines Interviews automatisch zusammengefaßt und in Analysesysteme überführt werden: SPSS™ (München), SYSTAT™ (Evanston/Illinois), STATA™ (Santa Monica/California) und andere (wobei freilich die Kompatibilität der benutzten Statistik-Software einerseits, der Hardware andererseits stets vor dem Kauf bei den Herstellern verbindlich erfragt beziehungsweise anhand von Demo-Disketten überprüft werden sollte).

Bei der Benutzung unabhängiger, nicht-vernetzter Personalcomputer sollte die Datenübermittlung an den Hauptrechner in Zeitintervallen von 45 bis 60 Minuten organisiert werden. Werden alle Interviews von einer *Telefonzentrale* ausgeführt, sammeln Boten die Disketten von den Interviewern ein und bringen das gespeicherte Material auf den Hauptrechner. Bei Abwicklung der Befragung über mehrere *Telefonsammelstellen* wird pro Sammelstelle gleichermaßen verfahren. Die gesammelten Daten werden dann per *Modem* (oder *Akustikkoppler*) über einen Daten-Kommunikationsdienst an die Zentrale weitergeleitet, wie er beispielsweise als »Datex« von der DEUTSCHEN BUNDESPOST angeboten wird (die auch über die aktuellen technischen Möglichkeiten, Gebühren, Zulassungsbedingungen und so weiter informiert).

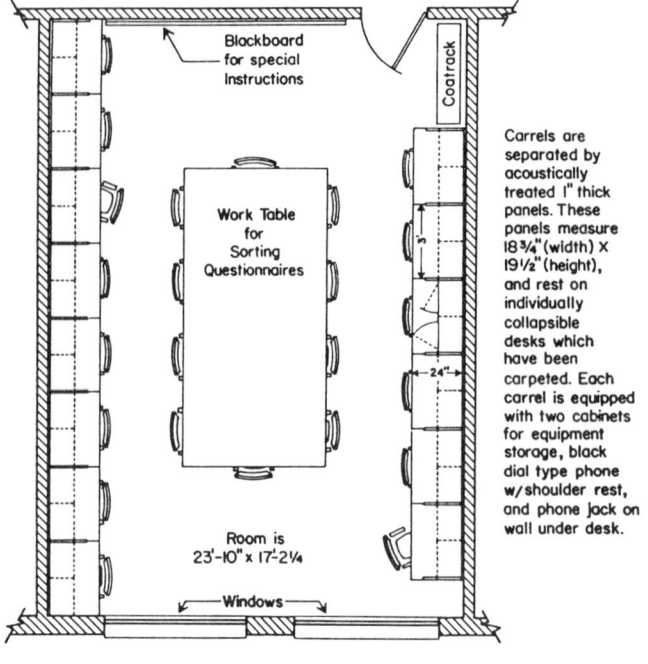

Abbildung 18: Telefonzentrale im Grundriß (DILLMAN 1978: 254)

Innerhalb der Telefonzentralen selbst muß unter Umständen in Ermangelung eines *Mehrplatzsystems* eine Zwischenzusammenfassung der Daten erfolgen. Dies kann in einfacher Weise per Diskette geschehen: Die Interviewer arbeiten in eng benachbarten Zellen, die auch - wie bei DON DILLMAN in Pullman (1978: 254) - durch einfache akustische Trennwände separierte Telefonplätze sein können (vgl. Abb. 18); in jeder Zelle steht außer einem Telefon ein Rechner mit Diskettenlaufwerk; mittels dieses Rechners werden die Antworten der Befragten auf Disketten gespielt; die bespielten Disketten holen Boten in mehr oder weniger streng eingehaltenen Zeiträumen bei den Interviewern ab und bringen das gespeicherte Datenmaterial auf einen Sammelrechner, von dem dann später das Material per Modem an das "Hauptquartier" weitergeleitet wird. Stehen nicht genügend Rechner zur Verfügung, können an deren Stelle die schon besprochenen Erfassungsbogen treten, die dann von Datentypisten in einen Rechner eingegeben werden.

Ein wichtiger Vorteil der Telefonzentralen, besonders wenn sie nach dem Vorbild DILLMANs organisiert sind, besteht darin, daß eine wenig aufwendige Überwachung der Interviewer möglich wird. Und dies ohne technische Hilfsmittel (Tonbänder, Monitoren). Es genügt, daß in jeder Zentrale eine Aufsichtsperson (zum Beispiel ein "Bote") Rundgänge macht.

Daneben besteht die Möglichkeit einer durchgängig dezentralen Organisation: Die Interviewer führen die Befragungen in *Heimarbeit* durch. In diesem Fall wird pro Interviewer ein Modem (oder Akustikkoppler) nötigt. (Speziell bei Akustikkopplern ist derzeit allerdings noch davon auszugehen, daß eine einwandfreie Datenübertragung oberhalb von 300 *Baud* nur selten gelingt. Dies obwohl manche Akustikkoppler an sich durchaus für höhere Übertragungsgeschwindigkeiten ausgelegt sind.)

CATI bietet dem Forscher (bei selbstverständlich von Programm zu Programm unterschiedlichen Leistungen) folgende Kontrollinformationen:
- Zu jedem Zeitpunkt der Erhebung kann die Anzahl der Kontaktversuche sowie der vollständig durchgeführten Interviews, der Abbrüche und Verweigerungen abgefragt werden.
- Die unmittelbare bzw. sukzessive Überführung der Daten in Analysesysteme erlaubt jederzeit den Abruf von Zwischenergebnissen.
- Die Bearbeitungszeit einzelner Fragen und die Gesamtdauer der einzelnen Interviews werden vom System gemessen und dokumentiert. Rückschlüsse auf den Schwierigkeitsgrad bzw. die Verständlichkeit von Fragen werden dadurch möglich. Gleichzeitig läßt sich laufend überprüfen, ob das veranschlagte Zeitbudget der Untersuchung eingehalten werden kann.
- Manche CATI-Systeme dokumentieren darüberhinaus detaillierte Informationen über die Leistungen der einzelnen Interviewer. Die Anzahl der Kontaktversuche und deren Resultate (z.B. Verweigerungen), die durchschnittliche Dauer der Interviews, die Häufigkeit von "weiß nicht"/"keine Meinung"-Antworten und so weiter können regelmäßig zwischendurch abgefragt werden (vgl. PALIT/SHARP 1983: 180). Solche Kontrollparameter sind besonders nützlich, wenn neue Mitarbeiter beurteilt und beraten werden sollen. Es sind dadurch außerdem elegante Überwachungsmöglichkeiten gegeben, wenn die Telefoninterviews dezentral in Heimarbeit (d.h. von den Wohnungen und Telefonen der Interviewer aus) durchgeführt werden.

Als eines der ausgereiftesten Befragungssyteme kann das bereits erwähnte »Ci2-CATI«-System von SAWTOOTH SOFTWARE (Evanston/Illinois) angesehen werden, das sich ebenso wie das »Interaktive Befragungs- und Instruktionssystem IBIS« (HIPPLER und andere 1988) auch für andere Formen der Befragung eignet. Selbst im mobilen Interviewer-Einsatz sind durch leistungsfähige *Portables* und *Laptops* Verwendungsmöglichkeiten gegeben. Auch hier läßt sich eine schnelle Datenübertragung (über Akustikkoppler) erreichen. Noch interessanter, weil ohne die Gefahr von Interviewereffekten, sind Befragungen, bei denen die Befragten den Rechner selbst bedienen. Diese Möglichkeit wird bisher unter anderem auf Messen und Ausstellungen genutzt, wo man die Besucher - manchmal in Zusammenhang mit Tests oder Spielen - unmittelbar an Fragenbatterien heranführen kann (vgl. HIPPLER und andere 1988: 81).

Unter ergonomischen Gesichtspunkten sind üblichen Telefonhörern - speziell wenn in größerem Umfang fernmündliche Interviews durchgeführt werden - Mikrofon-Kopfhörer-Systeme vorzuziehen, wie sie beispielsweise von der DEUTSCHEN BUNDESPOST als »Telefone mit Sprechzeug« angeboten werden. Werden dagegen Telefoninterviews nur in geringem Umfang über kurze Zeiträume (wenige Stunden) abgewickelt, ist zu fragen, ob sich der Aufwand der teuren »Sprechzeug«-Telefone lohnt.

Es kann als Erfolg gewertet werden, wenn es gelingt, auf 50 von 100 zustandegekommenen Telefonkontakten vollständige Interviews zu realisieren. Die Zahl von Verweigerungen ist dabei stark vom Thema der Befragung abhängig, von der Art der Fragen (z. B. Listen- *versus* Ja-Nein-Fragen), von der Länge des Fragebogens.

Außerdem kommt es natürlich auf die Form an, in der die Befragung angekündigt wird. Manche Forscher befürworten die Vorankündigung telefonischer Befragungen per Brief. Solche Vorankündigungen sind jedoch praktisch oft unmöglich (z. B. bei Blitzumfragen) und überdies eher schädlich als nützlich. Die ideale telefonische Befragung überrascht den Befragten ohne Vorankündigung und ohne lange Vorreden. Der Interviewer stellt sich vor:

Guten Tag! Mein Name ist NAME. Von INSTITUT. Wir machen eine Umfrage. Es geht um THEMA. Und zwar möchte ich Sie fragen: ERSTE FRAGE.

Der Befragte soll den Eindruck gewinnen, (1) daß es selbstverständlich ist, daß er alle Fragen beantwortet, und (2) daß die Befragung schnell geht.

Um gleichförmiges und effizientes Interviewen zu gewährleisten, sollten alle Interviewer nach einem Drei-Schritte-Programm in die Interview-Technik eingeführt werden. Der erste Schritt besteht darin, daß sie eine Reihe von Interviews mithören und nach jedem dieser Interviews Fragen stellen können. Außerdem erhalten sie bei dieser Gelegenheit allgemeine Hinweise der Übungsleitung auf Grundregeln der Interview-Führung, auf Besonderheiten der Übungsfragebogen, eventuell auch auf Besonderheiten einzelner Befragter.

Eine genaue Angabe für die Zahl der mindestens durchzuführenden Übungs-Interviews läßt sich leider nicht machen. Es kommt darauf an, den *Trainees* ganz bestimmte Reaktionen von Befragten vorzuführen. Und dies kann manchmal anhand von nur fünf bis zehn Interviews geschehen. Es sind aber unter Umständen auch zwanzig bis dreißig Interviews dafür erforderlich.

Insbesondere sollen die Trainees jeweils mindestens einen Fall miterleben, wo eine befragte Person unwirsch die Teilnahme an der Befragung verweigert, wo ein zunächst unwilliger Befragter sich dann doch zur Teilnahme überreden läßt, wo vom Befragten nähere Auskünfte über die Befragung eingeholt werden, wo ein Interview ohne größere Stockungen von Anfang bis Ende durchgezogen werden kann.

Die Übungsleitung sollte von diesem ersten Schritt an immer wieder eingehend auf folgende Punkte hinweisen:

Erstens, bei einer telefonischen Befragung, die vorher nicht mit den zu befragenden Personen verabredet worden ist, können als *Erwartungswerte* für die Zahl vollständig abgeschlossener Interviews pro Interviewerstunde angesehen werden:
im Falle einer Gesprächsdauer bis zu fünf Minuten zwischen fünf und zehn Interviews;
im Falle einer Gesprächsdauer bis zu zehn Minuten zwischen drei und fünf Interviews;
im Falle einer Gesprächsdauer bis zu fünfzehn Minuten zwischen zwei und drei Interviews.

Zweitens, es gibt keinen Grund, weshalb ein freundlicher Interviewer sich Unfreundlichkeiten gefallen lassen sollte. Gespräche, bei denen Befragte laut oder beleidigend werden, können deshalb jederzeit abgebrochen werden. Am besten kommentarlos durch "Auflegen". Dies empfiehlt sich übrigens auch bei trunkenen und verwirrten Befragten. Befragte hingegen, die scheinbar ausufernd ins Anekdotische abschweifen, soll man ruhig erzählen lassen, solange sie sich doch immer wieder auf den Fragenkatalog zurückführen lassen. In Extremfällen kann das Interview vorzeitig beendet werden, indem der Interviewer einfach alle weiteren inhaltlichen Punkte ausläßt und nur noch die Soziodemographie erfragt.

Drittens, zur Beantwortung von Fragen seitens der Befragten erhalten die Interviewer eine Handreichung, aus der die jeweils wichtigsten Antworten abgelesen werden können. Viertens, die Interviewer dürfen in manchen Punkten von den Vorgaben des Fragebogens und den Instruktionen für die Durchführung der Interviews abweichen. Sie müssen wissen, daß der Projektleiter ihnen einen gewissen Spielraum für Umformulierungen, Erläuterungen, Akzentsetzungen läßt. Gleichzeitig müssen sie aber begreifen lernen, daß es Fragen gibt, deren Sinn sich vielleicht schon durch eine abweichende Betonung ändern kann, und daß bei diesen Fragen ein ganz strenges Reglement einzuhalten ist: Der Interviewer liest die Frage so, wie es ihm bei der Instruktion erklärt worden ist, vom Blatt; die einzige erlaubte Akzentuierung ist langsameres, deutlicheres und lauteres Sprechen; die einzigen erlaubten Erläuterungen sind Hinweise wie der, jeder möge möglichst so antworten, wie es ihm am plausibelsten zu sein scheint.

Der zweite Schritt der Interviewer-Anleitung besteht darin, daß alle Trainees unter Aufsicht der Übungsleitung mehrere Interviews durchführen. Die Zahl der Interviews sollte wieder so gewählt werden, daß jeder Trainee alle wichtigen Interview-Situationen erlebt: Umgang mit unwirschen Befragten; Situationen, in denen sich Überredungskunst bewähren kann; Aufforderung zu Erläuterungen und zu Zusatzinformationen; lücken- und problemlos von vorne bis hinten abgewickelte Interviews.

Mit dem zweiten Schritt beginnt die Phase, von der ab die Mehrzahl der Interviewer intensiver Betreuung bedarf. Für den Durchschnitt der Bevölkerung in den deutschsprachigen Ländern ist bereits das Telefonieren mit Angehörigen und guten Freunden oft eine nur mühsam bewältigte soziale Herausforderung. Erst recht gilt dies für das Anrufen bei Fremden. Kommt dann noch die angesichts der geringen fernmündlichen Kompetenz des "normalen" Interviewers fast unvermeidlich unwirsche Reaktion mancher Befragter hinzu, muß oft eine regelrechte *Therapie* zur Wiederherstellung des seelischen Gleichgewichts der Trainees entwickelt werden.

Im Kern geht es bei dieser Therapie stets darum, den Trainees eine bestimmte Situationsdefinition für das telefonische Interview zu vermitteln. Die wichtigsten Fertigkeiten, die sich bei längerer Interviewertätigkeit durch Übung einschleifen, können nämlich in gewissem Umfang auch quasi *per Einsicht* (im rationalistischsten Sinne des Wortes) erworben werden. Interviewer, die begriffen haben, daß sie gegenüber den Befragten in der stärkeren Position sind, vermögen sich im allgemeinen auch recht gut auf ihre Aufgabe einzustellen. Im Unterschied zu Fußballern jedoch, denen der Trainer ja ebenfalls neben spielerischem Können und guter Kondition vor allem die richtige *Einstellung* vermitteln möchte, haben Interviewer streng genommen eigentlich keinen Gegner. Das heißt, sie "gewinnen" immer, sofern sie nur weisungsgemäß und eben mit der richtigen Einstellung zur Sache gehen. Sie haben es jedenfalls entschieden leichter als das Fußballteam, dem Strategie und Taktik mit Absicht von der anderen Mannschaft kaputt gemacht werden. (*Nota bene*: Es soll hier nicht bestritten werden, daß es gute und schlechte Interviewer gibt. Es soll nur darauf hingewiesen sein, daß die Angst mancher unter Umständen sehr guten Interviewer vor dem Telefon-Kontakt zu Fremden außer durch Übung mit beachtlicher Effizienz auch kognitiv attackiert werden kann.)

Eine Ansprache, die sich gut bewährt hat, lautet (in Auszügen):

Versuchen Sie vor jedem Anruf, sich kurz zu sammeln! *Sie* beginnen das Gespräch; *Sie* entscheiden, wie es weitergeht; *Sie* bestimmen, wann es zuende ist. Ja, auch das! Sie würden zwar nie einen Befragten zum zweiten Mal belästigen, wenn er schon beim ersten Telefonat mitten im Interview aufgelegt hat. Aber Sie *können* es! Und nicht nur einmal! Umgekehrt haben Sie die Möglichkeit, das Gespräch mit einem unangenehmen Interviewpartner jederzeit abzubrechen. Und Sie brauchen auch kaum jemals damit zu rechnen, daß er zurückruft. Schon weil Sie dann bereits Ihr nächstes Interview führen, ist ein neuerlicher Kontakt so gut wie ausgeschlossen. Doch stellen Sie sich ruhig trotzdem darauf ein; oder besser noch: Gehen Sie grundsätzlich davon aus, daß Ihre Gesprächspartner nicht gerade die Liebenswürdigkeit gepachtet haben. Sehen Sie Ihren Job so: Sie rufen Leute an und versuchen, Antworten aus denen herauszukitzeln. Im Laufe der Zeit kriegt man da ein gutes Gefühl dafür, wie man sowas macht. Aber jetzt als Anfänger ist es wichtig, daß Sie sogar am Telefon immer lächeln. Auch der Tip, vor jedem neuen Anruf tief Luft zu holen, ist wörtlich zu nehmen. Holen Sie ganz tief Luft! Und sprechen Sie dann so lustig, wie Sie können, vor sich hin: Mal sehen, was ich jetzt wieder für eine Marke an den Hörer kriege! Halten Sie sich immer wieder vor Augen, was passiert, wenn Sie sich einem Säugling nähern. In manchen Fällen lacht das Kind über Ihre

Faxen. In manchen Fällen weint es. In manchen Fällen guckt es Sie an, als wollte es sagen: Was sollen die Albernheiten? So wie einen Säugling, den Sie zum Lächeln bringen wollen, müssen Sie Ihre Befragten ansehen. Statt höflich zu antworten, beleidigt Sie einer vielleicht, droht womöglich sogar mit der Polizei. Das alles braucht Sie nicht zu kümmern. Wenn ein Kind weint, das Sie zum Lächeln bringen wollen, weinen Sie ja auch nicht mit, sondern Sie versuchen, sich noch besser auf das Kind einzustellen. Erinnern Sie sich deshalb immer wieder an das Kind in der Karre, wo Sie Grimassen schneiden und kindliche Laute ausstoßen (*Ei-dei-dei* und so weiter). Ganz genauso müssen Sie sich Ihren Befragten nähern. Als hätten Sie es mit Säuglingen zu tun. Jedenfalls dürfen Sie die Befragten während des Interviews nie als gleichberechtigte Partner sehen. Das wäre - am Rande gesagt - nicht nur unklug, sondern auch falsch. Denn Sie manipulieren die Befragten. Sie versuchen, sie zu beeinflussen, sie zu verführen. Da kann es gar keine Gleichberechtigung geben. Da spielt notgedrungen der eine (Sie als Interviewer) den aktiven, der andere (der Befragte) den passiven Part. In Stichworten: Tief Luft holen; an Faxen vor Säuglingen denken; vor sich hin sagen: "Mal sehen, was ich wieder für eine Marke an den Hörer kriege!"; Nummer wählen; beide Mundwinkel kräftig zu den Ohren hochziehen (*cheese*); fröhliche Stimme; bei Mißerfolgen auflegen und von vorne anfangen.

Den entscheidenden Faktor während des zweiten Schrittes beim Training der telefonischen Interview-Technik stellt freilich das Mithören der Übungsleitung dar. Allein dadurch ist es möglich, frühzeitig dem Einschleifen systematischer Interview-Fehler entgegenzuwirken. Jedes Gespräch wird Punkt für Punkt auf seine Leistungen und seine Schwächen hin abgeklopft. Die Übungsleitung erklärt eingehend, auf Grund welcher Erfahrungen Formulierungen, Tonlagen und so weiter anders oder genauso gewählt werden sollten, wie sie der Interviewer bei einem bestimmten Gespräch benutzt hat. Hilfreich sind dabei Floskeln, die insbesondere kritischen Bemerkungen einiges von ihrer Schärfe nehmen. Zum Beispiel: "Wenn ich so angemacht werde, ich kann dann auch nicht locker bleiben..." Oder: "Das war ja ein ganz widerlicher Kotzbrocken. Aber es nützt ja nichts..." Oder: "Ihnen geht's wie mir: Ich könnte immer ausfallend werden, wenn die Leute sich so doof anstellen..." Es gibt *Naturatalente*, denen es nie schwerfällt, Kritik freundlich und liebenswürdig vorzubringen. Aber auch, wer nicht zu diesen Naturtalenten gehört, kann seine Interviewer stets mit Hilfe des sogenannten Honiglappens aufmuntern. Selbst unaufrichtige Komplimente und offensichtliche Schein-Geständnisse eigener Schwächen werden im Mittel keineswegs mißgestimmt, sondern durchaus erfreut angenommen.

Zum zweiten Übungsschritt gehört schließlich noch die Einarbeitung in die Benutzung der Handreichungen, der Fragebogen und sonstiger Formulare. (Die Interviewer haben zwar schon während des ersten Schrittes mitbekommen, daß bei der telefonischen Befragung auf mehrere Schriftsätze zuzugreifen ist. Aber Sinn und Handhabung dieser Schriftsätze waren noch nicht Gegenstand der Instruktion. Das alleinige Augenmerk des ersten Schrittes galt der sprachlichen Gestaltung - Phonetik, Sprechtempo, Gesprächsführung und so weiter - der Beispielinterviews durch die Übungsleitung.) Die Interviewer machen sich jetzt zunächst mit dem *Regelheft* vertraut, in dem sie finden: Technische Hinweise zur Benutzung der jeweils installierten Telefonanlage; Grundsätze zum Essen, Trinken, Rauchen, Kaugummikauen und so weiter während der Arbeitszeit; Vorschriften für den Einsatz von Hilfsmitteln.

Auszugsweise sei das Regelheft der Hamburger GESELLSCHAFT FÜR ERFAHRUNGSWISSENSCHAFTLICHE SOZIALFORSCHUNG wiedergegeben:

1. Überprüfen, ob bereit liegen:
1. 1 Namensliste (blau) der zu befragenden Haushalte mit Telefonnummern;
1. 2 hinreichend viele Fragebogen (weiß);
1. 3 mindestens drei Kugelschreiber und ein gespitzter Bleistift;
1. 4 hinreichend viele Interviewberichtsformulare (rosa);
1. 5 mindestens eine Studienbeschreibung (grün).

Die Überprüfung erfolgt, in dem jeweils zwei Interviewer zusammenarbeiten. Es liest der eine Interviewer die Liste mit den Materialien 1.1 bis 1.5 vor, und der andere Interviewer prüft, ob er sie an seinem Arbeitsplatz vorliegen hat. Das Vorliegen der Materialien ist stets ausdrücklich und vernehmbar zu bestätigen. Zum Beispiel: "15 Fragebogen vorhanden." Anschließend wird der Vorgang mit vertauschten Rollen wiederholt.

2. Fragebogen, Interviewberichtsformulare und Studienbeschreibung durchlesen und eventuelle Unklarheiten mit der Untersuchungsleitung besprechen.
3. Auf dem Interviewberichtsformular Datum und Namen eintragen.
4. Sprechzeug anlegen.
5. Vor jedem Interview auf dem Interviewberichtsformular Uhrzeit und angewählte Rufnummer notieren.
6. Wenn der angerufene Fernsprechteilnehmer sich meldet, genau nach Fragebogen mit der Befragung beginnen.
7. Etwaige Fragen der Befragten über die Untersuchung anhand der Studienbeschreibung beantworten. Nie Formulierungen benutzen wie: "Ich glaube, ..."; "Soweit ich weiß, ..."; "Uns ist gesagt worden, ...". Immer klar bestimmte Feststellungen treffen: "Die Untersuchung wird im Auftrag von ... durchgeführt"; "Wir haben Ihre Telefonnummer aus den Unterlagen von...."; und so weiter. Falls der Informationsstand dazu nicht ausreicht, keine Umschweife machen, sondern erklären: "Darüber bin ich nicht informiert. Wenn es Ihnen wichtig ist, erkundige ich

mich." Sofern der Befragte das wünscht, Gespräch unterbrechen, um die gewünschten Infos einzuholen. Dazu Rückruf-Zeitpunkt vereinbaren und entsprechenden Vermerk im Interviewberichtsformular machen.

8. Etwaige Fragen der Befragten zu einzelnen Punkten des Fragebogens möglichst
unbeantwortet lassen. Brauchbare Floskeln sind: Versuchen Sie bitte einfach mal,
die Frage so zu beantworten, wie ich sie jetzt gestellt habe. Wenn ich Ihnen nämlich
jetzt was dazu erkläre, dann beeinflusse ich Sie. Und es ist völlig in Ordnung, daß
Sie die Frage so auffassen, wie es Ihnen im Moment am meisten einleuchtet. Oder:
Ich lese Ihnen die Frage noch einmal vor. Lassen Sie sie dabei mal richtig auf Sie
wirken. Und sagen Sie dann die Antwort, die aus Ihrer Sicht am besten paßt.

9. Wenn eine Frage vom Befragten mißverstanden worden ist, Frage noch einmal
vorlesen. Vorsicht mit Erläuterungen. Streng vermeiden: Formulierungen, die dem
Befragten vorhalten, er habe etwas mißverstanden. Bei manchen Fragen ist es
möglich, dem Befragten seine Antwort zusammen mit der Frage vorzulesen: "Habe
ich das jetzt richtig verstanden? Bei Ihnen im Haus leben zwei eigene und zwei
Adoptiv-Kinder?" Häufig allerdings sind Mißverständnisse so eklatant, daß diese
Taktik nicht in Betracht kommen kann. Besser geeignet ist dann eine Gegenüberstellung des vom Interviewer *intendierten* Sinnes der Frage mit ihrem vom Befragten *aufgefaßten* Sinn: "Entschuldigung, ich habe mich da jetzt unklar ausgedrückt.
Ich wollte nicht wissen, wo Sie in Ihrem letzten Urlaub gewesen sind, sondern mit
wem." Eine vielleicht noch dezentere Lösung bietet die Formulierung: "Ich glaube,
ich bin jetzt durcheinander gekommen. Lassen Sie mich doch bitte die Frage noch
einmal vorlesen."

10. Kein "Ich weiß nicht!" ohne Nachfrage akzeptieren. Es ist oft nicht leicht, eine
passende Floskel zu finden. Um so mehr empfiehlt es sich, einige Masken parat zu
halten. Speziell für Meinungs- und Einstellungsfragen: "Hätten Sie das auch vor
fünf Jahren gesagt? Oder hat sich da bei Ihnen was geändert in den letzten Jahren?";
"Wenn Sie einmal an Ihre Bekannten und Freunde denken: Geht es denen ähnlich
wie Ihnen? Oder sind da die meisten doch in der einen oder anderen Richtung
festgelegt?"; "Und wenn Sie jetzt nur mal so die Tendenz sagen sollten: Was wäre
Ihnen denn höchstwahrscheinlich doch lieber?"

11. Auch bei lauten, beleidigenden oder auf andere Weise extrem unfreundlichen
Befragten nie Gleiches mit Gleichem vergelten. Im Härtefall kommentarlos auflegen. Auf keinen Fall die Stimme erheben oder einen schneidenden Ton anschlagen.
Ebenfalls unbedingt ironische, spöttische, höhnische und ordinäre Bemerkungen
vermeiden. Interviewer sollten sich stets - auch im Rückblick - ganz sicher sein, daß
ihr Verhalten den Befragten gegenüber hundertprozentig korrekt war.

12. Nach jedem Anruf Fragebogen auf Lesbarkeit und Vollständigkeit überprüfen:
Kann auch ein Fremder alle Markierungen richtig deuten? Sollten während des
Interviews stenographierte oder schnell hingekritzelte Notizen noch einmal in
Klarschrift nachgetragen werden?

13. Anschließend auf dem Interviewberichts-Formular Uhrzeit notieren, Ergebnis
des Anrufs, weiteres Vorgehen (zum Beispiel eventuell erforderliche Rückrufe),
besondere Vorkommnisse.

14. Nach Beendigung der Arbeit Sprechzeug ablegen und reinigen.

15. Interviewberichte unterschreiben und zusammen mit den ausgefüllten Fragebogen abgeben.

16. Gegenüber Dritten ist in bezug auf alle Informationen aus der Interviewer-

Tätigkeit strengstes Stillschweigen zu bewahren. Die den Datenschutzbestimmungen entsprechende Behandlung der unmittelbar personenbezogenen Kenntnisse ist eine Selbstverständlichkeit. Die gleiche Verschlußpflicht besteht hinsichtlich der Weitergabe von Einzelheiten über aktuell laufende Untersuchungen wie zum Beispiel die Themen, Frageformulierungen, Art und Herkunft von Adressenmaterial.

Der dritte Schritt der Interviewer-Einarbeitung besteht darin, daß die Interviewer circa ein Dutzend Interviews unkontrolliert durchführen. Dabei werden die Trainees erste deutliche Anzeichen eines charakteristischen Interview-Stils entwickeln. Die Tendenzen dieser Entwicklung stellt die Übungsleitung in einer sich anschließenden nochmaligen Beobachtungsphase fest, in der die Trainees wieder unter Aufsicht interviewen. Einige wenige beaufsichtigte Interviews (drei bis vier) reichen in der Regel, um einen Eindruck des sich anbahnenden Interview-Stils zu vermitteln. Es kann dann, falls erforderlich, nochmals korrigierend eingegriffen werden. Außerdem wird die Übungsleitung entscheiden, in welchen Abständen ein Trainee nach der Aufnahme in den Interviewer-Stab auf seinen Interview-Stil hin kontrolliert werden sollte. (Als Minimum empfiehlt sich während des ersten Beschäftigungsjahres eine Vier-Wochen-Regelung: Mindestens einmal im Monat sollte ein Interview beaufsichtigt durchgeführt werden.)

Häufige Fehler bei der telefonischen Befragung sind:
1. Auslassen von Fragen oder Teilen von Fragen;
2. "Außerplanmäßige" und mangelhafte Erläuterungen von Fragen;
3. Floskelhafte Einschübe des Typs "Nicht wahr?" ("nä?", "gell!" und so weiter) in das Interview;
4. Einverständnis suggerierender oder gar anbiedernder Tonfall, zum Beispiel Benutzung von "wir" und "uns" anstelle von "Sie" und "Ihnen" (Wie haben wir uns denn jetzt entschieden?") sowie Quasi-Duzen ("du" anstelle von "man");
5. Unsauberkeiten in der Artikulation von schwierigen Wörtern, insbesondere von Fremdwörtern, über deren Aussprache Unklarheit herrscht.
6. Zu rasches Nach- beziehungsweise Weiterfragen bei zögerlichem Antwortverhalten.
7. Suggestivfragen.

Nicht erforderlich sind im allgemeinen einhergehendere Erläuterungen und Übungen zur Benutzung der Formulare für den Interviewbericht (Abb. 19). Trotzdem sollten die Formulare mit den Trainees einmal durchgegangen werden (dies kann gegebenenfalls auch fernmündlich geschehen).

Wenn aus zeitlichen Gründen eine reguläre Einarbeitung der Interviewer nicht möglich ist, können am ehesten der erste und der zweite Schritt ausgelassen beziehungsweise mit dem dritten Schritt verknüpft werden. Das heißt, die Trainees gehen gleich *in medias res*, sie interviewen weitestgehend unvorbereitet und erhalten lediglich auf Grund ihres unmittelbar erkenntlichen Interview-Stils anschließend Hinweise und Tips.

Wenn Interviewer ihre Befragung nicht von einer Telefonzentrale aus durchführen, entfallen *per se* verschiedene Verfahren der Einarbeitung. Als Alternative bietet sich die Möglichkeit, daß die Trainees anstelle echter Befragter erfahrene Interviewer befragen. Im Anschluß an jedes

```
                    INTERVIEW-BERICHT

UMFRAGE:            _____      Besondere Vorkommnisse:
OMNIBUS:            _____
BLITZUMFRAGE:       _____

Telefonnummer:      _____

Anrufzeitpunkt:     _____

Ergebnis des Anrufes:

1 zehnmal Freizeichen
2 besetzt
3 Zielperson nicht anwesend *)
4 verweigert
5 Interview

*) Rückruf-Termin:

   _____

Verlauf des Interviews:

1 abgeschlossen
2 abgebrochen                  Datum:

Ende des Interviews: _____     Unterschrift:
```

Abbildung 19: Beispiel eines Interviewberichtsformulars

Interview werden sie dann von diesen auf Verbesserungsmöglichkeiten ihrer Interview-Technik aufmerksam gemacht.

Persönliche Befragung

Die Komplexität mancher Problemstellungen läßt weder postalische noch telefonische Befragung zu. Man bedient sich dann der persönlichen Befragung, des Interviews *face to face*. Zu den Problemstellungen, die für postalische und telefonische Befragung manchmal zu komplex sind, gehören:

1. Ermittlung von Rangordnungen, und zwar insbesondere dann, wenn die Befragten für eine lange Liste von Personen, Institutionen oder anderen Gegenständen Rangplätze vergeben sollen;
2. Test von Produkten, Verpackungen, Werbemitteln und so weiter; zum Beispiel: Erprobung neuartiger Flaschenformen für Getränke;
3. Implementierung variantenreicher Fragebogen, die - mit vielen Filtern ausgestattet - beispielsweise für Männer andere Fragen vorsehen als für Frauen, für jüngere Befragte andere als für ältere, für Autofahrer andere als für Benutzer öffentlicher Verkehrsmittel und so weiter.

Auch in weniger schwierigen Fällen kann selbstverständlich persönlich befragt werden. Dies insbesondere, wenn kein für postalische oder telefonische Befragungen sich eignendes Adressenmaterial vorliegt und wenn auch Ersatzlösungen wie RDD (bei telefonischen Befragungen) nicht in Betracht kommen. Die persönliche Befragung bietet nämlich das breiteste Spektrum an Auswahlverfahren.

Auf Grund ihrer erheblichen Mängel, speziell der geringen Kontrolle über den Interview-Vorgang, sollte die persönliche Befragung allerdings trotzdem nur eingesetzt werden, wenn die Alternativen auch nach eingehender Prüfung ausscheiden. Zu denken ist vor allem immer an die Möglichkeit, Fragebogen (eventuell zusammen mit Proben, Ansichtsmaterial und so weiter) persönlich auszuteilen und einzusammeln, für die Beantwortung jedoch das Selbstausfüllen der Fragebogen durch die Befragten vorzusehen.

Es können alle für die postalische und telefonische Befragung geeigneten Auswahlverfahren angewendet werden Es kommen jedoch mehrere andere Verfahren hinzu.

Erstens, das *Schleppen* oder *Baggern*: An geeignet erscheinenden Orten (zum Beispiel: Einkaufsstraßen, Parks, Schwimmbäder) postieren sich Interviewer oder Gehilfen der Interviewer (die *Schlepper*) und versuchen Passanten beziehungsweise die Besucher der entsprechenden Einrichtungen für ein Interview zu gewinnen. Dies wird dann in möglichst naher Umgebung zu der Kontaktstelle durchgeführt (zum Beispiel: in einem wenige Meter entfernt aufgesellten "Interviewermobil", in einer rasch zu erreichenden Gaststätte, in einem benachbarten Bürohaus oder gleich an Ort und Stelle).

Die Methode des Schleppens ist insbesondere natürlich die der Strassenbefragung, für die JÜRGEN FRIEDRICHS und CHRISTOF WOLF (1990) kürzlich als treffendere Bezeichnung den Begriff der *Passantenbefragung* vorgeschlagen haben.

Zweitens, die *Bekanntenbefragung*: Ein bunt zusammengewürfelter Interviewerstab eröffnet die Möglichkeit schneller und effizienter Befragung auf dem Wege über den Bekanntenkreis der Interviewer. Solange die dem einzelnen Interviewer übertragene Zahl von Interviews nicht zu groß wird, können so durchaus qualitativ hochwertige Untersuchungen durchgeführt werden. (Es ist allerdings ein Irrtum zu glauben, daß Interviewer ehrlicher arbeiten, wenn ihnen diese bequeme Möglichkeit gegeben wird, an Befragte zu gelangen. Je vertrauter nämlich die Interviewer mit den Befragten sind, um so eher kommen auch *deals* zustande. Das heißt, der Interviewer hilft der Nachbarin gelegentlich bei Reparaturen, und sie bestätigt dafür immer mal wieder, daß sie von ihm befragt worden ist.)

Drittens, das *Quoten-Sampling*: Die Interviewer dürfen beliebige Personen befragen, sofern diese bestimmten Bedingungen, sogenannten Quoten, entsprechen. Diese Quoten können sehr eng gefaßt sein. Ein Interviewer kann zum Beispiel den Auftrag erhalten, einen Landwirt zu befragen, der »Mercedes« fährt und »BP« tankt, einen Zahnarzt, der »Peugeot« fährt und »Esso« tankt, und einen Tischler, der »Opel« fährt und »Shell« tankt.

Die Quoten können aber auch sehr weit sein. Unter Umständen lautet die Vorgabe nur: "Zu befragen sind fünf Männer und fünf Frauen zwischen 16 und 60." Der Unterschied zwischen dem Quoten-Sampling und der Bekanntenbefragung besteht im wesentlichen darin, daß die Interviewer beim Quoten-Sampling entweder gar nicht oder jedenfalls nicht mehrfach ihre Bekannten befragen dürfen. Außerdem sieht das Quoten--Sampling oft bestimmte Befragungsgebiete vor, die ohnehin eine Befragung von Bekannten weitgehend ausschließen.

Viertens, eine Spielart der Gebietsstichprobe, die mit einem sogenannten *random walk* operiert: Dabei erhält der Interviewer eine Startadresse, in der Regel eine bestimmte Hausnummer in einer bestimmten Straße. Für Mehrfamilienhäuser gibt es zusätzliche Regeln, wie die zu befragenden Haushalte am Klingelbrett abzuzählen sind. Der Interviewer hat dadurch exakte Vorgaben, wen er befragen soll, ohne daß er eine namentlich spezifizierte Liste erhält. Routenvorschläge für Repräsentativität ermöglichende *random walks* liegen für die Bundesrepublik vor von der ARBEITSGEMEINSCHAFT DEUTSCHER MARKTFORSCHUNGSINSTITUTE in Nürnberg.

Finden die Befragungen in den Wohnungen der Befragten statt, erfolgt also ein Hausbesuch, kann es unter anderem aus Kostengründen vorteilhaft sein, telefonisch einen Termin für ein Interview auszumachen. Zum Beispiel um die Anwesenheit des zu Befragenden beim Besuch des Interviewers sicherzustellen. Um etwaigen Vorbehalten gegenüber unangemeldeten Besuchen vorzubeugen, kann man die Interviewer außerdem postalisch ankündigen. Ob eine dieser beiden Optionen opportun ist, läßt sich durch einen Pretest klären, bei dem besonderes Augenmerk auf den Aufwand zu lenken ist, der mit telefonischen oder postalischen Vorabkontakten verbunden sein kann. Bei der Befragung von Bevölkerungsquerschnitten stellen individuelle Ankündigungen in der Form von Briefen oder Telefonanrufen meistens eine unnötige Zeit- und Mittelvergeudung dar.

Die günstigste Befragungszeit liegt bei Hausbesuchen montags bis freitags zwischen 17 und 20 Uhr, bei Passantenbefragungen montags bis freitags zwischen 9 und 16 Uhr. Für die Befragung von Messebesuchern, Besuchern von Sportveranstaltungen, Teilnehmern an Wahlversammlungen und so weiter hängt die Wahl der günstigsten Befragungszeit wesentlich vom Gegenstand der Befragung ab: Will man zum Beispiel wissen, mit welchen *Erwartungen* jemand eine Messe besucht oder welche *Eindrücke* er auf der Messe gewonnen hat?

Die Interviewer sollten stets ein Ausweispapier mit sich führen. Gut geeignet sind Visitenkarten oder Interviewerausweise in Verbindung mit einem Personalausweis. Mit einfachen Mitteln hergestellte Interviewerausweise wirken jedoch leicht nachgemacht oder regelrecht gefälscht. Deshalb ist Visitenkarten der Vorzug zu geben. Sie können mit Hilfe eines Textverarbeitungsprogramms am Rechner entworfen, per Laser-

drucker ausgedruckt, mit einem Fotokopierer auf festem Karton verviel-
fältigt und mit einer normalen Handschneidemaschine formatiert werden.
Sie haben außerdem den zusätzlichen Vorteil, daß es vielen Interviewern
Spaß macht, Visitenkarten zu führen.

Auf den Visitenkarten sollten aufgeführt sein: Name, Anschrift und
Telefonnummer des Instituts, Name des Interviewers, ggfs. Funktions-
bezeichnung des Interviewers (unter seinem Namen), zum Beispiel:
Chefinterviewer, Projektleiter o.ä.

Unter Umständen kann es erforderlich sein, auf Körperpflege und
Bekleidung der Interviewer einzuwirken. In punkto Körperpflege ist das
Problematischste die Haarpflege: Frisur und - bei Männern - Barttracht.
Hieran knüpfen sich im Bevölkerungsquerschnitt die stärksten Vorurteile.
Und während es den wenigsten Interviewern etwas ausmacht, in einer
Handreichung daran erinnert zu werden, daß sie sich vor ihren Einsätzen
duschen sollten, stört es doch viele, wenn sie auf ihr Haar angesprochen
werden. Glücklicherweise gibt es zur Zeit für beide Geschlechter zahlreiche Möglichkeiten der Haargestaltung, die allenfalls bei Minderheiten
Anstoß erregen. Die Frisur muß in jedem Fall - bei Frauen wie bei
Männern - gepflegt wirken. Bei Frauen ist eher eine etwas "topfige" als
eine "ausgeflippte" Frisur zu empfehlen. Lange Haare sind bei Passantenbefragungen mit Spangen oder ähnlichem zu bändigen. Für Männer gilt
grundsätzlich, daß sie sich vor dem Einsatz rasieren bzw. den Bart stut-
zen. Forscher beziehungsweise ihre Personalchefs sollten einerseits pauschal, andererseits scheinbar unverbindlich immer wieder darauf hinweisen, wie wichtig der "Kopfputz" für den Interviewer-Erfolg sein kann.
Die beste Form das zu tun besteht darin, die *Erfahrungen* langjährig
erprobter Interviewer anzuführen.

In punkto Kleidung liegen die Dinge ähnlich: Es gibt auf der einen
Seite (bei zahlreichen Befragten) starke bis extreme Vorbehalte gegen
bestimmte Aufmachungen, auf der anderen Seite (bei den Interviewern)
bis ins Skurrile verzerrte Stil-Marotten. Die Lösung besteht wieder darin,
den Interviewern erfolgreiche *Outfits* vorzustellen. Dabei sind die Vorschläge nur als Orientierungslinie zu begreifen. Bei der heutigen Stilviel-
falt sind sehr viele und unterschiedliche Varianten möglich.

Ganz allgemein gilt: Das, was jüngere, modebewußte Leute als "spie-
ßig" bezeichnen, ist im Grunde ideal. Unauffällige Farben sind ange-

bracht (allerdings muß man sich heutzutage nicht unbedingt an die noch vor wenigen Jahren erfolgreiche Beigebraun-Palette halten). Dennoch sollte die Kleidung bei Befragungen von Bevölkerungsquerschnitten nicht zu konservativ ausfallen. Gerade bei den Schnitten sind sportliche konservativen (aber auch extravaganten) vorzuziehen. Bei Männern eignen sich besonders verschiedenfarbige Kombinationen von Jacke und Hose (kein Anzug), an Stelle eines Sakkos ist auch eine Windjacke bzw. ein Blouson möglich. Zum Hemd muß nicht unbedingt eine Krawatte getragen werden. Zusätzlich ist ein Pullover oder ersatzweise ein Rollkragenpulli erlaubt. Im Sommer können jüngere Männer (gilt auch für junge Frauen) unter Umständen Jeans, T-Shirt (ohne Aufdruck) und Turnschuhe tragen, in diesem Fall ist aber noch mehr als sonst auf Sauberkeit und tadellosen Zustand zu achten. Frauen ist tendentiell in Bekleidungsfragen etwas mehr Freiheit zuzubilligen. Die klassische Kombination Jacke Bluse-Rock muß nicht eingehalten werden. Statt einer Bluse ist ein Pullover, an Stelle eines Rocks eine Hose möglich. Die Kleidung kann insgesamt eine Spur modischer ausfallen. Auffälliger Schmuck, stark geschminktes Gesicht, gewagte Farbkombinationen und dergleichen mehr sind aber zu vermeiden.

Speziell für die Passantenbefragung haben FRIEDRICHS und WOLF (1990: 55/56) einige Verhaltensmaßregeln vorgeschlagen, die den hier angegebenen Kanon für das Outfit bei persönlichen Befragungen ergänzen und vervollständigen:

"Vorteilhaft ist es, wenn der Interviewer lächelt, die befragte Person ansieht, und einen Abstand zu ihr von etwa einer Armlänge hält."

Die Ansprache sollte "in jeweils einem Satz folgende Elemente enthalten:
- Auftraggeber,
- Ziel der Studie,
- Nutzen der Studie für Alltagspersonen."

Vorteilhaft sei es auch, "wenn eine Plakette an der Kleidung des Interviewers es ... gestattet, unmittelbar auf den Auftraggeber zu schließen, ..."

Eine sehr wichtige Empfehlung betrifft den Umgang mit dem Fragebogen: "Es empfiehlt sich ..., den Fragebogen auf einem Klemmbrett zu halten, sich mit dem Oberkörper seitlich zum Befragten zu stellen, und so der befragten Person die Möglichkeit zu geben, den Fragebogen einzusehen."

Eine gute Idee ist auch der Vorschlag, örtliche oder überörtliche Tageszeitungen zu einem kurzen Hinweis auf die Befragung zu bewegen, eine Art Ankündigung, die von den Interviewern ggfs. als Beleg für die Bedeutung der Befragung vorgelegt werden kann.

Ein besonderes Problem der Passantenbefragung ergibt sich daraus, daß sie in manchen Gegenden besonderen Beschränkungen unterliegt. So kann es sein, daß man zur Durchführung einer Passantenbefragung eine behördliche Genehmigung (meistens vom zuständigen Ordnungsamt) benötigt. Diese Genehmigung wird in manchen Städten nur für vorher genau zu benennende Befragungsstellen erteilt. Anderswo pauschal und ohne besondere Einschränkungen. Manchmal kann man sie kurzfristig vor Beginn der Befragung noch für denselben Tag erlangen. Anderswo ist der entsprechende Antrag weit im voraus zu stellen. Wenn man in einer bestimmten Region noch keine eingehenderen Erfahrungen mit der Passantenbefragung gesammelt hat, ist es immer das beste, es einfach an geeignet erscheinenden Stellen mal zu versuchen und denkbare behördliche Einsprüche gelassen abzuwarten.

Günstige Plätze für die Durchführung von Passantenbefragungen sind nicht nur unter ungünstigen Witterungsbedingungen speziell Bahnhöfe (auch U-Bahn-Stationen) und Einkaufspassagen, wobei Bahnhöfe und U-Bahn-Stationen den besonderen Vorteil haben, daß kein zu Befragender die Befragung mit der beliebten Entschuldigung verweigern kann, er habe keine Zeit. Er hat ja eben offensichtlich Zeit, weil er auf die nächste Bahn warten muß. Dieser Gesichtspunkt kommt bei günstiger Witterung natürlich auch Bus- und Straßenbahnstationen zugute.

Für die Befragung von Kindern und Müttern eignen sich im Sommer besonders Spielplätze, Freibäder und Strände. Befragungen von Kindern und Jugendlichen lassen sich ideal vor Schulen durchführen.

Als Teilnahmeprämien haben sich für Kinder und Jugendliche Süßigkeiten am besten bewährt, speziell die sogenannten *Riegel* der großen Markenfirmen, die es vielfach auch als kostengünstige »Minis« gibt. Als Teilnahmeprämien für Erwachsene eignen sich besonders Kugelschreiber,

Feuerzeuge, Zeitschriften (wobei auch kostengünstige Remittenden in Betracht gezogen werden sollten).

Tiefeninterview

Auf die Psychologie, insbesondere auf die Psychoanalyse geht die Vorstellung zurück, die Seele sei in Schichten aufgebaut und habe insbesondere neben einer bewußten noch eine tieferliegende unbewußte Schicht,
das von SIGMUND FREUD so genannte "Unbewußte", das umgangssprach-
lich in Gegenüberstellung zum Bewußtsein meist als "Unterbewußtsein"
bezeichnet wird. Dieses Unterbewußtsein enthält neben "verdrängten"
animalischen Begierden und Gelüsten auch uneingestandene Gefühle von
Haß, Minderwertigkeit, Schwäche, Angst, selbstquälerischen Bedürfnissen
und so weiter.

Wem es nun gelingt, dieses Unterbewußtsein ans Licht zu heben und zu
durchdringen, der kann sich einem verbreiteten Verständnis der *Tiefen-
psychologie* zufolge unsere geheimen Wünsche und Sorgen durch ge-
schickte Ausnutzung der psychischen Mechanismen beispielsweise in der
Werbung oder allgemeiner im Marketing, aber auch in der Politik oder zu
religiösen Zwecken nutzbar machen. Es kommt eben nur darauf an,
tatsächlich in das Unterbewußtsein vorzudringen. Doch wie das gehen
soll, darüber ist bisher wenig bekannt.

Die von FREUD vorgeschlagene *Drucktechnik* (1940: 168) hat sich
jedenfalls nicht übermäßig gut bewährt. FREUD erläuterte seine Technik
so:

Ich beschloß, von der Voraussetzung auszugehen, daß meine Patienten alles, was
irgend von pathogener Bedeutung war, auch wußten, und daß es sich nur darum
handle, sie zum Mitteilen zu nötigen. Wenn ich also zu einem Punkt gekommen
war, wo ich auf die Frage: 'Seit wann haben Sie dieses Symptom?' oder 'Woher
rührt es?' die Antwort bekam: 'Das weiß ich wirklich nicht', so verfuhr ich folgendermaßen: Ich legte der Kranken die Hand auf die Stirne oder nahm ihren Kopf
zwischen meine beiden Hände und sagte: 'Es wird Ihnen jetzt einfallen unter dem
Druck meiner Hand. Im Augenblicke, da ich mit dem Drucke aufhöre, werden Sie
etwas vor sich sehen oder wird Ihnen etwas als Einfall durch den Kopf gehen, und
das greifen Sie auf. Es ist das, was wir suchen.- Nun was haben Sie gesehen, oder
was ist Ihnen eingefallen?'

Tatsächlich ging FREUD jedoch mit den Einfällen seiner Analysanden
offenbar sehr eigenwillig um. JOSEPH WORTIS (CLARK 1981: 143) berichtet, FREUD habe von ihm häufig solange Einfälle produzieren lassen, bis
einer dabei war, der "in sein Interpretationsschema paßte," und habe dann
zugegriffen "wie ein Detektiv, der in einer Menschenansammlung auf
seinen Mann lauert."

Wie dem auch sei. FREUD hat nie einem psychisch gestörten Menschen dauerhaft Linderung oder gar Heilung verschaffen können. Und seine Druckmethode spielt heute in der Sozialforschung nirgendwo eine irgendwie weiter erwähnenswerte Rolle.

Das *soziologische Tiefeninterview* hat mit den obskurantistischen Phantastereien der Psychoanalyse ohnehin nichts zu tun. Die Idee ist vielmehr eher die, daß ein standardisiertes Interview häufig die Erinnerungshilfen vermissen läßt, die eine befragte Person dazu befähigen würden, präzisere und zuverlässigere Auskünfte zu geben (vgl. im Detail SUDMAN und BRADBURN 1982: 36-51). Es besteht dabei durchaus eine gewisse Verwandtschaft zum polizeilichen Verhör. Denn es geht unter anderem darum, Informationen von den Befragten zu erlangen, die diese nur ungern oder am liebsten gar nicht preisgeben (z.B. bei den sogenannten heiklen Fragen nach dem Einkommen, dem Sexualverhalten, der Steuerehrlichkeit und so weiter). Wichtiger noch ist jedoch die Unterstützung der Befragten bei deren Bemühen, nach bestem Wissen und Gewissen die richtige Antwort zu finden.

Im Rahmen schriftlicher Befragungen ist es beispielsweise äußerst schwierig, zutreffende Angaben über die Belastungen zu erhalten, die einer Personen durch's Wohnen entstehen (Miete, Wohngeld, Heizung, Grundsteuer, Wegereinigung und so weiter). Wo es auf solche Informationen ankommt, ist es daher vorteilhaft, ein Tiefeninterview durchführen zu können. Der Interviewer kann dann überall, wo er Unklarheiten seitens der Befragten bemerkt, Erläuterungen geben. Er kann, falls nötig, Begriffe wie "Kaltmiete" oder "Nebenkosten" definieren, an eventuell angefallene Nach- oder Rückzahlungen erinnern oder von den Befragten selbst erledigte kleine Reparaturen ansprechen.

Ein weiteres wichtiges Anwendungsgebiet des soziologischen Tiefeninterviews ist die Ermittlung von Gründen für Verhaltensweisen, Einstellungen oder auch Bewertungen. Ein Schüler gibt etwa in einer Umfrage an, daß er den Religionsunterricht gerne mag. Mögliche Motive dafür könnten nun anhand einer Liste abgefragt werden. Wo jedoch noch keine näheren Erkenntnisse über die Gestaltung des Religionsunterrichts (Notengebung, Lehrpersonal, Hausarbeiten und so weiter) vorliegen, ist es selbst für einen mit der Entwicklungspsychologie vertrauten Fachmann kaum möglich, eine derartige Liste aufzustellen. Man wird daher in so einem Fall überlegen, ob nicht ein Tiefeninterview der richtige erste

Schritt sein könnte. Dies um so mehr, als behutsam geführte Tiefeninterviews am ehesten zwei Nachteile vermeiden, die bei der Arbeit mit Antwortvorgaben unumgänglich sind:

erstens, Antwortvorgaben unterstützen die natürliche Trägheit der Befragten; sie halten sie davon ab, sich überhaupt Gedanken zu machen; sie werden geradezu dazu gedrängt, eine, eventuell mehrere der angebotenen Antwortmöglichkeiten zu wählen und andere Möglichkeiten außer Betracht zu lassen;

zweitens, Antwortvorgaben lenken die Gedanken der Befragten in eine bestimmte Richtung, so daß sie unter Umständen von anderen Antwortmöglichkeiten abgelenkt werden, die für ihre Situation treffender wären.

Vorteile verspricht das Tiefeninterview auch, wenn es darum geht, länger zurückliegende Erlebnisse zu erfragen. Obwohl so ziemlich alle denkbaren Hilfestellungen, die ein Interviewer beim Tiefeninterview zur Unterstützung der Memorierfähigkeit der Befragten zur Verfügung stellen kann, auch als Elemente einer standardisierten Erhebung vorstellbar sind, ist klar, daß ein derartig aufgeblähtes Instrument in der Praxis nicht mehr zu handhaben wäre. Ein entsprechend geschulter Interviewer indessen sollte durchaus in der Lage sein, auf die jeweils individuellen Schwierigkeiten der Erinnerungsbildung seiner Befragten einfühlsam einzugehen.

Allem Anschein nach ist es jedoch eine Sache des Talents und des Gespürs, Lücken, Ungenauigkeiten, Unstimmigkeiten, Verwechslungen und dergleichen in den Angaben von Befragten zu erkennen, um dann situationsadäquat so zu reagieren, daß die Befragten in die Lage versetzt werden, ihre Auskünfte zu korrigieren. Es dürfte jedenfalls ökonomischer sein, den jeweils zur Verfügung stehenden Interviewerstab nach Interviewern zu durchforsten, die eine natürliche Gabe zur Führung von Tiefeninterviews mit sich bringen, als in aufwendigen Schulungen ungeschickte Dilettanten zu "Befragungsprofis" heranziehen zu wollen.

Dessenungeachtet ist ein Training auch der Naturtalente für jedes Tiefeninterview unerläßlich. Speziell das Ziel, den Befragten einen Partner zu geben, der ihnen sensibel hilft, ihre Antworten zu finden und zu formulieren, setzt voraus, daß der Interviewer das Fragenprogramm souverän beherrscht und nicht während des Interviews den roten Faden verliert.

Wie lange ein Interviewer braucht, um sich auf ein neues Fragenprogramm einzustellen, hängt von so vielen Faktoren ab, daß sich wenig darüber sagen läßt. Man sollte auch gar nicht versuchen, eine Leitlinie zu formulieren, die etwa drei oder fünf Übungsinterviews vorsieht, bevor es vom Manöver in den Ernstfall geht. Man sollte vielmehr erstens solange mit dem Training fortfahren, bis ein zufriedenstellendes Probeinterview zustande gekommen ist. Zweitens erscheint es als äußerst wichtig, daß der Interviewer nach jedem abgeschlossenen Interview entweder "trokken" oder mit einem "Sparringspartner" das ganze Fragenprogramm noch einmal kurz durchgeht, um sich von eventuell aus dem vorausgehenden Interview entstandenen Idiosynkrasien zu lösen.

Obwohl das Tiefeninterview keineswegs notwendigerweise nichtdirektiv vorgeht, ist es wünschenswert, daß die Interviewer in der Lage sind, scheinbar zwanglos auf die Dinge einzugehen und an die Punkte anzuknüpfen, die den Befragten wichtig sind. In der Perspektive einer zielführenden Befragung erscheinen die bei einem derartigen Vorgehen unvermeidlichen Abschweifungen als ärgerliche Kosten (unter anderem an Zeit). Aber der inhaltliche Gewinn, der sich durch das nicht-direktive Interviewen erzielen läßt, kann den Verlust an vordergründiger Effizienz mehr als aufwiegen.

Um so wichtiger erscheint es, nicht irgend einem phantastischen Ideal von Tiefe, Breite, Spezifizität und Betroffenheit hinterherzujagen, sondern mit konkreten Hypothesen in die Befragung zu gehen. Auch bei explorativen Studien muß der Forscher wissen, was er wissen will, und darf sich nicht darauf verlassen, daß die Befragten ihn schon irgendwie auf Ideen bringen werden. Der 1990 mit einem neuen Vorwort ausgestattete Klassiker von ROBERT MERTON, MARJORIE FISKE und PATRICIA KENDALL "The Focused Interview", dessen erste Fassung (als Zeitschriftenaufsatz) bereits 1945 (!) vorlag, betont deshalb ausdrücklich gerade diesen Aspekt: Es geht darum, vage Vermutungen *vor* dem Interview soweit zu präzisieren, daß sich *im* Interview auf den Punkt danach fragen läßt.

Die von MERTON, FISKE und KENDALL vorgeschlagenen Techniken haben bei aller Selbstverständlichkeit, die ihnen in heutiger Sicht anhaftet, nichts von ihrer Pertinenz eingebüßt.

Als erstes zu nennen ist das, was die Autoren als *graphic reinstatement* bezeichnen: die Unterstützung von kognitiven und mehr noch von empathischen Erinnerungsleistungen des Befragten mit Hilfe von Fotografien,

Skizzen, Modellen und so weiter. Wenn man etwa von einem ehemaligen Kriegsgefangenen wissen will, wie er sich in der Gefangenschaft gefühlt hat, bietet es erhebliche Vorteile, ihm einen Film über sein Gefangenenlager zeigen zu können oder Gegenstände, die in seiner Gefangenschaft eine wichtige Rolle gespielt haben, beispielsweise ein Eßgeschirr, eine Bewacheruniform, eine Rolle Stacheldraht, eine Kriegsauszeichnung oder dergleichen.

Verwandt mit diesem Verfahren ist die Benutzung möglichst konkreter Bezeichnungen der zu erfragenden Sachverhalte. Anschauliche Begriffe ebenso wie Eigennamen und Fachbegriffe, die den Befragten etwa aus ihrer beruflichen Praxis innig vertraut sind, dienen dabei der Herauspräparation der unverfälschten Meinungen, Erfahrungen und Gefühle der Befragten.

Allfällige Unklarheiten seitens des Interviewers sind am besten durch Situationsvergleiche aufzuheben. Es gibt zwei Möglichkeiten. Die eine besteht darin, die Befragten ohne weitere Spezifikation nach Umständen und Verhältnissen zu fragen, die den jeweils zu untersuchenden Bedingungen ähnlich sind: "Haben Sie sowas schon mal erlebt?" - "Hat Sie das überrascht?" - "Womit können Sie die Erfahrungen, die Sie da gemacht haben, am ehesten vergleichen?" Ein alternatives Vorgehen gibt mehr oder weniger detaillierte Vergleiche vor: "Ist das für Sie so ähnlich wie eine Rüge von Ihrem Chef?" - "Erinnert Sie das an Ihren Mallorca-Urlaub?" - "Ist das vergleichbar mit dem Gefühl, das man hat, wenn man eingezwängt im Fahrstuhl steht?"

Ein *Kunstfehler* ist es, direkt nach Gründen oder gar Argumenten zu fragen. Befragte, die etwa sagen, daß sie den Bundeskanzler nicht ausstehen können, fragt der Interviewer nicht: "Warum können Sie ihn nicht ausstehen?" oder: "Was paßt Ihnen denn an dem Mann nicht?" Er bestätigt vielmehr die Aussage der Befragten: "Den können Sie absolut nicht ausstehen?" - "Den finden Sie richtig furchtbar?" - "Wenn ich Sie richtig verstehe, geht der Ihnen ja wohl am meisten gegen den Strich?"

Eine andere wichtige Maßgabe für das soziologische Tiefeninterview ist die bevorzugte Anknüpfung an die Gefühle und Empfindungen der Befragten. Wenn an sich auch objektive Tatbestände bei jeder Befragung im Brennpunkt aller Erhebungsbemühungen stehen sollten, ist doch der Zugang zu diesen "Fakten" oft leichter und schneller zu erreichen, wenn die Befragung ihren Anfang bei den emotiven Reaktionen der Befragungsteilnehmer nimmt und erst dann behutsam zu den möglichen Antezedentien übergeht.

Generell und übergreifend läßt sich außerdem sagen, daß die Ansatzpunkte für ein Tiefeninterview stets bei unspezifischen, vagen oder auch peripheren Aspekten zu suchen sind. Erst von diesen im Grunde belanglosen und jedenfalls nur als Wegbereiter relevanten Fragen sollte man zum Kern der Befragung vorstoßen. Und zwar in erster Linie keineswegs, um die Befragten nicht zu brüskieren, sondern vielmehr, um sie möglichst *flächendeckend* auf die Thematik einzustimmen. Wer zu früh zur Sache kommt, engt den Blick der Befragten ein und beschneidet auch sich selbst die bei behutsamerem Vorgehen zwanglos erreichbare Übersicht über die verschiedenen Facetten der Fragestellung aus der Blickrichtung der Befragten.

BEOBACHTUNG

Die Beobachtung kann zu den klassischen Erhebungsmethoden der Soziologie gerechnet werden. In der Forschungspraxis und besonders in der Auftragsforschung spielt sie aber nur eine untergeordnete Rolle. JÜRGEN FRIEDRICHS (1977: 349) sieht den Grund dafür vor allem in methodologischen Vorurteilen: Auftraggeber und Praktiker beurteilen die Exaktheit von Beobachtungsdaten gegenüber Befragungsergebnissen oft von vorneherein skeptisch, weshalb sie eine Beobachtungsstudie gar nicht erst ernsthaft in Erwägung ziehen.

Daß eine solche Skepsis tatsächlich verbreitet ist, soll nicht in Abrede gestellt werden. Aber entscheidend scheint doch zu sein, daß Beobachtungsverfahren relativ aufwendig sind und schon aus Zeit- und Kostengründen meist keine echte Alternative zu einer Befragung darstellen.

Befragungen haben unbestreitbare Vorzüge:
- Sie sind thematisch nahezu universell einsetzbar, da man praktisch nach allem fragen kann.
- Mit einer Befragung läßt sich innerhalb kurzer Zeit und in knapper Form eine Vielzahl von Veränderlichen erheben.
- Ort und Zeit der Erhebung sind bei einer Befragung prinzipiell unabhängig davon, wo und wann der erfragte Sachverhalt auftritt bzw. aufgetreten ist.
- Die methodologische Durchdringung der meisten Befragungsverfahren ist erheblich weiter fortgeschritten als bei anderen Verfahren.

Der wichtigste Vorteil von Beobachtungen gegenüber Befragungen besteht darin, daß nicht lediglich *Aussagen über* Verhalten erhoben werden, sondern daß das *Verhalten selbst* zum Erhebungsgegenstand wird. Erfragen lassen sich Sachverhalte ja nur, wenn und soweit sie den Befragten bewußt sind und auch allein in dem Maße, in dem sie darüber Auskunft geben. Mangelnde Bewußtheit in bezug auf den Fragengegenstand, Erinnerungsverzerrungen und Gedächtnislücken, Verständnisprobleme oder auch bewußte Falschaussagen können bei Befragungen unzutreffende oder inadäquate Ergebnisse produzieren, ohne daß der Forscher dies kontrollieren könnte. Manchmal erhebt man auch mit einer Frage zum Verhalten lediglich eine allgemeine Norm oder Einstellung, die für das alltägliche Verhalten der Befragten gar keine Bedeutung hat:

In einem Feldexperiment (BLANKENBURG 1973) wurde das Anzeigeverhalten von Kunden bei Ladendiebstählen untersucht. Ein Mitglied des

Forschungsteams gab sich in verschiedenen Selbstbedienungsläden den Anschein, eine Ware zu stehlen, wobei es darauf achtete, daß ein Kunde dies bemerkte. Ein Beobachter überwachte die Versuche aus einiger Entfernung unauffällig und befragte die "Tatzeugen" jeweils beim Verlassen des Geschäfts zum Thema "Ladendiebstahl", ohne sie zunächst über das Experiment zu informieren. Auf die Frage, was sie beim Bemerken eines Ladendiebstahls tun würden, antworteten elf von 14 Kunden, daß sie den Dieb beim Personal anzeigen würden. Tatsächlich war dies aber nur in zwei Fällen geschehen. Ganz allgemein bietet sich Beobachtung (zumindest als komplementäre Methode) bei solchen Untersuchungsgegenständen an, bei denen Befragungsantworten erfahrungsgemäß unzuverlässig sein können.

Gerade wenn es um die Untersuchung abweichenden Verhaltens geht, ist das Risiko einer bewußten oder unbewußten Verfälschung von Aussagen von vornherein als hoch zu veranschlagen. Beobachtung ist dann freilich nur möglich, wenn die Akteure nicht wissen, daß sie beobachtet werden (*verdeckte Beobachtung*), da sonst ebenfalls Verzerrungen zu erwarten sind. Manchmal wird man auch Schwierigkeiten haben, die Teilnahme bestimmter Gruppen an einer Befragung zu bewerkstelligen. Mitglieder von Jugendbanden, religiösen oder politischen Sekten, illegale Einwanderer, Angehörige des "Milieus", Schwarzarbeiter und so weiter erreicht man mit Befragungen zu sie betreffenden Themen oft nur schlecht oder gar nicht. Auch in diesen Fällen kann eine verdeckte Beobachtung erfolgreich sein. Bei offenem Vorgehen gilt allerdings als Faustregel, daß die Vorbehalte gegenüber Beobachtung stärker ausgeprägt sind als gegen eine Befragung (vgl. ATTESLANDER 1985: 149).

Daneben ist Beobachtung die überlegene Methode zur Untersuchung von Verhaltensweisen, die den Akteuren unbewußt bleiben oder die sie aufgrund ihrer Einbindung in das Handlungsgeschehen zwangsläufig unvollständig und verzerrt wahrnehmen. Alltägliche Routinen, Ticks, Floskeln, Redensarten, Eigenheiten des nonverbalen Verhaltens (wie Mimik und Gestik) und so weiter sind den Akteuren oft nicht bewußt, weshalb man sie danach auch gar nicht sinnvoll fragen kann. Auch komplexe Interaktionen mehrerer Akteure (zum Beispiel Diskussionen, Volksfeste, Parties, Tagungen) sollte man vorzugsweise durch nicht involvierte Personen beobachten lassen, da diese im allgemeinen eher als die Beteiligten in der Lage sind, die vielen gleichzeitig ablaufenden Handlungen zu registrieren sowie Verzerrungen zu vermeiden, die auf die subjektiven

Handlungsinteressen der Akteure zurückzuführen sind.

Allerdings ist auch Beobachtung keine *per se* verzerrungsfreie Daten-sammlungsmethode. Verzerrungen können sich dadurch ergeben, daß das, was beobachtet werden soll, durch den Beobachter unkontrolliert beein-flußt wird. Dieses Risiko ist dann besonders groß, wenn der Beobachter aktiv am Geschehen teilnimmt. Aber auch die bloße Anwesenheit eines passiven, nur registrierenden Beobachters kann erhebliche Auswirkungen auf das Verhalten der Beobachteten haben ("Meerschweinchen-Effekt"; vgl. SELLTIZ und andere 1972: 117).

Verzerrungen sind selbstverständlich nicht nur durch die Beeinflussung des oder der Beobachteten möglich. Die Beobachtung selbst ist fehler-anfällig. Nicht erst aus der Wahrnehmungspsychologie wissen wir, daß Wahrnehmung kein passives Abbilden von Realität ist, sondern ein "höchst aktiver Prozeß der Selektion, Datenreduktion, Interpretation, Hypothesenbildung etc." (HUBER 1984: 124). In diesem Prozeß kann es zu unangemessenen Auslassungen (Übersehen wichtiger Sachverhalte) und Verfälschungen (z.B. Wahrnehmungstäuschungen) kommen. Im übrigen ist es ein Gemeinplatz, daß und wie stark die Wahrnehmung durch Vor-urteile beeinflußt werden kann, indem ein Beobachter vornehmlich auf Phänomene achtet, die seine Hypothesen bestätigen, und solche übersieht, die ihnen widersprechen könnten.

Zu den bekanntesten Veranschaulichungen gehören die kühnen Projek-tionen des Ausgräbers von Knossos, des englischen Archäologen ARTHUR EVANS. Speziell seine von keinerlei Zweifeln geplagte Identifizierung morphologisch identischer Behältnisse mal als Sarkophage, mal als Bade-wannen - je nach theoretischem Bedarf - kann geradezu als paradigma-tisch angesehen werden. Insbesondere da EVANS' Projektionen fast regel-mäßig nur den Anfang einer sich mehr oder weniger lang hinziehenden Kette von "Folgerungen" darstellen. Angeführt sei die Beschreibung eines Raumes in der sogenannten Karavanserai (1928: 122):

Remains of painted clay bath-tubs, found either in the room itself or thrown out on its Northern border, give a clear (*sic*) indication as to its use. While the stone basin in the open hall on its East border served for such more or less public ablutions as washing the feet, privacy was here secured for real 'tubbing' in the clay hip-baths in vogue among the Minoans.

Ganz allgemein gilt, daß vorgängige Erfahrungen die aktuelle Wahrnehmung lenken (SECORD und BACKMAN 1964: 14). Dingen, denen wir aufgrund solcher Erfahrungen eine bestimmte Relevanz zuweisen, schenken wir eher unsere Aufmerksamkeit als solchen, die sich bislang als irrelevant erwiesen haben. Was uns vertraut und selbstverständlich erscheint, gelangt oft gar nicht ins Bewußtsein. Die Selektion unserer Wahrnehmung wird dabei in hohem Maße von kulturellen und sozialen Mustern gesteuert (vgl. auch GRÜMER 1974: 97), wodurch sich keineswegs nur für Beobachtungen in fremden Kulturen die Gefahr einer ethnozentrisch verzerrten Beobachterperspektive ergibt.

Ein weiteres Problem ist die Vermischung von Wahrnehmungen und Interpretationen, die sich während einer Beobachtung im Herstellen von Beziehungen zwischen verschiedenen Beobachtungsinhalten (FASSNACHT 1979: 43) oder sogar in der Kombination von beobachteten Sachverhalten und daraus erschlossenen nicht beobachtbaren Folgerungen (etwa Bedeutungen, Dispositionen, Absichten) ergeben kann. Dieses *Inferenz-Problem* (CRANACH und FRENZ 1969: 283f) ist in der alltäglichen Wahrnehmung etwas völlig Normales. Wenn eine Person lächelt, schließen wir unmittelbar: Sie ist glücklich, freundlich oder höflich. Die jeweilige Schlußfolgerung ist aber nicht eindeutig und somit kein Datum, sondern eine nicht ohne weiteres überprüfbare Interpretation oder Inferenz, die in der Phase der Datensammlung eigentlich nichts zu suchen hat (vgl. GALTUNG 1967: 27). Dennoch findet man gerade in qualitativen Beobachtungsstudien solche Vermischungen relativ häufig, was besonders dann ärgerlich ist, wenn sie dem Leser als Daten verkauft werden. Zur Illustration ein Auszug aus einem "Beobachtungsprotokoll" (GERDES und WOLFFERS-DORFF-EHLERT 1979: 124):

> Die Reaktion der Mädchen ist prononciert unterkühlt, mehr als ein bloßes 'nein', fast Sperrfeuer. Auch bei einigen anderen Anwesenden bemerke ich einen Anflug von Zurückweichen, ganz unter der Oberfläche zwar, aber spürbar. Es ist, als seien wir 'identifiziert', als 'wisse man schon'; irgendwo in der Luft liegt etwas zwischen Nichtbeachtung und Verächtlichkeit (...)

Bevor Beobachtetes endgültig zum Datum wird, muß es aufgezeichnet werden. Auch dabei kann es zu Fehlern (Auslassungen oder Entstellungen) kommen, die zu Datenverzerrungen führen. Doch ist diese Fehlerquelle nicht grundsätzlich verschieden von denen anderer Verfahren. Je nach Aufzeichnungsmethode können solche Fehler durch mangelnde Vertrautheit des Beobachters mit dem Erhebungsinstrument, durch Überlastung, Unkonzentriertheit infolge von Hunger, Müdigkeit oder Angst,

durch Erinnerungsverzerrungen (bei nachträglicher Protokollierung) und
so weiter entstehen. Auch bei einer Beobachtungsstudie ist außerdem
keinesfalls auszuschließen, daß ein Beobachter seine Aufzeichnungen ganz
oder teilweise erfindet.

Der vergleichsweise hohe Aufwand von Beobachtungsverfahren rührt
nicht zuletzt daher, daß das entsprechende Fehlerrisiko sich nur durch
sorgfältige Auswahl sowie aufwendige Schulung und Kontrolle der Beobachter reduzieren läßt. Es ist daher kein Zufall, daß sie speziell von

| | | nicht-teilnehmend | | teilnehmend | |
		verdeckt	offen	verdeckt	offen
strukturiert	Feld	X	X		X
	Labor	X			
un-strukturiert	Feld			X	X
	Labor				

Abbildung 20: Dimensionen der Beobachtung

kleineren, anwendungsorientierten Forschungseinrichtungen selten einge-
setzt wird. Dennoch könnte die Beobachtungsmethode auch hier mehr
Verwendung finden, wenn sie in Kombination mit anderen Methoden zur
Untersuchung von Einzelaspekten punktuell eingesetzt würde.

Der gemeinsame Nenner aller Beobachtungsverfahren ist die "plan-
mäßige Erfassung sinnlich wahrnehmbarer Tatbestände, wobei der Forscher dem Untersuchungsobjekt gegenüber eine rezeptive Haltung einnimmt" (SCHEUCH 1958: 210). Als Datensammlungsmethode ist sie zwar
auch im Experiment einsetzbar, als eigenständige Untersuchungsmethode
qualifiziert sie sich aber gerade durch den Verzicht auf manipulierende
bzw. Verhalten evozierende Reize.

Die Dimensionen, nach denen sich die verschiedenen Arten der Beobachtung bestimmen lassen, sind in Abb. 20 in einer 16-Felder-Tafel zusammengefaßt. Theoretisch sind wohl alle Kombinationen der dort angegebenen Merkmale möglich, in der Praxis spielen aber nur die mit einem Kreuz versehenen eine Rolle.

Die Unterscheidung von *nicht-teilnehmender* und *teilnehmender* Beobachtung ist die wichtigste. Sie bezieht sich auf die Rolle, die der Beobachter einnimmt.

Ist der Beobachter ausschließlich auf seine Beobachterrolle beschränkt, spricht man (in Ermangelung eines positiven Begriffs) von *nicht-teilnehmender* Beobachtung. Der Beobachter hat nichts anderes zu tun, als das Geschehen zu registrieren.

Vorteile: Ermöglicht konzentrierte Beobachtung und Aufzeichnung. Aktive Beeinflussung durch den Beobachter entfällt.

Nachteile: Eingeschränkte Informationsgewinnung durch Kommunikationsverzicht. Dadurch insbesondere Möglichkeit von Verständnisproblemen. Gerade die distanzierte Nicht-Teilnahme kann störend wirken.

Typische Einsatzbereiche: Unterrichtsbeobachtungen an Schulen, Verkehrszählungen.

In soziologischen Untersuchungen nimmt der Beobachter häufiger an den Interaktionen im Untersuchungsfeld teil (*teilnehmende Beobachtung*). Der Grad der Partizipation kann aber sehr unterschiedlich sein: vom *complete observer* bis zum *complete participant* sind viele Abstufungen möglich. Im allgemeinen übernimmt der Beobachter eine im Feld vorhandene Rolle, die keine übermäßigen Anforderungen an Wissen, Qualifikation und Aktivität stellt und Involvierung und Distanz gleichermaßen erlaubt.

Vorteile: Erhöhte Chancen an Informationen zu kommen, die Außenstehenden normalerweise nicht zugänglich sind. Erweiterte Informationsgewinnung durch Kommunikation. In vielen Fällen geringere Auffälligkeit des Beobachters.

Nachteile: In der Regel ist nur nachträgliche Aufzeichnung möglich.

Gefahr der unbeabsichtigten Steuerung der Beobachtungssituation durch aktive Teilnahme. Hohes Risiko der Überidentifikation des Beobachters mit den Beobachteten, dadurch weitgehender Verlust der Beobachtungsfähigkeit (*going native*).

Typische Einsatzbereiche: Ethnologische Untersuchung, Gemeinde- und Organisationsstudien, Untersuchungen zum abweichenden Verhalten.

Sowohl nicht-teilnehmende als auch teilnehmende Beobachtungen lassen sich entweder offen oder verdeckt durchführen.

Bei einer *offenen* Beobachtung tritt der Beobachter nach außen als solcher auf, das heißt, die beobachteten Personen wissen, daß sie beobachtet werden.

Vorteile: Ethisch sauberes Verfahren: die Beobachteten werden nicht getäuscht. Kann Beobachtete motivieren, zusätzliche Informationen und Erläuterungen zu geben.

Nachteile: Hohes Risiko der Reaktivität (Beobachtete können sich verstellen, gehemmt oder abgelenkt werden). Für den Beobachter können Zugangsprobleme entstehen.

Verdeckte Beobachtung bedeutet, daß der Beobachter für die Beobachteten nicht erkennbar ist. Entweder beobachtet er aus dem Verborgenen (z.B. durch Einwegspiegel oder mit Hilfe versteckter Kameras, Mikrofone) als nicht-teilnehmender Beobachter oder er gibt sich als Teilnehmer, nicht als Beobachter zu erkennen. Im letzteren Fall benötigt er eine "Maskier-Rolle", um die Beobachteten über sein Forschungsinteresse zu täuschen.

Vorteile: Vermeidet reaktive Effekte. Kann unumgängliche Voraussetzung sein, um Zugang zu ermöglichen.

Nachteile: Ethisch fragwürdiges Vorgehen. Kann unter anderem als *Sozialspionage* empfunden werden. Hohe Anforderungen und Belastung für den Beobachter (*Doppelrolle*). Gefahr von *Rollen-Konflikten* beim Beobachter.

Typische Einsatzbereiche: Beobachtung abweichender Subkulturen und

anderer "geschlossener Gesellschaften", sozialpsychologische Interaktionsforschung.

Mehr noch als die genannten Unterscheidungsmerkmale muß die
Strukturierung von Beobachtungen als relative Kategorie aufgefaßt werden. Die meisten Verfahren wird man *zwischen* den Polen *unstrukturiert*
und *vollstrukturiert* ansiedeln müssen.

Eine eher unstrukturierte Beobachtung gibt dem Beobachter nur wenige Vorgaben an die Hand. Er hat also einen großen Spielraum bei der
Auswahl der Beobachtungseinheiten.

Vorteile: Erleichtert Entdeckung unbekannter Phänomene. Erfordert
geringe Vorinformation. Ermöglicht ersten Zugriff auf komplexe Felder.

Nachteile: Zufallsbestimmte Selektionsvarianz. Geringe Vergleichbarkeit der Daten. Hypothesentest ist nicht möglich. Hohes Qualifika-
tionsprofil des Beobachters erforderlich.

Typische Einsatzbereiche: Explorative Untersuchungen (Klassiker:
WHYTE 1965).

Mit steigendem Strukturierungsgrad wird dem Beobachter zunehmend
vorgeschrieben, was, wie und wie lange beobachtet werden soll. Im
Extremfall sind alle interessierenden Sachverhalte vollständig und eindeutig definiert, die Aufzeichnung erfolgt auf standardisierten Erfassungsbogen, und die Zeitstichproben sind exakt vorgegeben (etwa: alle drei Minuten 30 Sekunden lang beobachten und aufzeichnen).

Vorteile: Geringe Selektionsvariation auch bei mehreren Beobachtern,
dadurch Vergleichbarkeit der Daten. Hypothesentest ist möglich. Entla-
stung des Beobachters von Auswahlentscheidungen. Detaillierte Erfassung
von Verhaltensbestandteilen ist möglich.

Nachteile: Erfordert genaue Feldkenntnisse des Forschers. Gefahr der
Unvollständigkeit und Unangemessenheit der Beobachtungskategorien.
Detaillierte Erfassung nur bei starker Beschränkung der Kategorien
möglich.

Typische Einsatzbereiche: nicht-teilnehmende Beobachtung von Kleingruppen (z.B. BALES 1970, BORGATTA und andere 1965).

Die Unterscheidung zwischen *Feldbeobachtung* und *Laborbeobachtung* bezieht sich auf die *Natürlichkeit* oder *Künstlichkeit* der Beobachtungssituation. Wenn die Untersuchungsobjekte in dem Umfeld beobachtet werden, in dem sie normalerweise agieren, sprechen wir von einer *Feldbeobachtung*.

Vorteile: Keine umgebungsbedingte Verzerrung. Soziale Wirklichkeit wird dort untersucht, wo sie stattfindet.

Nachteile: Unkontrollierter Einfluß von Störvariablen möglich. Bedingungen für Beobachtung sind nicht optimal.

Laborbeobachtungen finden in besonderen, für die Beobachtung eigens eingerichteten Räumlichkeiten statt, deren Ausstattung im Idealfall ähnlich wie in einem Foto- oder Filmstudio schnell auf die Bedürfnisse der jeweiligen Studie zugschnitten werden kann.

Vorteile: Optimale Beobachtungsbedingungen. Einsatz aufwendiger Beobachtungshilfsmittel (audiovisuelle Aufzeichnungsgeräte und so weiter) ist durch feste Installation und ggfs. bauliche Tarnung unproblematisch. Gute Kontrolle über Störvariable.

Nachteile: Verhalten kann durch ungewohnte Umgebung verändert werden. Nur für bestimmte umgebungsresistente Verhaltensaspekte geeignet. Verallgemeinerung der Beobachtungsergebnisse auf *natürliche* Situationen ist problematisch.

Typische Einsatzbereiche: Sozialpsychologische Interaktionsforschung.

Teilnehmende und nicht-teilnehmende Beobachtung haben eine Reihe von spezifischen Auswahlproblemen zu lösen (wobei über die zugrundeliegenden Grundgesamtheiten oft kaum Informationen vorliegen; vgl. ALEMANN 1984: 229). Und zwar spielt einmal die Wahl des *Zeitpunktes* bzw. der *Zeitpunkte* der Beobachtung eine ganz andere Rolle als die Wahl des Befragungszeitpunktes. Weitere wesentliche Entscheidungen betreffen die *Dauer der Beobachtung*, die *Zahl der Beobachtungsintervalle* und die *Dauer der Beobachtungsintervalle*.

WEBB und andere (1966: 139f) weisen auf die besondere Bedeutung
von Orts- und Zeitstichproben hin. Beispiel: Bei der Auswahl der Zeitstichproben für Unterrichtsbeobachtungen ist zu beachten, daß die Unter-
richtsbeteiligung von Schülern unter anderem von der Tageszeit abhängt.
So stellten LANGE und BECHER (1981: 86) fest, daß die Beteiligung in
den ersten beiden Schulstunden sowie in der fünften und sechsten Stunde
durchschnittlich niedriger ist als in der dritten und vierten Stunde.

Teilnehmende Beobachtung

Strenggenommen handelt es sich bei der teilnehmenden Beobachtung nicht um eine reine Form der Beobachtungsstudie. Da die Beobachter mit den Beobachteten kommunizieren und an deren Interaktionen teilnehmen, schließt sie mehr oder weniger systematische Befragungen mit ein. Relativ häufig ist die bewußte Kombination verschiedener Erhebungstechniken im Rahmen einer längeren teilnehmenden Beobachtung, wo man dann üblicherweise übergreifend von *Feldstudien* spricht.

Ihre klassische Ausprägung hat die teilnehmende Beobachtung in der *ethnologischen* Feldstudie erhalten. In dieser ursprünglichen Version begibt sich der Forscher in eine fremde Kultur und lebt dort über einen längeren Zeitraum (manchmal mehrere Jahre) mit den Einheimischen zusammen. Die Methode der Beobachtung stellt dann schon deshalb häufig das einzig mögliche Erhebungsverfahren dar, weil der Forscher zu Beginn seines Feldaufenthalts oft nicht einmal die Sprache der Beobachteten beherrscht. Bei einem günstigen Verlauf sozialisiert sich der Forscher nach und nach in die Kultur hinein: Er lernt Sprache, Sitten, Riten, Werte und so weiter quasi "von innen" kennen und wird so vom Fremden zum immer kompetenteren Teilnehmer. Das kann soweit gehen, daß er wie eine Person aus dem Beobachtungsfeld denkt, in der Sprache träumt und so weiter (und daß er sogar ernsthafte Wiederanpassungsschwierigkeiten in seiner eigenen Kultur hat (BAYLEY 1987: 246).

Den meist geringen Vorkenntnissen über das Feld entsprechend ist die ethnologische Feldstudie normalerweise zunächst selten mehr als eine *Exploration*. Sie ist allenfalls von wenigen allgemeinen Hypothesen angeleitet und folglich weitestgehend unstrukturiert. Der Forscher läßt sich von den vorgefundenen und von ihm wahrgenommenen Sachverhalten lenken. Die Selektion seiner Wahrnehmung ist mangels Kriterien von Zufällen bestimmt, und die Einsicht in die fremde Kultur ist abhängig vom erreichten Integrationsgrad, von der von ihm letztlich unkontrollierbaren Rollenzuweisung im Feld und von den situativen Rahmenbedingungen während seines Feldaufenthaltes (möglicherweise fällt der Feldaufenthalt mit Ereignissen zusammen, die für die beobachtete Kultur atypisch sind - zum Beispiel Krieg, Klimakatastrophen, Seuchen -, was zu fehlerhaften Verallgemeinerungen durch den Beobachter führen kann).

In der soziologischen Forschung wird die teilnehmende Beobachtung vorwiegend zur Untersuchung weniger komplexer Teilbereiche der eigenen Kultur eingesetzt. Subkulturen, Vereine, Verbände, Betriebe, Kirchen, Schulen und so weiter sind die bevorzugten Beobachtungsobjekte. Obwohl in vielen Fällen von weiterreichenden Vorkenntnissen des Forschers ausgegangen werden kann, versucht man bisweilen auch hier wie ein Ethnologe oder gar ein "Soziologe von einem anderen Planeten" (FENGLER und FENGLER 1980) möglichst voraussetzungslos an den Forschungsgegenstand heranzugehen. (Diese Pose verhindert natürlich keineswegs das unkontrollierte Einsickern von Vorkenntnissen in Wahrnehmung, Deskription und Interpretation.) Entsprechend bezeichnet man die Deskription aufgrund wenig strukturierter Beobachtungen auch in der Soziologie als *Ethnographie*. Untersuchungen und methodologische Aufsätze dieser Forschungsrichtung werden übrigens regelmäßig in der Zeitschrift »Urban Life« (neuer Titel seit 1989: »Journal of Contemporary Ethnography«) veröffentlicht.

Teilnehmende Beobachtung ist aber nicht notwendigerweise explorativ, qualitativ und unstrukturiert. Wenn entsprechende Kenntnisse über das Beobachtungsfeld vorliegen, lassen sich genaue Beobachtungsschemata entwickeln, die die Wahrnehmung des Beobachters auf solche Sachverhalte lenken, die aufgrund präzisierter Fragestellungen und theoretischer Modelle als wesentlich angesehen werden. Solche Beobachtungsschemata haben etwa die Form von "Fragebogen an die Realität" (FRIEDRICHS), die wegen der Teilnahme des Beobachters in der Regel nur nachträglich (z.B. nachts) ausgefüllt werden können. Eine strukturierte Vorgehensweise setzt zunächst einmal eine genaue Kenntnis des Schemas voraus, damit dem Beobachter während der Beobachtung keine wesentlichen Sachverhalte entgehen. Weiterhin müssen die darin festgelegten Beobachtungskategorien wegen der nachträglichen Aufzeichnung gröber formuliert werden als das bei der nicht-teilnehmenden Beobachtung mit gleichzeitiger Aufzeichnung der Fall ist.

Eine strukturierte bzw. standardisierte teilnehmende Beobachtung ermöglicht die Trennung von Forscher und Beobachter. Dadurch werden einerseits Kapazitäten für organisatorische und kontrollierende Tätigkeiten freigesetzt, und gleichzeitig wird der verzerrende Einfluß des typischen Forscher-Voluntarismus im Feld eingeschränkt (vgl. FRIEDRICHS und LÜDTKE 1971: 27). Es können mehrere Beobachter eingesetzt werden, deren Beobachtungen prinzipiell vergleichbar sind. Die Vergleichbarkeit ist aber dadurch eingeschränkt, daß die im Feld eingenommenen Rollen und die Intensität der Teilnahme bei den einzelnen Beobachtern unterschiedlich sein können, da diese Faktoren von persönlichen Fähigkeiten des Beobachters, von den Interaktionspartnern im Feld und nicht zuletzt von situativen Zufällen mitbestimmt werden. Aus den daraus entstehenden Differenzen können unterschiedliche Beobachterperspektiven und Beobachtungen entstehen.

Da die teilnehmende Beobachtung im allgemeinen in relativ komplexen Feldern angewandt wird und die Teilnahme an den Interaktionen eine Fülle von nicht vorhersehbaren Situationen bedingt (worin ja der spezifische Vorteil der Methode liegt), ist der Grad der Strukturierung von vornherein begrenzt. Wie sich trotzdem mehr erreichen läßt als eine pure Beschreibung idiosynkratischer Impressionen zeigen beispielsweise die Polizeibeobachtungen von REISS und BLACK (BLACK 1968).

In aller Regel ist die Zahl der Untersuchungsobjekte bei teilnehmenden Beobachtungen klein, oft handelt es sich auch nur um Einzelfallstudien (vgl. ALEMANN und ORTLIEB 1975). Relativ viele Untersuchungsobjekte hatte die Untersuchung von FRIEDRICHS und LÜDTKE (1971): 73 Jugendfreizeitheime in 9 Bundesländern. Repräsentative Stichproben sind anscheinend noch nie im Wege der teilnehmenden Beobachtung untersucht worden. Den Standardtypus der teilnehmenden Beobachtung stellt die explorative Erkundung dar, bei der von vorneherein auf ein systematisches Auswahlverfahren verzichtet wird. Meistens beobachtet der Forscher in irgendeiner sozialen Nische, zu der er per Zufall Zugang hat. Er kennt zum Beispiel einen Stationsarzt in einer psychiatrischen Klinik, der ihm eine Gelegenheit zur teilnehmenden Beobachtung auf seiner Station vermittelt. Oder er hat eine Ferienwohnung auf Sizilien, wodurch sich ihm in jedem Urlaub die Möglichkeit einer teilnehmenden Beobachtung im *mezzogiorno* bietet. Oder er macht in seiner Stammkneipe die Bekanntschaft eines *Drückers*, der ihn gelegentlich mal mit auf Tour nimmt. WHYTE (1965) wurde von Sozialarbeitern auf "Doc", den Anführer einer Jugendgang, aufmerksam gemacht, der ihm den entscheidenden Zugang zu den Gruppierungen und Aktivitäten in "Cornerville" verschaffte.

Will oder kann man nicht verdeckt beobachten, benötigt man oft (zum Beispiel in Firmen) eine förmliche Erlaubnis durch die zuständigen Gremien, Leiter, Mitgliedervertretungen (etwa den Betriebsrat) und so weiter. Den ersten Schritt stellt dann meistens eine schriftliche Anfrage dar.

Formal kann so eine Anfrage sich im großen und ganzen an dem Anschreiben zu einer postalischen Befragung orientieren. Sie sollte jedoch in einer *Anlage* weitere Einzelheiten über Ziel und Zweck der Untersuchung mitteilen sowie insbesondere auch darüber, warum gerade *diese* Gruppe, *dieser* Verein oder *diese* Organisation als Untersuchungsgegenstand ausgewählt wurde. Nützlich sind ggfs. auch nähere Informationen über die Institution, in deren Rahmen der Forscher die Untersuchung abwickelt, ferner Hinweise auf bisherige Forschungsprojekte, Auftraggeber, Veröffentlichungen, sonstige Referenzen.

Eine manchmal hilfreiche Idee ist außerdem der Vorschlag von FRIEDRICHS und LÜDTKE (1971: 192) Betroffenen die Möglichkeit zu geben, eigene Fragen in die Untersuchung einzubringen. Speziell da man normalerweise nicht damit rechnen muß, daß die damit gebotene Chance, das ganze Untersuchungskonzept durcheinanderzubringen, tatsächlich genutzt wird.

Offen und verdeckt teilnehmende Beobachter sollten im Feld eine Position übernehmen, die keine übermäßigen Anforderungen an Qualifikation, Aktivität und Engagement verlangt. In Betrieben kann das die Position des ungelernten Arbeiters oder des Praktikanten sein, auf Märkten, in Geschäften, in Kneipen die des Passanten, des Gastes, des Kunden, in informellen Gruppen die des "Kumpels".

Zu Beginn der Untersuchung ist der Beobachter zwangsläufig ein *Fremder* bzw. ein *Neuling*. Das kann insofern ein Vorteil sein, als Fremden und Neulingen Neugier, häufiges Nachfragen sowie inadäquates Verhalten eher nachgesehen werden. Die anfängliche Orientierung und das Knüpfen von Kontakten wird dadurch erleichtert. Besteht allerdings bei den Akteuren ein vorgängiges Mißtrauen, kann ein deutlich erkennbares Interesse an der neuen Umgebung ihren Argwohn verstärken und die weitere Beobachtung belasten. Beobachter in Betrieben werden zum Beispiel leicht als "Spione" der Werksleitung angesehen.

FRIEDRICHS und LÜDTKE haben einen Katalog von Verhaltensregeln aufgestellt, der in seinen wesentlichen Punkten als allgemein verbindlich anzusehen ist (FRIEDRICHS und LÜDTKE 1972, 194f):

1. Werde mit allen bekannt und erkläre jedem den Grund deiner Anwesenheit klar und kurz (...)
2. Begrüße jeden.
3. Bitte um Informationen und Mitarbeit diejenigen, mit denen du einen persöhnlichen Kontakt hast. Wende dich zuerst an anerkannte Schlüsselpersonen (...)

4. Vermeide Diskussionen über strittige Fragen.
5. Versprich, keinen Klatsch oder vertrauliche Mitteilungen zu verbreiten.
6. Interagiere täglich gleichmäßig mit vielen (...).
7. Vermeide unbedingt, in die Rolle eines Günstlings gegenüber einer Gruppe oder Person zu geraten (...)
8. Stelle deine eigene Rolle durch Mitarbeit (...) als Gleichberechtigten klar. In vielen Situationen wünschen die Teilnehmer keine allzu große Konformität (...).

Unstrukturierte teilnehmende Beobachtungen überfordern den oder die Beobachter häufig: Ständig müssen sie Entscheidungen treffen, welche Feldsituationen relevant sind, welchen Personen, Aktivitäten, Gegenständen und so weiter sie in einer Situation ihre Aufmerksamkeit zuwenden sollen und *last not least* was sie davon wie und in welchem Umfang protokollieren sollen. Sie stehen vor dem Dilemma, erst während der laufenden Untersuchung ihre Beobachtungen systematisieren zu können. Es ist daher eine berechtigte Forderung, die Beobachtungen in einer unstrukturierten explorativen Erkundung den Forscher selbst durchführen zu lassen. Nur er kann die Verantwortung für *Ad-hoc*-Entscheidungen über Beobachtungseinheiten und -inhalte übernehmen, die die Grundlage für seine Hypothesen darstellen. Dieses weitgehend intuitive Vorgehen entzieht sich erhebungstechnischen Betrachtungen. Der Wert der Exploration erweist sich erst im Nachhinein in der mehr oder weniger triftigen Interpretation des spontan erfaßten Materials. Es läßt sich schlechterdings nicht grundsätzlich beantworten, was der Feldforscher beobachten und notieren soll (vgl. WEIDMANN 1974: 21). Lediglich bei der Aufzeichnung seiner Beobachtungen hat er einige Grundsätze zu beachten, die die Nachvollziehbarkeit seiner Interpretationen für die Rezipienten erleichtern helfen.

Die übliche Aufzeichnungsmethode einer unstrukturierten teilnehmenden Beobachtung ist das *Gedächtnisprotokoll*. Simultane Aufzeichnung (Mitstenographieren, Videoaufzeichnung) ist wegen der gleichzeitigen Teilnahme des Beobachters kaum möglich. Der Einsatz von Kameras verbietet sich in vielen für die teilnehmende Beobachtung typischen Feldern, da sie eben die Verzerrungen provozieren können, deren Vermeidung einer der Gründe für den Einsatz der Methode der teilnehmenden Beobachtung zu sein pflegt. Weniger problematisch ist das Mitschneiden einzelner Situationen mit einem Cassetten-Recorder, der unauffällig in der Jackentasche des Forschers verborgen sein kann und seine Teilnahme an Feldaktivitäten nicht unbedingt behindert. Nachteile sind, daß die Aufzeichnung lediglich akustische Phänomene erfaßt, daß die Reichweite von

Mikrofonen begrenzt ist und daß die Aufnahmequalität durch Störgeräusche erheblich beeinflußt sein kann. Bei verdeckter Beobachtung ist diese Möglichkeit in Deutschland außerdem schon aus strafrechtlichen Gründen nicht gegeben. Denn "wer unbefugt (...) das nichtöffentlich gesprochene Wort eines anderen auf einen Tonträger aufnimmt (...)" macht sich nach § 201 StGB strafbar.

Bei Anfertigung von Gedächtnisprotokollen sollten folgende Grundsätze beachtet werden (vgl. LOFLAND 1971: 104ff):

- Protokolle anfertigen, sobald dies erstmals möglich ist. Wurde am Tag beobachtet, sind die Aufzeichnungen nach Möglichkeit spätestens in der darauffolgenden Nacht fertigzustellen.
- Spätere Ergänzungen sind explizit als solche zu kennzeichnen.
- Protokolle auf Band diktieren und möglichst bald abschreiben lassen. Sowohl vom Band als auch von der Abschrift je mindestens eine Kopie erstellen und besonders sichern. Alternativ zum Diktat können die Beobachtungen auch gleich schriftlich fixiert werden.
- Protokolle eines Tages oder Ereignisses sollen aus fünf verschiedenen Teilen bestehen:
(1) laufende Beschreibung (*running description*),
(2) Ergänzungen früherer Protokolle durch Details oder Ereignisse, an die man sich erst jetzt erinnert,
(3) analytische Ideen und Folgerungen,
(4) persönliche Eindrücke und Gefühle,
(5) Ideen zum weiteren Vorgehen.

Bei der *running description*, die das eigentliche Beobachtungsmaterial darstellt, ist besondere Sorgfalt zu beachten. Ereignisse sollen nicht zusammenfassend, sondern möglichst *konkret* beschrieben werden. Dabei wird allein auf das *äußerlich wahrnehmbare Verhalten* abgestellt. Etwaige Vermutungen über verhaltensleitende Motive und so weiter sind ausdrücklich als solche zu kennzeichnen. Das gleiche gilt entsprechend für Verlautbarungen der Beobachteten über Motive, Absichten und so weiter.

Soweit genauere Kenntnisse über das Feld bereits vorliegen und die Untersuchung von genaueren Feststellungen angeleitet ist, läßt sich auch eine teilnehmende Beobachtung im voraus strukturieren. Es geht dann nicht so sehr um die globale Erkundung eines ganzen Feldes, sondern um ausgewählte Aktivitäten, die aufgrund von Vorinformationen oder Hypothesen als relevant angesehen werden. Der Forscher entwirft für die Untersuchung einen *Beobachtungsplan*, an dem sich die Beobachter im Feld orientieren. Dieser Plan erleichtert das einheitliche Aufzeichnen einzelner Ereignisse und die spätere Auswertung der so gewonnenen Daten.

Ein wesentliches Element des Beobachtungsplanes besteht in der Festlegung der grundlegenden *Beobachtungseinheiten*. Beobachtungseinheiten sind vorzugsweise Situationen, die im Feld häufig vorkommen, und die räumlich und zeitlich überschaubar sind (FRIEDRICHS 1973a: 294). Eine Krankenhausstudie, die bestimmte Aspekte von Arzt-Patienten-Interaktionen erheben soll, wird sich natürlich auf Situationen konzentrieren, in denen solche Interaktionen stattfinden (z.B. Untersuchungen, Visiten). Regelmäßig wiederkehrende, festgelegte Situationen (wie Visite) lassen sich problemlos mit einem Stichprobenverfahren systematisch auswählen. Für andere Arten von Situationen ist es freilich schwierig, die Größe der Grundgesamtheit zu bestimmen oder Voraussagen über Ort und Zeit ihres Auftretens zu machen.

Worauf ein Beobachter in der jeweiligen Situation seine Aufmerksamkeit lenken soll, wird auf einem *Beobachtungsbogen* zusammengestellt, der gleichzeitig die Funktion eines Protokollbogens erfüllt. Er ist nichts anderes als ein Fragebogen, dessen Fragen sich inhaltlich auf die Situation, ihre Kontextmerkmale, die beteiligten Akteure und auf deren Verhalten beziehen. Folgende Grundsätze sind zu beachten:
- Der Beobachtungsbogen ist inhaltlich und formal so zu gestalten, daß für jede beobachtete Situation ein Bogen ausgefüllt werden kann.
- Ihm ist ein Deckblatt voranzustellen, auf dem Angaben wie Datum, Uhrzeit (Beginn und Ende), genauer Ort der Beobachtung sowie der Name des Beobachters vermerkt werden.
- Nach Möglichkeit sind die Fragen inhaltlich so anzuordnen, daß sie der wahrscheinlichen Chronologie der beobachteten Ereignisse folgen (das geht natürlich nur, wenn der prinzipielle Ablauf der zu beobachtenden Situation bekannt ist).
- Um unerwartete bzw. nicht vorhersehbare Situationsmerkmale erfassen zu können, ist ein entsprechender Anteil offener Fragen bzw. offener Items notwendig.

Wieviele Fragen bzw. Items ein Beobachtungsbogen enthalten soll, hängt von der Art und der Dauer der Situation ab und vor allem davon, wann der Beobachtungsbogen ausgefüllt werden kann. Allgemeine Regeln

8. What was the condition of the specific setting?
   ___ 1. Run down, dirty, etc.
   ___ 2. Reasonably well-kept, clean, etc.
   ___ 3. Inappropriate (i.e., the above conditions do not help in characterizing the setting, e.g., a busy inter-section) [Specify: _____]

9. Address of setting [Use address from incident log.] _____

10. Arrival of police at designated setting:
   ___ 1. Police entered into situation which was seen by either citizens or officers as requiring police attention. (Note: Citizens may or may not have been present, e.g., abandoned auto.) [CONTINUE WITH ITEM #11]
   ___ 2. Police were unable to locate the designated setting (e.g., insufficient directions or non-existent addresses)--police left setting. [SKIP TO ITEM #28]
   ___ 3. No one answered--police left setting. [SKIP TO ITEM #28]
   ___ 4. Citizen denied that police were called--police left setting. [SKIP TO ITEM #28]
   ___ 5. Citizen said that there was no longer a desire or a need for the police--police left setting. [SKIP TO ITEM #28]
   ___ 6. Police found that other officers were handling the incident and needed no assistance--police left setting. [SKIP TO ITEM #28]
   ___ 7. Other--police left setting. [Specify: _____] [SKIP TO ITEM #28]

11. Did situation involve police interaction with citizens?
   ___ 1. Yes [CONTINUE WITH ITEM #12]
   ___ 2. No [GO TO ITEM #19]

12. Characteristics of the primary citizen participants in the situation: [Use one column for each participant. Place the most central person first, the second most central person second, etc.]

	#1 M	#1 F	#2 M	#2 F	#3 M	#3 F	#4 M	#4 F	#5 M	#5 F
Name, if given										
Sex										
Age--check										
0-10 Child										
10-18 Yg person										
18-25 Yg adult										
25-45 Adult										
45-60 Middle-aged										
60+ Old person										
Race										
Citizen's general role in the situation										
Private citizen										
Business manager, proprietor										
Business employee										
Public official										
Public employee										
Client or customer										
Don't know										
Citizen's class										
White collar										
Blue collar										
Don't know										
Citizen's income										
High income										
Middle income										
Low income										
Don't know										
Citizen's speech										
Ordinary or middle class										
Foreign or ethnic accent										
Lower class										

Specify any other distinguishing features of speech, e.g., impediment, affectation, unusual vulgarity, comprehensibility: _____

Abbildung 21: Auszug aus einem Beobachtungsbogen (BLACK 1980: 224)

gibt es dafür bisher noch nicht. Jeder Beobachtungsbogen muß daher einem Pretest unterzogen werden, der gleichzeitig die Angemessenheit der Fragen - insbesondere die Zuordbarkeit von Ereignissen - überprüfen soll.

Ein Beispiel für einen Beobachtungsbogen ist in Abbildung 21 wiedergegeben. Es handelt sich um einen Auszug des von REISS und BLACK verwendeten Bogens für die teilnehmende Beobachtung von Polizeieinsätzen.

Bezieht sich die Untersuchunmg auf mehrere unterschiedliche Situationen im Feld, kann es notwendig sein, für jeden Situationstyp einen besonderen Beobachtungsbogen oder zumindest eine besondere Version zu erstellen. Es besteht auch die Möglichkeit, bestimmte Feldsituationen strukturiert zu beobachten, andere - weniger bekannte - dagegen unstrukturiert. Auf diese Weise bleibt die gerade durch die Teilnahme gegebene Chance zur Entdeckung bisher unbekannter Phänomene erhalten, die durch eine allzu rigide Strukturierung verloren gehen kann. Das erfordert aber eine hohe fachliche Qualifikation der Beobachter. In jedem Fall sollte zusätzlich zu den Protokollbogen immer auch ein *Tagebuch* geführt werden, in das besondere Vorkommnisse, persönliche Eindrücke usw. eingetragen werden. Diese Notizen können wichtige Informationen über im Beobachtungsplan nicht berücksichtigte Sachverhalte, über das Zustandekommen der Beobachtung und über mögliche Rollenkonflikte und Verzerrungsfaktoren während des Feldaufenthalts liefern (vgl. FRIEDRICHS 1973: 296).

Nicht-teilnehmende Beobachtung

Eine nicht-teilnehmende Beobachtung hat den Vorteil, daß sich der Beobachter voll auf seine Beobachtungstätigkeit konzentrieren kann. Ablenkungen, die auf eine gleichzeitige Teilnahme an Aktivitäten mit den Beobachteten zurückgehen, entfallen. Dadurch ist vor allem eine simultane Aufzeichnung des Geschehens möglich, die eine detaillierte Erfassung der beobachteten Situation erlaubt. Allerdings kann die Anwesenheit eines nicht-teilnehmenden Beobachters, der erkennbar Aufzeichnungen macht, erhebliche Verzerrungen der beobachteten Situation bewirken (die nach einer Gewöhnungsphase freilich meistens abklingen).

Will man solche Effekte von vornherein ausschließen, muß die Beobachtung verdeckt durchgeführt werden. Bei Laborbeobachtungen können die Beobachter beispielsweise hinter Einwegspiegeln verborgen sein. In einer natürlichen Situation ist das oft schwieriger, schon weil die Beobachtung aus einem "Versteck" heraus meist auch mit einer Einengung des Wahrnehmungsfeldes einhergeht.

Eine Möglichkeit bietet der Einsatz von audio-visuellen Geräten, die mit Hilfe von Teleobjektiven und Richtmikrofonen auch aus größeren Distanzen eingesetzt werden können. Auch diese Methode birgt allerdings das Risiko des Entdecktwerdens. Eine interessante Variante wurde von HANS HASS für die ethologischen Beobachtungen von EIBL-EIBESFELD entwickelt:

Bei ihren Feldstudien stellten EIBL-EIBESFELD und HASS fest, daß gerade die direkt auf Personen zielende Kamera Verzerrungseffekte auslöste. HASS konstruierte daraufhin eine Objektivattrappe, die auf die Kameralinse aufgesetzt wird. Sie hat ein seitliches Fenster sowie ein Prisma, das den Strahlengang um 90 Grad ablenkt, so daß man nach der Seite filmen kann. Sowohl aus größerer Entfernung, als auch aus unmittelbarer Nähe zeigt diese Methode ihre Wirkung (EIBL-EIBESFELD 1973: 31):

> Die Aufgenommenen bemerken zwar den Kameramann und sehen ihm auch interessiert zu, verlieren aber bald ihr Interesse und setzen dann ihr ursprüngliches Tun fort.

Die Nützlichkeit dieser Technik hat sich nach EIBL-EIBESFELD sowohl bei "Naturvölkern" als auch in Mitteleuropa erwiesen.

Wenn wir uns gleich zu Beginn des Kapitels auf den Einsatz audio-visueller Aufzeichnungsgeräte konzentrieren, dann hat das seinen Grund. Eine zeitgemäße nicht-teilnehmende Beobachtung kommt ohne die Verwendung von Video einfach nicht mehr aus. In Einzelfällen mag es noch angebracht sein, den Beobachter mit Aufzeichnungsbogen und Bleistift loszuschicken, weil etwa ungünstige Aufnahmebedingungen herrschen oder Bild- und Tonaufnahmen nicht gestattet werden. Die Vorteile der, vom technischen Standpunkt her nahezu universell einsetzbaren, Videoaufzeichnung sind aber so herausragend, daß sie die höheren Kosten des Verfahrens bei weitem aufwiegen.

Im Grunde gehen alle Vorzüge des Videoverfahrens auf die Möglichkeit zurück, das aufgezeichnete Material beliebig oft wiederaufzuführen. Damit kann die eigentliche Datenerfassung nachträglich erfolgen, und zwar mit einer Genauigkeit und Überprüfbarkeit, die bei der herkömmlichen simultanen Beobachtung und Datenerfassung ausgeschlossen ist. (Natürlich ist das Videomaterial nicht mit der realen Situation identisch: Perspektive, Bildausschnitt und Tiefenschärfe sind immer auch verzerrende Faktoren, die bei einem Beobachter - wegen der größeren Flexibilität der unmittelbaren Wahrnehmung - möglicherweise etwas weniger ins Gewicht fallen. Durch den Einsatz mehrerer Kameras sowie durch die parallele Protokollierung von Kontextmerkmalen lassen sich Fehlertendenzen aber vermindern.)

Die Flüchtigkeit von Ereignissen und die begrenzten menschlichen Fähigkeiten, mehrere gleichzeitig ablaufende Phänomene zu registrieren, stellen bei Videoaufzeichnungen jedenfalls kein Problem mehr dar. Dazu kommen interessante Möglichkeiten, die Datenerfassung auf solche Verhaltensweisen zu erweitern, für die die menschliche Wahrnehmung zu schnell oder zu langsam abläuft. Zeitlupe und Standbildwiedergabe erlauben detaillierte Studien non-verbalen Mikroverhaltens (vgl. SCHERER 1974), Zeitrafferwiedergaben können zum Beispiel räumliche Bewegungen und Veränderungen in der Dichte von Personenansammlungen, Fahrzeugen im Straßenverkehr und so weiter verdeutlichen.

Es muß aber noch einmal deutlich gesagt werden, daß die audiovisuellen Aufzeichnungen noch keine Daten sind. Sie sind lediglich das Rohmaterial für die anschließende reduktive Verarbeitung auf der Basis der konkreten Fragestellung der Untersuchung. Dieser Prozeß, den ursprünglich der Beobachter vor Ort zu leisten hat, wird bei der Verwendung von

Video auf die Kodierer übertragen. Es handelt sich also eigentlich um ein Verfahren der Inhaltsanalyse (vgl. MANZ 1974: 30). Daß auch beim Verkoden selektive Wahrnehmung, Klassifizierungs- und Einstufungsfehler vorkommen, muß hier nicht weiter diskutiert werden. Die Wiederholbarkeit der Kodierung durch mehrere Kodierer stellt aber eine gegenüber der Simultanbeobachtung verbesserte Möglichkeit der Kontrolle dar. Überforderungen und Ermüdungseffekte, die bei schriftlichen Aufzeichnungsverfahren vor Ort zu nicht revidierbaren Aufzeichnungsfehlern führen können, sind bei der nachträglichen Vercodung von Videoaufzeichnungen eher vermeidbar. Dadurch lassen sich bei Bedarf mehr Beobachtungskategorien berücksichtigen, als das bei einer Simultankodierung möglich ist. Die oberste Belastungsgrenze eines Simultanbeobachters liegt nach GRÜMER bei etwa zehn Beobachtungskategorien (1974: 43). Andere Autoren halten auch eine größere Zahl von Kategorien für vertretbar.

Unabhängig von der Aufzeichnungsmethode eignet sich die nicht-teilnehmende Beobachtung vor allem für die intensive Erfassung räumlich und zeitlich überschaubarer sozialer Situationen bzw. von Teilaspekten dieser Situationen. Spätestens bei der Vercodung wird fast immer mit einem strukturierten Kategorienschema gearbeitet, dem die Beobachter bzw. Kodierer die beobachteten Ereignisse zuzuordnen haben. Klassisch sind die Laborbeobachtungen von Kleingruppen (z.B. BALES 1970), Unterrichtsbeobachtungen in Schulklassen (vgl. SUMASKI 1977) und Arbeitsgruppenbeobachtungen in Industriebetrieben (z.B. ATTESLANDER 1954).

Nicht-teilnehmende Beobachtung dient in der Regel zur Überprüfung von Hypothesen, die sich auf Häufigkeit und Verteilung bestimmter Verhaltensweisen beziehen. Entsprechend wird sie - entweder direkt in der Beobachtungssituation oder aber bei der nachträglichen Kodierung von Videoaufzeichnungen - strukturiert durchgeführt. Die Dimensionen und Kategorien, zu denen Informationen gesammelt werden sollen, werden dazu auf Beobachtungs- bzw. Kodierbogen zusammengestellt, die häufig die Form von Check-Listen haben. (Da parallel zu den laufenden Ereignissen bzw. zur Videoabspielung protokolliert wird, ist die bei teilnehmenden Beobachtungen angezeigte Fragebogenform zu unübersichtlich und unhandlich.)

Wie Beobachtungsbogen aussehen können, zeigt Abbildung 22. Es

A

<u>BEOBACHTUNG DER KONTEXTDIMENSIONEN</u>

(vorher beantworten)

1. Ort der Interventionsmaßnahme

1 Schule
2 Arbeitsamt
3 anderer Ort, welcher? ....

2. Schulart

1 Hauptschule
2 Realschule
3 Gymnasium
4 Gesamtschule

3. Name der Schule: ....

4. Uhrzeit und Dauer der Interventionsmaßnahme

   von .... bis .... Uhr

5. Wochentag

1 Montag   4 Donnerstag
2 Dienstag   5 Freitag
3 Mittwoch   6 Samstag

6. Zahl der Schüler/Klienten

   ....

7. Sind außer Schüler und Berufsberater dritte Personen
   anwesend?

1 nein
2 ja, Lehrer
3 ja, anderer Berufsberater
4 ja, vorgesetzte Berufsberater, Supervisoren
5 ja, andere, wer? ....

8. Name des Berufsberaters

   ....

9. Namen der Beobachter

   ....

Abbildung 22a: Beobachtungsbogen A von LANGE und BECHER (1981: 306)

B

BEOBACHTUNGEN DER TEILSITUATIONEN

		SIT 1	SIT 2	SIT 3	SIT 4	SIT 5	SIT 6	SIT 7	SIT 8	SIT 9	SIT 10
	Orientierungsthema	1	1	1	1	1	1	1	1	1	1
Int-form	irrelevantes Thema	2	2	2	2	2	2	2	2	2	2
	Verfahrensdiskussion	3	3	3	3	3	3	3	3	3	3
	Pausen, Unterbrechungen	4	4	4	4	4	4	4	4	4	4
Auf-grad	hoch aufmerksam, gespannt rege Fragen u. Antworten, intensive Beteiligung	3	3	3	3	3	3	3	3	3	3
	normal, aufmerksam, ruhig zuhörend, fragend mittlere Beteiligung	2	2	2	2	2	2	2	2	2	2
	müde, gelangweilt, gähnend, zerstreut, unruhig, geringe Beteiligung	1	1	1	1	1	1	1	1	1	1
Bet-umf.	nahezu die ganze Klasse bzw. die ganze Kl. beteil.	3	3	3	3	3	3	3	3	3	3
	etwa die Hälfte beteiligt	2	2	2	2	2	2	2	2	2	2
	keiner bzw. nur wenige beteiligt	1	1	1	1	1	1	1	1	1	1
Selb-grad	Überwiegend selbständige Einzel- oder Gruppenarbeit, Berater klärt nur Fragen	3	3	3	3	3	3	3	3	3	3
	Diskussion zwischen Berat. und Schülern, Schüler geben Einschätzungen, gleichgew.	2	2	2	2	2	2	2	2	2	2
	Frontalunterricht, Berater doziert, Schüler hören zu,	1	1	1	1	1	1	1	1	1	1
Anschau-grad	anschaulich, konkret, zahlreiche Beispiele, Ton- und Bildmedieneinsatz, Spiele stellen nur Verständnisfrag.	3	3	3	3	3	3	3	3	3	3
	mittl. Anschaulichkeit, hin- u. wieder verbale Beispiele, schrftl. Medien	2	2	2	2	2	2	2	2	2	2
	abstrakt, theoretisch, keine Beispiele, keine Medien	1	1	1	1	1	1	1	1	1	1
Themen	Bedeutsamkeit (1), Überblick Bild-, Besch.system (2), Überbl. reg. Arbeitsmarkt (3), Berufskunde (4), Berufswahl (5), Berufe u. Personen (6), Hilfen d. BB (7), Hilfen Dritter (8), Training (9), Alt. Plan. (10), Real (11), Finanzierung (12), anderen (13), weit. Schulen (14)										
Besonderheiten											

Abbildung 22b: Beobachtungsbogen B von LANGE und BECHER (1981: 307)

C₁

BEOBACHTUNG DER GESAMTSITUATION (nachher beantworten)

	5	einfache Begriffe, keine Fremdwörter, einfacher Satzbau, klare deutliche Aussprache
Verständ.	4	
	3	
	2	
	1	komplizierte Begriffe, viele Fremdwörter, komplizierter Satzbau, unklare Aussprache

	5	klar gegliederte Darstellung, getrennte Themen, Wiederholungen, Zusammenfassungen, Generalisier.
Strukt.	4	
	3	
	2	
	1	Gliederung nicht erkennbar, thematisches Springen, keine Wiederholungen u. Zusammenfass., konfuse Problembehandlung

	5	gezielter schriftlicher, akustischen und visueller Medien, Problembearbeitung mit den Medien
	4	ausführlicher Gebrauch schrftl. Medien, Ton- oder Filmmaterial nur zur Veranschaulichung
Medien	3	Einsatz von Tafel, schrftl. Unterlagen der BB, Problembearbeitung mit den Medien
	2	nur Einsatz der Tafel, Verteilung der Medien der BB, ohne ihre Behandlung
	1	keinerlei Medieneinsatz, ausschließlich verbale Behandlung der Themen

	5	Situation erscheint als warm, angenehm locker, fröhlich, große Nähe, Vertrauen, Wertschätzung
Klima	4	
	3	Situation ausgeglichen, ruhig, sachl., emot. neutral
	2	
	1	Situation erscheint als kalt, unangenehm, gespannt, große Distanz, Mißtrauen, Geringschätzung

	5	Berater geht auf Schüler ein, argumentiert, läßt Sch. ausreden, akzeptiert Meinung anderer, gibt Fehler oder fehlende Kenntnisse zu, geringe Dom.
Demokrat.	4	
	3	
	2	
	1	Berater monologisiert, überredet, schneidet anderen das Wort ab, geht nicht auf Fragen ein, beharrt auf eigener Meinung, hohe Dominanz

	5	Berater sicher, offen, ausgeglichen, ruhig, souverän
Sicher	4	
	3	
	2	
	1	Berater unsicher, gehemmt, nervös, unausgeglichen

Abbildung 22c: Beobachtungsbogen C1 von LANGE und BECHER (1981: 308)

handelt sich um drei Protokollbogen (von insgesamt fünf), die LANGE und BECHER (1981) für eine Beobachtung von Veranstaltungen verwendet haben, die Berufsberater des Arbeitsamtes in Schulklassen durchführen. (Die Beobachtung war Teil einer Evaluationsstudie für das INSTITUT FÜR ARBEITSMARKT- UND BERUFSFORSCHUNG der BUNDESANSTALT FÜR ARBEIT.) Für jede beobachtete Veranstaltung wurden von zwei Beobachtern alle fünf Bogen ausgefüllt. Nur ein Protokollbogen ("B") diente zur simultanen Erfassung der Schulbesprechung, die anderen bezogen sich auf Kontextmerkmale und Beobachtereinschätzungen der Veranstaltung und waren unmittelbar vor bzw. nach der Beobachtung auszufüllen. Uns interessiert im folgenden nur der Protokollbogen B.

Der Bogen enthält die für die Beobachtung relevanten Dimensionen ("Interaktionsform", "Aufmerksamkeitsgrad", "Beteiligungsumfang", "Selbständigkeitsgrad", "Anschaulichkeitsgrad", "Themen" und die offene Rubrik "Besonderheiten") und deren Ausprägungsmöglichkeiten (Kategorien). Die Kategorien erfüllen die Voraussetzungen, die für die Kategorien einer strukturierten Beobachtung schlechthin gelten: Sie beschreiben die Dimension vollständig und schließen sich gegenseitig aus. Mehrfachnennungen sind also pro Dimension nicht möglich (vgl. auch ATTESLANDER 1985: 177). Darüber hinaus sind sie so konkret formuliert, daß sie mit wahrnehmbaren Sachverhalten korrespondieren. Um die dennoch auftretende Beurteilungsvarianz der verschiedenen Beobachter zu vermindern, wurden die Beobachter vor Beginn der Datenerhebung geschult: Videoaufnahmen von Schulbesprechungen wurden solange anhand des Beobachtungsschemas beurteilt, bis eine wechselseitige Übereinstimmung der Beobachter von mindestens 80% erreicht war (LANGE und BECHER 1981: 304).

Die Datenerhebung erfaßte die gesamte 90-minütige Veranstaltung nicht kontinuierlich, sondern bezog sich nur jeweils auf eine Stichprobe von "Momentaufnahmen". Dieses als *time-sampling* bezeichnete Verfahren wird bei strukturierten Beobachtungen häufig angewandt. Dabei wird die Gesamtsituation in zeitlich definierte Teilsituationen aufgeteilt, die dann die eigentlichen Erhebungseinheiten bilden. Im vorliegenden Beispiel wurde eine zufallsähnliche Auswahl aus allen möglichen Teilsituationen dadurch erreicht, daß die Beobachter genau alle fünf Minuten eine Bestandsaufnahme der in diesem Augenblick vorherrschenden Situation machten. Praktisch bedeutet das, daß jeder Beobachter im Zeittakt von fünf Minuten kurz die Situation beurteilte und die entsprechenden

Ausprägungen in der betreffenden Spalte (SIT 1, SIT 2,...) ankreuzte. Auf diese Weise lassen sich die Beobachtungen verschiedener Beobachter (oder auch Kodierer) in derselben Situation und die Beobachtung mehrerer Situationen leicht standardisieren. Die Auswertung kann sich auf zeitgleiche Teilsituationen oder auf alle Teilsituationen einer Gesamtsituation (in Form von Durchschnittswerten) beziehen (LANGE und BECHER 1981: 292f). Auch können Verlaufskurven für die Gesamtsituationen zu den einzelnen Dimensionen gebildet werden. Ein Nachteil besteht darin, daß auf diese Weise die genaue Dauer einzelner Verhaltensweisen oder Interaktionen nicht erfaßt wird. Alternative Verfahren, die jedes Auftreten im voraus bestimmter Verhaltensweisen über eine bestimmte Beobachtungsperiode erheben, werden als *event-sampling*-Verfahren bezeichnet (vgl. FASSNACHT 1979: 146). Häufigkeit und Dauer dieser Verhaltenseinheiten werden dann präzise und absolut erfaßt. Bezieht sich die Beobachtung auf mehrere Verhaltenseinheiten, die auch zeitlich parallel auftreten können, ist eine Videoaufzeichnung unbedingt zu empfehlen. Die Verhaltensweisen können dann durch mehrfaches Abspielen der Aufnahmen sukzessive transkribiert werden.

NICHT-REAKTIVE VERFAHREN

Im Unterschied zu anderen Verfahrensweisen bilden die nicht-reaktiven Erhebungsverfahren keine unabhängig definierte Klasse. Ihr gemeinsames Band ist allein die Nicht-Reaktivität, d.h. die Nichtbeeinflussung der Daten durch den Datensammlungsprozeß.

Als Paradebeispiel nicht-reaktiver Datenerhebung gilt die sogenannte *lost-letter-technique*. Sie wurde erstmals von MILGRAM und anderen (1965) angewendet. Man geht dabei folgendermaßen vor:

Adressierte und freigemachte Briefe werden (beispielsweise auf öffentlichen Gehwegen) so ausgelegt, daß ein Passant, der auf einen dieser Briefe stößt, glauben kann, jemand habe ihn auf dem Weg zum Postkasten verloren. Der Anteil der Briefe, die dann beim Adressaten eingehen, soll Rückschlüsse auf dessen Image ermöglichen: je höher der Anteil, desto besser das Image.

Die Einzelheiten des Verfahrens, auch seine spezifischen Probleme sollen uns nicht beschäftigen. Klar ist, daß die Reaktion von Passanten auf die ausgelegten Briefe insofern nicht-reaktiv ist, als sie in der Regel den Untersuchungscharakter der Situation nicht wahrnehmen werden. Im Englischen spricht man daher auch von *unobtrusive measures* (WEBB und andere 1966), also von unaufdringlichen Verfahren.

Vielleicht noch treffender ist die Bezeichnung *verzerrungsfreie Verfahren*, denn genau darum geht es ja: Der "Beforschte" soll in vielen Fällen durchaus reagieren (etwa auf die ausgelegten Briefe), und die Reaktion mag in bestimmten Untersuchungen durchaus durch Aufdringlichkeit veranlaßt sein - ohne daß dies Nachteile für das Forschungsprojekt haben muß (etwa bei einer Untersuchung des Verhaltens von Männern gegenüber aufdringlichen Prostituierten). Entscheidend ist nur, daß durch die Künstlichkeit der Erhebungssituation nicht auch der Gegenstand der Erhebung zu einem *Artefakt* entstellt wird.

Wenn man verzerrungsfreie Ergebnisse erzielen will, muß man selbstverständlich nicht unbedingt auf so kuriose Verfahren wie die *lostletter-technique* zurückgreifen. Jede mit etwas Zurückhaltung durchgeführte Beobachtung ist verzerrungsfrei. Selbst eine Befragung kann es sein, nämlich dann, wenn der Befragte sie nicht als wissenschaftliches Interview erkennt (z.B. bei der *Realkontaktbefragung*). Man muß stets im Auge behalten, daß Begriffe wie Beobachtung oder Befragung in der

Sozialforschung zwar einen technischen Sinn bekommen, daß sie aber zugleich weiterhin ganz alltägliche Tätigkeiten bezeichnen. Kreative und fruchtbare Impulse ergeben sich für die Sozialforschung insbesondere dann, wenn Forscher mit Hilfe nicht-reaktiver Verfahren unkonventionelle Wege gehen und neue Datenquellen erschließen. Wenn diese Verfahren oft auch nur inhaltlich stark eingeschränkte Aussagen zulassen und die üblichen Methoden in keiner Weise ersetzen können, so stellen sie doch wertvolle Ergänzungen dar, die einer Erstarrung und Ritualisierung der Forschungspraxis entgegenzusteuern helfen.

Eine ergiebige, wenn auch selten genutzte Datenquelle sind die physischen Spuren menschlicher Aktivitäten. Überreste und Rückstände, wie sie etwa die Archäologie erforscht, lassen sich in analoger Weise auch sozialwissenschaftlich nutzen. So wie die Stadtarchäologie wichtige Erkenntnisse über Nahrungsgewohnheiten und Lebensstandards im Mittelalter durch die Analyse von Abfällen aus wiederentdeckten Abfallgruben und Kloaken gewinnt (vgl. RÖTTING 1985), so kann auch eine moderne Abfallforschung Aufschlüsse über aktuelles Konsumverhalten geben (vgl. WEBB und andere 1966: 41f). ALBRECHT (1975: 21) schlägt beispielsweise geschichtete Zufallssamples von Abfallkübeln in Gemeinden vor, die sich in Abhängigkeit von Schicht oder geographischer Lage untersuchen lassen. Dabei läßt der zu vernachlässigende Substanzverlust durch Verrottung auf Grund des enormen Müllanfalls in industriellen "Wegwerfgesellschaften" trotzdem einen sehr differenzierten Einblick in das faktische Verbrauchsverhalten zu.

Ein anderes "spurensicherndes" Verfahren wurde in Anlehnung an KINSEY und andere (1954) Mitte der achtziger Jahre an der UNIVERSITÄT BIELEFELD erprobt. Um geschlechtsspezifische Unterschiede in der Einstellung zur Sexualität zu untersuchen, wurden in einer deskriptiven Studie *Klo-Sprüche* in Männer- und Frauentoiletten erhoben (die Stichprobe umfaßte Kneipen- und Universitätstoiletten in 20 bundesdeutschen Städten). Der Grundgedanke war dabei folgender: Die weitestgehend ungestörte und unbeobachtete Situation, in der diese Graffiti entstehen, läßt eine hohe Übereinstimmung dieser Ausdrucksform mit den "innersten" Einstellungen ihrer Urheber vermuten. Da ein Abschreiben der Inschriften relativ zeitaufwendig ist, vor allem aber das Entziffern der unter Zeitdruck angefertigten Notizen beim Vercoden Reibungsverluste verursacht, wurden bei der Datenaufnahme zwei sich ergänzende Verfahren angewendet. Das erste bestand im Fotografieren der Sprüche mit

Sofortbildkameras. (Diese haben den Vorteil, daß die Fotoqualität an Ort und Stelle überprüft werden kann, so daß die Möglichkeit besteht, Aufnahmen unverzüglich zu wiederholen, falls ein Bild verwackelt oder unscharf ist). Ein Nachteil dieser Vorgehensweise war, daß manche Inschriften wegen der räumlichen Enge der Toilettenkabinen nicht fotografiert werden konnten. Beim zweiten Verfahren kamen Diktiergeräte zum Einsatz, mit denen die laut abgelesenen Sprüche aufgenommen wurden.

Nun müssen nicht-reaktive Verfahren nicht notwendigerweise auf *vorhandene* Spuren zurückgreifen. Durch die Präparation von Objekten oder Räumen mit physikalischen, chemischen oder elektronischen Zugriffsmitteln können Spuren auch regelrecht erzeugt und für die Datenanalyse aufbereitet werden. Ein gutes Beispiel ist etwa die Anbringung von Schalldruckmessern in Vortragssälen, wo sich dann der Geräuschpegel als Indikator für die Fähigkeit der Vortragenden heranziehen läßt, ihre Zuhörer zu fesseln.

Ob und, wenn ja, welche nicht-reaktiven Verfahren allgemein herangezogen werden können, um eine gegebene Fragestellung zu untersuchen, bleibt freilich weitgehend der individuellen Erfindungsgabe überlassen. Nur in wenigen, ausgewählten Bereichen gibt es bisher so etwas wie eine Standardisierung der Erhebungstechniken. Dazu gehören Umsatzbeobachtungen, Verkehrsaufkommensmessungen, Unfallstatistiken, Krankenstandszählungen und so weiter. Systematisch auf *kausal*analytische Folgerungen hin angelegte nicht-reaktive Verfahren größerer Flexibilität und Reichweite sind jedoch immer noch Desiderata.

INHALTSANALYSE

Für eine beträchtliche Anzahl teilweise sehr heterogener Verfahren hat sich die Bezeichnung "Inhaltsanalyse" (*content analysis*) eingebürgert. Es handelt sich dabei um Verfeinerungen der herkömmlichen Hermeneutik. Typische Problemstellungen sind etwa: Urheberschaft von Texten, Wirkung von Fernsehsendungen, ästhetisches Niveau von Kunstwerken, Bedeutung von archäologischen Funden.

Das Neue der Inhaltsanalyse gegenüber der Hermeneutik besteht in ihrem systematischeren Vorgehen. Sie erfaßt den jeweils zu analysierenden Gegenstand nach angebbaren (und in gewissem Umfang sogar begründbaren) Regeln. Sie quantifiziert ihre Befunde und ermöglicht dadurch eine "mechanische" bzw. statistische Überprüfung der in Frage stehenden Hypothesen. Hermeneutische Arbeit stützt sich auf eine eingeübte *Kunst*: die Kunst der Interpretation. Inhaltsanalyse ist eine schulmäßig gewonnene *Wissenschaft*.

Ihre Wissenschaftlichkeit darf freilich nicht darüber hinwegtäuschen, daß sie bislang noch nicht allzuviel zu bieten hat. Löst man sie aus den konkreten Fragestellungen heraus, die ihr eine scheinbare Komplexität verleihen, dann bleibt an erfahrungswissenschaftlich bewährter Substanz nur ein recht dürftiges und jedenfalls dürres Gerüst übrig.

Als *Paradigma* soll uns die Inhaltsanlyse von Schriftstücken dienen, also beispielsweise von belletristischen Werken, von Zeitungen und Zeitschriften, von Urkunden und Dokumenten, von Briefen, Schulheften, Forschungsberichten, Kaufmännischen Büchern und so weiter.

Der erste Schritt einer Inhaltsanlyse von Schriftstücken ist die Beschaffung der Analysanda. Was man auch immer in bestimmten Schriftstücken zu finden hofft, man muß sie erst einmal haben. Die Schwierigkeiten, die sich einem in den Weg stellen können, hat am reizvollsten vielleicht UMBERTO ECO beschrieben (1985). Tatsächlich scheitern viele prinzipiell durchaus plausible inhaltsanalytische Vorhaben an Beschaffungshindernissen.

Trotz der in den vergangenen 20 Jahren gewaltig gesteigerten Transparenz und Zugänglichkeit vorliegender Materialien kommt es doch nicht selten vor, daß diejenigen, die über sie verfügen, teils aus rechtlichen, teils aus moralischen oder persönlichen Gründen die Herausgabe verweigern. Man steht hier im Grunde vor dem gleichen Problem der Erzeugung von Teilnahmebereitschaft wie bei postalischen, telefonischen oder persönlichen Befragungen, deren diesbezügliche Regeln selbstverständlich auch hier zu berücksichtigen sind. Hier wie dort *garantiert* selbst die genaue Beachtung der Regeln bei der Anforderung der Schriftstücke bzw. geeigneter Kopien (Abschriften, Ablichtungen, Mikrofilme) keinen Erfolg. Außerdem ist natürlich nicht auszuschließen, daß höhere Gewalt oder sonstige Widrigkeiten den Datenzugang stören.

Ich hebe diesen Punkt hier deshalb besonders hervor, weil die Inhaltsanalyse nicht über eigenständige Erhebungstechniken verfügt. Denn entgegen anderen Auffassungen (z.B. MERTEN 1983: 325f), die den späteren Kodierprozeß als Erhebungsphase ansehen, kann die Inhaltsanalyse nur als ein Verfahren der *Datenerfassung* und der *Datenbearbeitung* gelten. Um die dabei vorausgesetzten Daten zu gewinnen, muß man sich anderen Verfahren anvertrauen.

Den eigentlichen Kern der modernen Inhaltsanalyse machen elektronische Datenbanksysteme aus. Vorliegende Schriftstücke, etwa die gesammelten Werke eines Autors, werden stichprobenweise oder total in maschinenlesbare Form gebracht und anschließend so erfaßt, daß alle relevant erscheinenden Aspekte computermäßig untersucht werden können. (Selbstverständlich sind Maschinenlesbarkeit und Computereinsatz keine zwingenden oder essentiellen Bedingungen der Inhaltsanalyse. Jedes mit Hilfe elektronischer Rechenanlagen lösbare Problem ist prinzipiell auch "per Hand" lösbar. Nur gäbe es die Inhaltsanalyse in ihrer heutigen Form sicher nicht, wenn sie keine Computer zur Verfügung hätte. Der immense Zeitaufwand, den eine Inhaltsanalyse ohne EDV erfordern würde, läßt so den Rechnereinsatz als Quasi-Definiens der Inhaltsanalyse erscheinen.)

Unter Umständen ist bei einer Inhaltsanalyse ausschließlich der Text beachtlich. Wer beispielsweise klären will, ob ein PLATON zugeschriebener Dialog nicht vielleicht unecht ist, mag allein den Text als solchen analysieren. Daneben können aber auch andere Merkmale bedeutsam erscheinen. Man denke nur an das Gaunerstück eines gewissen KUJAU, das Anfang der 80er Jahre in der Bundesrepublik für Aufregung sorgte.

Dieser KUJAU hatte nach eigenem Geständnis Tagebücher in der Handschrift ADOLF HITLERs niedergelegt und einer Illustrierten als Originale verkauft. Den endgültigen Beweis, daß es sich um Fälschungen handeln mußte, lieferten Untersuchungen des Papiers der angeblichen

Tagebücher, des für die Bindung verwendeten Leims und so weiter. Die Illustrierte hingegen hatte sich vorwiegend an dem Schriftbild orientiert und - was auch in der Sozialforschung vorkommen soll - an dem Wunschtraum, es möge doch geschehen, was nicht geschehen kann.

Nicht nur bei Problemen der Urheberschaft von Texten häufig herangezogen wird die Schreibung von Buchstaben, Wörtern, Satzzeichen und so weiter. Außerdem die Schrift (Lateinisch vs. Sütterlin, moderne deutsche vs. moderne französische Schreibschrift) und bei gedruckten Texten die Typographie (Fraktur, Antiqua und so weiter), die Art des Satzes (Handsatz, Fotosatz und so weiter), bei Handschriftlichem die Art des Schreibgeräts (Kugelschreiber, Füllfederhalter und so weiter) sowie weitere Textmerkmale.

Alle diese Charakteristika von Schriftstücken lassen sich als Veränderliche auffassen, die nach entsprechender Kodierung zusammen mit dem Text eine Datei bilden. Der Wert der Inhaltsanalyse im Methoden-Kanon der angewandten Sozialforschung wurde hier begründet. Mit den stetig rasch sich fortentwickelnden Möglichkeiten der schnellen Erstellung schnell auswertbarer Dateien erlangt sie inzwischen für immer mehr Forschungsbereiche Interesse. Einen Überblick gibt KLAUS MERTEN (1983). Weitaus bedeutsamer jedoch als ihre vielfältigen Anwendungsgebiete erscheint unverändert der mit ihr gegenüber der klassischen Hermeneutik erzielte Fortschritt: die Option, Fragen wie die nach dem Urheber eines Textes gewissermaßen per Knopfdruck zu klären.

In methodologischer Sicht kommt es also vor allem darauf an, bezüglich der EDV-Entwicklung auf dem letzten Stand zu sein. Mit Hilfe der jeweils neuesten Versionen einschlägiger Programme. (Für die meisten inhaltsanalytischen Datenerfassungsaufgaben benötigt man allerdings keineswegs speziell darauf zugeschnittene Programmpakete wie etwa das am ZUMA von CORNELIA ZÜLL und anderen (1991) entwickelte »Textpack PC«. Die Leistungsfähigkeit gängiger Textverarbeitungsprogramme wie WordPerfect™ reicht normalerweise völlig aus.)

Selbstverständlich sind Häufigkeitsauszählungen - und was die EDV sonst für die Inhaltsanalyse zu leisten vermag - nur dann ertragreich, wenn sie entsprechend nachbereitet werden. Dabei handelt es sich aber bereits wieder um ein Problem, das im wesentlichen außerhalb der Inhaltsanalyse angesiedelt ist. Die Inhaltsanalyse selbst beschränkt sich weitgehend auf die mehr oder weniger durchdachte Arbeit am Rechner. Allgemein als beispielgebend angesehene Inhaltsanalysen verdanken deshalb ihren Ruhm in aller Regel nicht der Durchführung, sondern der zugrundeliegenden Idee.

So hat GEORGE UDNY YULE (1944) bei seiner Untersuchung der Urheberschaft des Textes "De Imitatione Christi" den Einfall gehabt, den Wortschatz der beiden in Betracht kommenden Autoren THOMAS VON KEMPEN und JEAN CHARLIER DE GERSON

1. auf Übereinstimmung/Nichtübereinstimmung mit dem Wortschatz des betreffenden Textes hin zu analysieren, dies

2. in Beschränkung auf Substantive, und zwar

3. auf solche Substantive, die allgemein als weniger gebräuchlich einzustufen sind (sein Kriterium war das Vorkommen in der lateinischen Bibelübersetzung des Heiligen HIERONYMUS);

4. schließlich erfand er zur Angabe der Richtung der Übereinstimmung/Nichtübereinstimmung den heute in jedem Statistik-Lehrbuch aufgeführten Koeffizienten Q.

Vielfach sind die Designs, mit denen man bei der Inhaltsanlyse arbeitet, erheblich komplexer. Es ist jedoch nicht gesagt, daß man dadurch immer zu schlüssigeren Ergebnissen gelangt. Eher ist es meistens wohl so, daß aufgrund des Fehlens einer zündenden Idee das Design allmählich immer weiter aufgefächert wird, solange bis endlich doch irgendetwas herauskommt. Dementsprechend stellen sich Inhaltsanalysen ihren Kritikern oft als induktivistische Durchwurstelei dar. Und in der Tat begünstigt die Methode aufgrund des Schwergewichts der EDV den Induktivismus auch sehr stark.

Das technische Hauptproblem der Inhaltsanalyse hingegen ergibt sich umgekehrt gerade daraus, daß ein wichtiger Teil vieler inhaltsanalytischer Forschungen noch nicht automatisiert werden kann (bzw. noch nicht automatisiert worden ist), etwa die Kodierung von opaken Textmerkmalen. Es ist zum Beispiel nicht möglich, per Computer die Einstellungen und Werthaltungen des Urhebers oder auch seines Publikums zu erfassen. Oft wird versucht, denkbaren Schlußfolgerungen hinsichtlich solcher Eigenschaften wie Stolz, Eitelkeit, Toleranz usw. dadurch auf die Sprünge zu helfen, daß man entsprechend ausgewählte Elemente des Textes vom Kodierer kategorisieren läßt: als positiv oder negativ, als ablehnend oder zustimmend, als ironisch oder ernst gemeint.

Nun scheitern aber viele bereits an der Aufgabe, einen Text *im Zusammenhang* oder, wie manchmal auch gesagt wird, im ganzen nach einstellungsbezogenen Gesichtspunkten einzuordnen. Erst recht hat man aber mit Irrtümern und regelrechten Fehlern zu rechnen, wenn ein Text abschnitt-, satz- oder gar wortweise auf die vermutlichen werthaften Implikationen hin gedeutet werden soll. Entsprechende Deutungen sind, dies kann gar nicht oft genug in Erinnerung gerufen werden, reine Mutmaßungen. Sogar bei selbstverfaßten Texten muß der Urheber darauf gefaßt sein, daß seine Werthaltung zum Zeitpunkt der Niederlegung eine andere war, als er später - aus welchen Gründen auch immer - glauben möchte.

Die Mittel der Inhaltsanalyse von Bildern, Filmen, Fernsehsendungen und so weiter sind grundsätzlich die gleichen wie bei der Inhaltsanalyse von Texten. Ein wichtiger Unterschied besteht allerdings, insbesondere bei Filmen und Fernsehsendungen, in der größeren Komplexität. Zu den (überwiegend gesprochenen) Texten kommen hier ja die bewegten Bilder mit all ihren Besonderheiten hinzu: Kameraeinstellung, Schnittechnik, Farbe vs. Schwarzweiß, Zeitlupe und so weiter. Auf das prinzipiell immer gleiche Vorgehen bei der Inhaltsanalyse haben die Spezifika keinen Einfluß. Sie vergrößern lediglich das Fehlerrisiko bzw. die Fehlerquote bei der Datenerfassung.

Manchmal wird besonders hervorgehoben, daß die Verfahren der Inhaltsanalyse nicht-reaktiv sind. Die Daten werden durch den Zugriff auf sie nicht verändert oder erst geschaffen (wie beim Interview). Die Daten liegen vor, und etwaige Veränderungen sind erst Folge ihrer Verarbeitung. Die Nicht-Reaktivität der Inhaltsanalyse ist allerdings eigentlich nicht weiter von Interesse. Verfahren, die gar keine Daten erheben, sind *per se* nicht-reaktiv.

SCHRIFTTUM

ALBRECHT, GÜNTER (1975), *Nicht-reaktive Messung und Anwendung historischer Methoden*, in: JÜRGEN VAN KOOLWIJK und MARIA WIEKEN-MAYSER, Hrsg., Techniken der empirischen Sozialforschung. 2. Band. Untersuchungsformen. München: Oldenbourg.

ALBRECHT, PETER (1985), dBase III - Das Datenbanksystem für 16-Bit-Computer. Haar: Markt & Technik.

ALEMANN, HEINE V. (1984), Der Forschungsprozeß - Eine Einführung in die Praxis der empirischen Sozialforschung. 2., durchgesehene Auflage. Stuttgart: Teubner (zuerst 1977).

ALEMANN, HEINE V. und PETER ORTLIEB (1975), *Die Einzelfallstudie*, in: JÜRGEN VAN KOOLWIJK und MARIA WIEKEN-MAYSER, Hrsg., Techniken der empirischen Sozialforschung. 2. Band. Untersuchungsformen. München: Oldenbourg.

ALLERBECK, KLAUS R. und WENDY J. HOAG (1981), *Interviewer- und Situationseffekte in Umfragen: Eine log-lineare Analyse*, in: »Zeitschrift für Soziologie« 10, 413-426.

ANONYMUS (1981), *Institut für angewandte Sozialforschung der Universität Köln*, in: »Soziologie«, Heft 2, 37-42.

ANTONS, KLAUS und WOLFGANG SCHULZ (1976), Normales Trinken und Suchtentwicklung - Theorie und empirische Ergebnisse interdisziplinärer Forschung zum sozialintegrierten Alkoholkonsum und süchtigen Alkoholkonsum. 2 Bde. Göttingen: Dr. C. J. Hogrefe.

ARBEITSGRUPPE BIELEFELDER SOZIOLOGEN (1976), Hrsg., Kommunikative Sozialforschung. München: Fink.

ARBEITSGRUPPE BIELEFELDER SOZIOLOGEN (1981), Hrsg., Alltagswissen, Interaktion und gesellschaftliche Wirklichkeit, 1: Symbolischer Interaktionismus und Ethnomethodologie, 2: Ethnotheorie und Ethnographie des Sprechens. 5. Auflage. Opladen: Westdeutscher Verlag (zuerst 1973).

ARISTOTELES (1974), Topica et sophistici elenchi. Hrsgg. von W. D. Ross. Oxford: University Press.

ATTESLANDER, PETER (1954), *The Interactiogram. A Method for Measuring Interaction and Activities of Supervisory Personnel*, in: »Human Organizations« 13, 28.

ATTESLANDER, PETER (1985), Methoden der empirischen Sozialforschung. 5. Auflage. Berlin: de Gruyter.

BACK, KURT W. (1991), o. Titel, in: »Contemporary Sociology« 20, 328/329.

BADURA, BERNHARD (1976), *Prolegomena zu einer Soziologie der angewandten Sozialforschung*, in: BADURA (1976a), 7-27.

BADURA, BERNHARD (1976a), Hrsg., Seminar: Angewandte Sozialforschung - Studien über Vorraussetzungen und Bedingungen der Produktion, Diffusion und Verwertung sozialwissenschaftlichen Wissens. Frankfurt am Main: Suhrkamp.

BAILEY, KENNETH D. (1987), Methods of Social Research. 3. Auflage. New York: Free Press.

BALES, ROBERT F. (1970), Personality and Interpersonal Behavior. New York: Holt, Rinehart & Winston.

BALES, ROBERT F. (1976), Interaction Process Analysis. A Method for the Study of Small Groups. Reprint der Ausgabe von 1951. Chicago: University of Chicago Press.

BARTON, ALLEN H. (1958), *Asking the Embarrassing Question*, in: »Public Opinion Quarterly« 22, 67/68.

BECKER, HOWARD S. (1967), *Whose Side Are We On?*, in: »Social Problems« 14, 239-247.

BERK, R. (1981), *On the Compatibility of Applied and Basic Sociological Research - An Effort in Marriage Counselling*, in: »The American Sociologist« 16, 207-211.

BLACK, DONALD J. (1968), Police Encounters and Social Organization. An Observation Study. Dissertation. University of Michigan at Ann

Arbor: University Microfilms 1975.

BLACK, DONALD J. (1980), The Manners and Customs of the Police, New York: Academic Press.

BLANKENBURG, ERHARD (1973), *Die Selektivität rechtlicher Sanktionen. Eine empirische Untersuchung von Ladendiebstählen*, in: JÜRGEN FRIEDRICHS (1973b), 120-150.

BORGATTA, EDGAR F. und BETTY CROWTHER (1965), A Workbook for the Study of Social Interaction Processes. Chicago: Rand McNally.

BOUDON, RAYMOND und FRANÇOIS BOURRICAUD (1984), Dictionnaire critique de la sociologie. 2. revidierte und vermehrte Ausgabe. Paris: Manuskript für puf (zuerst 1982).

BUDE, HEINZ (1985), *Der Sozialforscher als Narrationsanimateur - kritische Anmerkungen zu einer erzähltheoretischen Fundierung der interpretativen Sozialforschung*, in:»Kölner Zeitschrift für Soziologie und Sozialpsychologie« 37, 310-326.

BÜHLER-NIEDERBERGER, DORIS (1985), *Analytische Induktion als Verfahren qualitativer Methodologie*, in:»Zeitschrift für Soziologie« 14, 475-485.

BURISCH, MATTHIAS (1982), *Approaches to Personality Inventory Construction: A Comparison of Merits*, Vortrag auf dem Symposium on Personality Questionnaires am Zentrum für interdisziplinäre Forschung, Universität Bielefeld, 17.-22. Juni 1982.

CAMPBELL, DONALD T. und D. W. FISKE (1959), *Convergent and Discriminant Validation by the Multitrait-Multimethod Matrix*, in:»Psychological Bulletin« 56, 81-105.

CANNELL, C. F. und R. L. KAHN (1959), *Interviewing*, in: G. LINDZEY und E. ARONSON, Hrsg., Handbook of Social Psychology. Bd. 2. Reading/Massachusetts: Addison-Wesley.

CHOMSKY, NOAM (1965), Aspects of the Theory of Syntax. Cambridge/Massachusetts: MIT.

CLAASSEN, EMIL M. (1967), Hrsg., Les fondements philosophiques des systèmes économiques. Textes de Jacques Rueff et essais rédigés en son honneur 23 août 1966. Paris: Payot.

CLARK, RONALD W. (1981), Sigmund Freud. Frankfurt/Main: Fischer (zuerst 1979).

CONDE, FERNANDO (1990), *Un ensayo de articulación de las perspectivas cuantitativa y cualitativa en la investigación social*, in: »Revista Española de Investigaciones Sociológicas« 51, 91-117.

COOPER, SANFORD L. (1964), *Random Sampling by Telephone - An Improved Method*, in: »Journal of Marketing Research« 1, 45-48.

COSTNER, HERBERT L. (1971), Hrsg., Sociological Methodology. San Francisco: Jossey-Bass.

COUCH, CARL J. (1987), Researching Social Processes in the Laboratory. Greenwich/Connecticut: JAI Press Inc.

CRANACH, MARIO V. und HANS-GEORG FRENZ (1969), *Systematische Beobachtung*, in: C. F. GRAUMANN, Hrsg., Sozialpsychologie. Handbuch der Psychologie. Band 7. 1. Halbband. Göttingen: Hogrefe.

DALKEY, NORMAN und OLAF HELMER (1963), *An Experimental Application of the Delphi-Method to the Use of Experts*, in: »Management Science« 9, 458-467.

DENZIN, NORMAN K. (1978), The Research Act. 2. Ausgabe. New York: McGraw-Hill (zuerst 1973)

DIELS, HERMANN (1951), Die Fragmente der Vorsokratiker - Griechisch und Deutsch. Verbesserte Auflage. Hrsgg. von Walther Kranz. 1. Band. Dublin: Weidmann (zuerst 1903).

DIETRICH, DIETMAR, HEINRICH METZENDORF (1987), Hrsg., Personalcomputer. Einführung in Technik und Gebrauch. Heidelberg: Decker und C. F. Müller.

DILLMAN, DONALD "DON" A. (1978), Mail and Telephone Surveys. The

Total Design Method. New York: Wiley.

DOHRENWEND, BARBARA SNELL (1970), *An Experimental Study of Directive Interviewing*, in: »Public Opinion Quarterly« 34, 117-125.

ECO, UMBERTO (1985), Il nome della rosa. Mailand: Bompiani (zuerst 1980).

EIBL-EIBESFELD, IRENÄUS (1973), Der vorprogrammierte Mensch. Das Ererbte als bestimmender Faktor im menschlichen Verhalten. Wien: Molden.

EICHNER, KLAUS und WERNER HABERMEHL (1981a), *Predicting Response Rates to Mailed Questionnaires*, in: »American Sociological Review« 46, 361-363.

EICHNER, KLAUS und WERNER HABERMEHL (1981b), *Zur Repräsentativität postalischer Befragungen mit unvollständiger Stichprobenausschöpfung*, Vortrag vor der Sektion Methoden der DGS am 11. April 1981 in Mannheim.

EICHNER, KLAUS und WERNER HABERMEHL (1981c), *Pseudo-Simple Random Sampling in the Federal Republic of Germany*, in: Fakultät für Soziologie an der Universität Bielefeld, Hrsg., »Arbeitsberichte und Forschungsmaterialien« Nr. 25, Bielefeld.

EICHNER, KLAUS und WERNER HABERMEHL (1982), *Ergebnis einer empirischen Untersuchung zur Repräsentativität postalischer Befragungen*, in: »Kölner Zeitschrift für Soziologie und Sozialpsychologie« 34, 117-126.

EICHNER, KLAUS (1988), *Zur Anwendungsorientierung der Sozialwissenschaften*, in: Ders., Hrsg., Perspektiven und Probleme anwendungsorientierter Sozialwissenschaften. Braunschweig: o. V.

ELLEMERS, J. (1976), *Veel kunnen verklaren of iets kunnen veranderen - krachtige versus manipuleerbare variabelen*, in: »Beleid en Maatschappij« 6, 281-190.

EVANS, ARTHUR (1928), The Palace of Minos. Bd. II. Teil 1. London:

Macmillan & Co.

FASSNACHT, GERHARD (1979), Systematische Verhaltensbeobachtung. Eine Einführung in die Methodologie und Praxis. München: Reinhardt.

FENGLER, CHRISTA und THOMAS FENGLER (1980), Alltag in der Anstalt. Wenn Sozialpsychiatrie praktisch wird. Eine ethnomethodologische Untersuchung. Rehburg-Loccom: Psychiatrie-Verlag.

FERBER, CHRISTIAN V. (1959), *Der Werturteilsstreit 1909/1959. Versuch einer wissenschaftsgeschichtlichen Interpretation*, in: »Kölner Zeitschrift für Soziologie und Sozialpsychologie« 11, 21-37.

FESTINGER, LEON u. a. (1956), When Prophecy Fails. A Social and Psychological Study of a Modern Group that Predicted the Destruction of the World. New York: Harper & Row.

FEYERABEND, PAUL (1981), Wider den Methodenzwang. Skizze einer anarchistischen Erkenntnistheorie. Frankfurt: Suhrkamp (zuerst 1975).

FIEGUTH, GERLIND (1977), *Die Entwicklung eines kategoriellen Beobachtungsschemas*, in: ULRICH MEES und HERBERT SELG, Hrsg., Verhaltensbeobachtung und Verhaltensmodifikation. Stuttgart: Klett.

FRANZ, HANS-WERNER (1985), Hrsg., 22. Deutscher Soziologentag 1984. Sektions- und Ad-hoc-Gruppen. Opladen: Westdeutscher Verlag.

FREUD, SIGMUND (1974), *Totem und Tabu*, in: Ders., Fragen der Gesellschaft, Ursprünge der Religion. Studienausgabe, Bd. IX. Frankfurt am Main: Fischer, 287-444 (zuerst 1912/13).

FREUD, SIGMUND (1940), *Studien über Hysterie*, in: Anna Freud u.a., Hrsg., Sigmund Freud, Gesammelte Werke in 18 Bänden. Bd. 1. London: Imago (zuerst 19??).

FREY, JAMES H., GERHARD KUNZ, GÜNTHER LÜSCHEN (1990), Telefonumfragen in der Sozialforschung - Methoden, Techniken, Befragungspraxis. Opladen: Westdeutscher Verlag.

FRIEDRICH, WALTER (1970), Hrsg., Methoden der marxistisch-leninistischen Sozialforschung. Berlin (Ost): Deutscher Verlag der Wissenschaften.

FRIEDRICHS, JÜRGEN und HARTMUT LÜDTKE (1971), Teilnehmende Beobachtung. Zur Grundlage einer sozialwissenschaftliche Methode empirischer Feldforschung. Weinheim: Beltz.

FRIEDRICHS, JÜRGEN (1973a), Methoden empirischer Sozialforschung. Reinbek: Rowohlt.

JÜRGEN FRIEDRICHS (1973b), Hrsg., Teilnehmende Beobachtung abweichenden Verhaltens. Stuttgart: Enke.

FRIEDRICHS, JÜRGEN (1977), Stadtanalyse. Soziale und räumliche Organisation der Gesellschaft. Reinbek: Rowohlt.

FRIEDRICHS, JÜRGEN und CHRISTOF WOLF (1990), *Die Methode der Passantenbefragung*, in: »Zeitschrift für Soziologie« 19, 46-56.

FUCHS, WERNER (1984), Biographische Forschung - Eine Einführung in Praxis und Methoden. Opladen: Westdeutscher Verlag.

GADAMER, HANS-GEORG (1975), Wahrheit und Methode. 4. Auflage. Unveränderter Nachdruck der 3., erweiterten Auflage. Tübingen: Mohr (zuerst 1960).

GALTUNG, JOHAN (1967), Theory and Methods of Social Research. Oslo: Universitetsforlaget.

GARFINKEL, HAROLD (1981), *Das Alltagswissen über soziale und innerhalb sozialer Strukturen*, in: ARBEITSGRUPPE BIELEFELDER SOZIOLOGEN (1981), 189-262 (zuerst 1961).

GEIGY, J. R. (1960), Wissenschaftliche Tabellen. 6. Auflage. Basel: J. R. Geigy, Pharmazeutische Abteilung.

GERDES, KLAUS und CHRISTIAN V. WOLFFERSDORFF-EHLERT (1979), Ausgewählte Beobachtungsberichte aus der Drogensubkultur, in: KLAUS GERDES, Hrsg., Explorative Sozialforschung. Stuttgart: Enke.

GIESE, HANS und GUNTER SCHMIDT (1968), Studenten-Sexualität. Verhalten und Einstellungen. Eine Untersuchung an 12 westdeutschen Universitäten. Reinbek: Rowohlt.

GIRTLER, ROLAND (1984), *Die Prostituierte und ihre Kunden*, in: »Kölner Zeitschrift für Soziologie und Sozialpsychologie« 36, 323-341.

GLASER, BARNEY G. und ANSELM L. STRAUSS (1965), *Discovery of Substantive Theory - A Basic Strategy Underlying Qualitative Research*, in: »The American Behavioral Scientist« 8, 6, 5-12.

GLASER, BARNEY G. und ANSELM L. STRAUSS (1979), *Die Entdeckung gegenstandsbezogener Theorie: eine Grundstrategie qualitativer Sozialforschung*, übersetzt von Elmar Weingarten und Sabine Krumlinde-Benz, in: HOPF und WEINGARTEN (1979), 91-111 (zuerst 1965).

GLASSER, GERALD J. und GALE D. METZGER (1972), *Random Digit Dialing as a Method of Telephone Sampling*, in: »Journal of Marketing Research« 9, 59-64.

GOFFMAN, ERVING (1978), The Presentation of Self in Everyday Life. Harmondsworth 1978: Penguin (1. Ausgabe 1959).

GOYDER, JOHN C. (1982), *Further Evidence on Factors Affecting Response Rates to Mailed Qestionnaires*, in: »American Sociological Review« 47, 550-553.

GOYDER, JOHN C. (1985), *Face-to-Face Interviews and Mailed Questionnaires - The Net Difference in Response Rate*, in: »Public Opinion Quarterly« 40, 234-252.

GRATHOFF, RICHARD (1982), Hrsg., Empirische Analyse sozialer Milieus. Abschlußbericht des Lehrforschungsprojekts 1981/82. Bielefeld: Manuskript.

GROSSMANN, W. (1975), Vermessungskunde. 12. Auflage. Band 2. Berlin und New York: Springer.

GROVES, R. M. und R. L. KAHN (1979), Surveys by Telephone - A National Comparison with Personal Interviews. New York 1979: Academic Press.

GRÜMER, KARL WILHELM (1974), Beobachtung. Stuttgart: Teubner.

HAAG, FRITZ, HELGA KRÜGER, WILTRUD SCHWÄRZEL, JOHANNES WILDT (1972), Hrsg., Aktionsforschung. Forschungsstrategien, Forschungsfelder und Forschungspläne. München: Juventa.

HABERMAS, JÜRGEN (1968), Erkenntnis und Interesse. Frankfurt/Main: Suhrkamp.

HABERMEHL, WERNER (1980), Historizismus und Kritischer Rationalismus. Einwände gegen Poppers Kritik an Comte, Marx und Platon. Freiburg/München 1980: Alber.

HABERMEHL, WERNER (1983a), *Aspekte der Geburtenentwicklung in der Bundesrepublik Deutschland - Bericht über eine empirische Untersuchung zum generativen Verhalten*, in: Fakultät für Soziologie an der Universität Bielefeld, Hrsg., »Arbeitsberichte und Forschungsmaterialien« Nr. 34, Bielefeld.

HABERMEHL, WERNER (1985), *Inspiration, Plausibilität und Überprüfung*, in: FRANZ (1985), 417-419.

HABERMEHL, WERNER (1986), Soziale Kontakte in der Bundesrepublik. Hamburg: Gewis.

HAUSER, ROBERT M. und ARTHUR S. GOLDBERGER (1971), *The Treatment of Unobserved Variables in Path Analysis*, in: COSTNER (1971), 81-117.

HEBERLEIN, THOMAS A. und ROBERT BAUMGARTNER (1978), *Factors Affecting Response Rates to Mailed Questionnaires - A Quantitative Analysis of the Published Literature*, in: »American Sociological Review« 43, 447-462.

HELMER, OLAF (1966), Social Technology. Mit Beiträgen von BERNICE BROWN und THEODORE GORDON. New York: Basic Books.

HIPPLER, HANS-JÜRGEN (1985), *Schriftliche Befragung bei allgemeinen*

Bevölkerungsstichproben - Untersuchung zur Dillmanschen "Total Design Method", in: »ZUMA Nachrichten« Nr. 16, 39-56.

HIPPLER, HANS-JÜRGEN, NORBERT SCHWARZ, SEYMOUR SUDMAN (1987), Social Information Processing and Survey Methodology, New York: Springer.

HIPPLER, HANS-JÜRGEN, FRIEDHELM MEIER, NORBERT SCHWARZ (1988), *Erste Erfahrungen mit der Erprobung eines interaktiven Befragungs- und Instruktionssystems (IBIS)*, in: »ZUMA Nachrichten« Nr. 23, 79-91.

HOFFMANN-RIEM, CHRISTA (1980), *Die Sozialforschung einer interpretativen Soziologie - Der Datengewinn*, in: »Kölner Zeitschrift für Soziologie und Sozialpsychologie« 32, 339-372.

HOPF, CHRISTEL und ELMAR WEINGARTEN (1979), Hrsg., Qualitative Sozialforschung, Stuttgart: Klett-Cotta.

HOPF, CHRISTEL (1979), *Soziologie und qualitative Sozialforschung*, in HOPF und WEINGARTEN (1979), 11-37.

HOPPE, HANS-HERMANN (1981), *Über die Verwendung ungemessener Variablen in Kausalmodellen - eine epistemologische Kritik*, in: »Zeitschrift für Soziologie« 10, 307-318.

HOPPE, HANS-HERMANN (1982), *Über ungemessene Variablen: von einem Fehlschluß und zwei unbeantworteten Fragen (Antwort auf Falter/-Lohmöller)*, in: »Zeitschrift für Soziologie« 11, 78-81.

HOPPE, HANS-HERMANN (1987), Eigentum, Anarchie und Staat. Studien zur Theorie des Kapitalismus, Opladen 1987: Westdeutscher Verlag.

HOROWITZ, IRVING L. (1976), *Wissenschaftliche Gemeinschaft und politisches System: Beziehungskonflikte zwischen Sozialwissenschaftlern und politischen Praktikern* (zuerst 1969), in: BADURA (1976a), 31-57.

HUBER, OSWALD (1984), *Beobachtung*, in: ERWIN ROTH, Hrsg., Sozialwissenschaftliche Methoden. Lehr- und Handbuch für Forschung und Praxis. München: Oldenbourg.

INSTITUT FÜR DEMOSKOPIE ALLENSBACH (1981), Eine Generation später. Bundesrepublik Deutschland 1953-1979. Eine Allensbacher Langzeit-Studie. Allensbach: Eigenverlag.

IBM DEUTSCHLAND GMBH (1983), BASIC-Handbuch, o. O. 1983: IBM Deutschland GmbH (zuerst 1981).

JICK, TODD D. (1983), *Mixing Qualitative and Quantitative Methods: Triangulation in Action*, in: John Van Maanen, Hrsg., Qualitative Methodology, Beverly Hills: Sage (zuerst 1979), 135-148.

JONES, E.E. und H. SIGALL (1971), *The Bogus Pipeline: A New Paradigm for Measuring Affect and Attitude*, in: »Psychological Bulletin« 76, 349-364.

KALLMEYER, WERNER und FRITZ SCHÜTZE (1976), *Konversationsanalyse*, in: »Studium der Linguistik« 1, 1-28.

KANT, IMMANUEL (1781), Critik der reinen Vernunft, Riga: Hartknoch.

KANT, IMMANUEL (1785), Grundlegung zur Metaphysik der Sitten, Riga: Hartknoch.

KANT, IMMANUEL (1956), «Über ein vermeintes Recht, aus Menschenliebe zu lügen», in: Ders., Schriften zur Ethik und Religionsphilosophie. Werke in sechs Bänden. Band IV. Wiesbaden: Insel, 637-643.

KANUK, LESLIE und CONRAD BERENSON (1975), *Mail Surveys and Response Rates - a Literature Review*, in: »Journal of Marketing Research« 12, 440-453.

KARMASIN, FRITZ und HELENE KARMASIN (1977), Einführung in Methoden und Probleme der Umfrageforschung. Wien: Böhlau.

KATZ, JERROLD J. (1972), Semantic Theory, New York: Harper and Row.

KINSEY, ALFRED C., WARDELL B. POMEROY, CLYDE E. MARTIN, PAUL H. GEBHARD (1954), Das sexuelle Verhalten der Frau. Frankfurt/Main: Fischer (zuerst 1953).

Fischer (zuerst 1953).

KLAGES, HELMUT (1985), Hrsg., Arbeitsperspektiven angewandter Sozialwissenschaft, Opladen 1985: Westdeutscher Verlag.

KLIMA, ROLF und HANNS WIENOLD (1978), *Desirabilität, soziale*, in: WERNER FUCHS, ROLF KLIMA, RÜDIGER LAUTMANN, OTTHEIN RAMMSTEDT, HANNS WIENOLD, Hrsg., Lexikon zur Soziologie, 2., verbesserte und erweiterte Auflage. Opladen: Westdeutscher Verlag (zuerst 1973), 153.

KÖNIG, RENÉ (1974), Handbuch der empirischen Sozialforschung. Band 3a. 3. Auflage. Stuttgart: Deutscher Taschenbuchverlag, Enke (zuerst 1967).

KRAMPEN, GÜNTER (1983), *Eine Kurzform der Skala zur Messung normativer Geschltechsrollen-Orientierungen*, in: »Zeitschrift für Soziologie« 12, 152-156.

KRIZ, JÜRGEN (1981), Methodenkritik empirirscher Sozialforschung - Eine Problemanalyse sozialwissenschaftlicher Forschungspraxis. Stuttgart: Teubner.

KÜCHLER, MANFRED (1982), *Sektion "Methoden"*, in: »Soziologie«, Heft 1, 81-83.

LANGE, ELMAR und URSULA BECHER (1981), Evaluierung der Berufsberatung der Bundesanstalt für Arbeit. Pilotstudie am Beispiel der ersten Schulbesprechungen. Nürnberg: IAB.

LAZARSFELD, PAUL F. (1955), *Interpretation of Statistical Relations as a Research Operation*, in: Ders. und MORRIS ROSENBERG, Hrsg., The Language of Social Research. A Reader in the Methodology of Social Research. New York: Free Press.

LEEUW, FRANCISCUS "FRANS" LEONARDUS (1983), Bevolkingsbeleid en reproduktief gedrag, Leiden 1983: o.V.

LOFLAND, JOHN (1971), Analyzing Social Settings. A Guide to Qualitative Observation and Analysis. Belmont/Cal.: Wadsworth.

MALINOWSKI, BRONISLAW (1927), Sex and Repression in Savage Society. London: Kegan Paul.

MANZ, WOLFGANG (1974), *Die Beobachtung verbaler Kommunikation im Laboratorium*, in: JÜRGEN VAN KOOLWIJK und MARIA WIEKEN-MAYSER, Hrsg., Techniken der empirischen Sozialforschung. 3. Band. Erhebungsmethoden: Beobachtung und Analyse von Kommunikation. München: Oldenbourg.

MAYER, ROBERT und ERNEST GREENWOOD (1980), The Design of Social Policy Research. Englewood Cliffs: 1980.

MAYNTZ, RENATE, KURT HOLM, PETER HÜBNER (1978), Einführung in die Methoden der empirischen Soziologie. 5. Auflage. Opladen: Westdeutscher Verlag (zuerst 1969).

MEIER, CHRISTIAN (1982), Caesar. Berlin: Severin und Siedler.

MERTEN, KLAUS (1983), Inhaltsanalyse - Einführung in Theorie, Methode und Praxis. Opladen: Westdeutscher Verlag.

MERTON, ROBERT KING, MARJORIE FISKE, PATRICIA L. KENDALL (1990), The Focused Interview - A Manual of Problems and Procedures. 2. Auflage. New York: Free Press (zuerst 1945).

MILGRAM, S., L. MANN, S. HARTER (1965), *The Lost-Letter Technique: A Tool of Social Research*, in: »Public Opinion Quarterly« 29, 437-438.

MILL, JOHN STUART (1873), Autobiography. London: Longmans, Green, Reader, and Dyer.

MUMMENDEY, HANS DIETER, BERND SCHIEBEL, UWE TROSKE, BERNHARD HESENER, HEINZ-GERD BOLTEN (1979), *Experimentelle Replikationen des Bogus- Pipeline-Effekts für ethnische Stereotype*, in: HANS DIETER MUMMENDEY, Hrsg., »Psychologische Forschungsberichte« Nr. 55. Universität Bielefeld.

NEDERHOF, ANTONIUS "TON" JAN (1981), Some Sources of Artifact in Social Science Research: Nonresponse, Volunteering, and Research Experience of Subjects. Leiden 1981: Pasmans.

NIETZSCHE, FRIEDRICH (1968), *Zur Genealogie der Moral. Eine Streitschrift*, in: Ders., Werke. Kritische Gesamtausgabe, hrsgg. von Giorgio Colli und Mazzino Montinari. Sechste Abteilung. Zweiter Band. Berlin: W. de Gruyter, 257-431 (zuerst 1887).

NOELLE-NEUMANN, ELISABETH und EDGAR PIEL (1983), Hrsg., Allensbacher Jahrbuch der Demoskopie - 1978-1983. Band VIII. München: K. G. Saur.

OEVERMANN, ULRICH (1983), Versozialwissenschaftlichung der Identitätsformation und Verweigerung von Lebenspraxis: Eine aktuelle Variante der Dialektik der Aufklärung. Manuskript. o. O.

OEVERMANN, ULRICH, TILMAN ALLERT, ELISABETH KONAU, JÜRGEN KRAMBECK (1979), *Die Methodologie einer 'objektiven Hermeneutik' und ihre allgemeine forschungslogische Bedeutung in den Sozialwissenschaften*, in: HANS-GEORG SOEFFNER, Hrsg., Interpretative Verfahren in den Sozial- und Textwissenschaften. Stuttgart: J. B. Metzler, 352-434.

OLSON, MANCUR (1980), The Logic of Collective Action - Public Goods and the Theory of Groups. Cambridge/Massachusetts: Harvard University Press (zuerst 1965).

OPP, KARL-DIETER (1976), Methodologie der Sozialwissenschaften - Einführung in Probleme ihrer Theoriebildung, durchgreifend revidierte und wesentlich erweiterte Neuausgabe. Reinbek: Rowohlt (zuerst 1970).

OPP, KARL-DIETER (1979), Individualistische Sozialwissenschaft - Arbeitsweise und Probleme individualistisch und kollektivistisch orientierter Sozialwissenschaften. Stuttgart: Enke.

ORLOFF, ANN SHOLA und THEDA SKOCPOL (1984), *Why not Equal Protection? Explaining the Politics of Public Social Spending in Britain, 1900-1911, and the United States, 1880-1920*, in: »American Sociological Review« 49, 726-750.

OSGOOD, CHARLES E. (1957), The Measurement of Meaning. Urbana/Illinois: University Press.

PALIT, CHARLES und HARRY SHARP (1989), *Microcomputer-assisted*

Telephone-interviewing, in: »Sociological Methods and Research« 12, 169-189.

PARSONS, TALCOTT, EDWARD A. SHILS, GORDON W. ALLPORT, CLYDE KLUCKHOHN, HENRY A. MURRAY, ROBERT R. SEARS, RICHARD C. SHELDON, SAMUEL A. STOUFFER, EDWARD C. TOLMAN (1962), *Some Fundamental Categories of the Theory of Action: A General Statement*, in: PARSONS UND SHILS (1962), 3-29.

PARSONS, TALCOTT und EDWARD A. SHILS (1962), Toward a General Theory of Action. New York: Harper & Row.

PATZELT, WERNER J. (1985), Einführung in die sozialwissenschaftliche Statistik, München: Oldenbourg.

PAYNE, STANLEY L. (1956), *Some Advantages of Telephone Surveys*, in: »Journal of Marketing« 20, 278-280.

POPPER, KARL RAIMUND (1945), The Open Society and Its Enemies. 2 Bände. London 1945: Routledge and Kegan Paul.

POPPER, KARL RAIMUND (1961), The Poverty of Historicism. London: Routledge and Kegan Paul (zuerst 1944/45).

POPPER, KARL RAIMUND (1967), *La rationalité et le statut du principe de rationalité*, in: CLAASSEN (1967), 142-150.

POPPER, KARL RAIMUND (1972), Conjectures and Refutations - The Growth of Scientific Knowledge. 4., revidierte Auflage. London: Routledge and Kegan Paul (zuerst 1963).

POPPER, KARL RAIMUND (1974), *Replies to my Critics*, in: SCHILPP (1974), 961-1197.

POPPER, KARL RAIMUND (1976), Logik der Forschung. 6., verbesserte Auflage. Tübingen: Mohr (zuerst 1934).

QUINE, WILLARD VAN ORMAN (1960), Word and Object. Cambridge/Massachusetts: MIT.

REICH, WILHELM (1925), Der triebhafte Charakter. Eine psychoanalytische Studie zur Pathologie des Ich. Leipzig: Internationaler Psychoanalytischer Verlag.

RENN, HEINZ (1975), Nichtparametrische Statistik. Stuttgart: Teubner.

REUBAND, KARL-HEINZ (1990), *Interviews, die keine sind - "Erfolge" und "Mißerfolge" beim Fälschen von Interviews*, in: »Kölner Zeitschrift für Soziologie und Sozialpsychologie« 42, 706-733.

ROGERS, THERESA F. (1976), *Interviews by Telephone and in Person - Quality of Responses and Field Performance*, in: »Public Opinion Quarterly« 40, 51-56.

ROHRMANN, BERND (1978a), Empirische Studien zur Entwicklung von Antwort-Skalen für die sozialwissenschaftliche Forschung. Braunschweig: Manuskript.

ROHRMANN, BERND (1978b), *Empirische Studien zur Entwicklung von Antwort-Skalen für die sozialwissenschaftliche Forschung*, in: »Zeitschrift für Sozialpsychologie« 9, 222-245.

ROSSI, PETER H., JAMES D. WRIGHT, ANDY B. ANDERSON (1983), Handbook Of Survey Research, Orlando/Florida: Academic Press Inc.

ROUSSEAU, JEAN-JAQUES (1755), Discours sur l'origine et les fondemens de l'inégalité parmi les hommes, Amsterdam: Marc Michel Rey.

SAHNER, HEINZ (1971), Schließende Statistik. Stuttgart: Teubner.

SCHERER, KLAUS R. (1974), Beobachtungsverfahren zur Mikroanalyse non-verbaler Verhaltensweisen, in: JÜRGEN VAN KOOLWIJK und MARIA WIEKEN-MAYSER, Hrsg., Techniken der empirischen Sozialforschung. 3. Band. Erhebungsmethoden: Beobachtung und Analyse von Kommunikation. München: Oldenbourg.

SCHEUCH, ERWIN KURT (1958), *Methoden*, in: RENÉ KÖNIG, Hrsg., Soziologie. Frankfurt/Main: Fischer, 184-206.

SCHEUCH, ERWIN KURT (1974), *Auswahlverfahren in der Sozialfor-*

schung, in: KÖNIG (1974), 1-96.

SCHILPP, PAUL ARTHUR (1974), Hrsg., The Philosophy of Karl Popper, La Salle/Illinois: Open Court.

SCHMID, MICHAEL (1979), Handlungsrationalität. Kritik einer dogmatischen Handlungswissenschaft. München: Wilhelm Fink.

SCHMOLLER, GUSTAV (1900), Grundriß der Allgemeinen Volkswirtschaftslehre. Erster, größerer Teil. Leipzig: Duncker & Humblot.

SCHNELL, RAINER (1991), *Der Einfluß gefälschter Interviews auf Survey-Ergebnisse*, in: »Zeitschrift für Soziologie« 20, 25-35.

SCHNUPP, PETER und CHAN THUY NGUYEN HUU (1989), Wissensverarbeitung und Expertensysteme. München: Oldenbourg.

SCHUBNELL, HERMANN (1975), Gesetzgebung und Fruchtbarkeit, Stuttgart: Deutsche Verlagsanstalt.

SCHÜTZE, FRITZ, WERNER MEINEFELD, WERNER SPRINGER, ANSGAR WEYMANN (1981), *Grundlagentheoretische Voraussetzungen methodisch kontrollierten Fremdverstehens*, in: ARBEITSGRUPPE BIELEFELDER SOZIOLOGEN (1981), 433-495.

SCHÜTZE, FRITZ (1976), *Zur Hervorlockung und Analyse von Erzählungen thematisch relevanter Geschichten im Rahmen soziologischer Feldforschung - dargestellt an einem Projekt zur Erforschung von kommunalen Machtstrukturen*, in: ARBEITSGRUPPE BIELEFELDER SOZIOLOGEN (1976), 159-259.

SCHÜTZE, FRITZ (o.J.), Die Technik des narrativen Interviews in Interaktionsfeldstudien - dargestellt an einem Projekt zur Erforschung kommunaler Machtstrukturen, Bielefeld: Manuskript.

SCHULER, HEINZ (1980), Ethische Probleme psychologischer Forschung. Göttigen: Hogrefe (zuerst 1978).

SECORD, PAUL F. und CARL W. BACKMAN (1964), Social Psychology. New York: McGraw-Hill.

SELLTIZ, CLAIRE, MARIE JAHODA, MORTON DEUTSCH, STUART W. COOK (1959), Research Methods in Social Relations. New York: Holt, Rinehart & Winston (zuerst 1951).

SELLTIZ, CLAIRE, MARIE JAHODA, MORTON DEUTSCH, STUART W. COOK (1972), Untersuchungsmethoden der Sozialforschung. Teil 1. Neuwied: Luchterhand.

SIEBER, SAM D. (1973), *The Integration of Fieldwork and Survey Methods*, in: »American Journal of Sociology« 78, 1335-1359.

SIMMEL, GEORG (1919), Philosophische Kultur. Gesammelte Essais. 2. um einige Zusätze vermehrte Auflage. Leipzig: Kröner.

SKINNER, BURRHUS FREDERIC (1957), Verbal Behavior. Englewood Cliffs/New Jersey: Prentice Hall.

SMITH, ADAM (1973), An Inquiry into the Nature and Causes of the Wealth of Nations, hrsgg. von Edwin Cannan, mit einer Einführung von Max Lerner, New York: Random House (zuerst 1776).

SOMBART, WERNER (1906), Warum gibt es in den Vereinigten Staaten keinen Sozialismus?, Tübingen: Mohr.

SOMBART, WERNER (1924), Der proletarische Sozialismus ("Marxismus"). 2 Bde., 10., neugearbeitete Aufl. d. Schrift "Soziallismus und soziale Bewegung". Jena: Fischer.

SPINDLER, GEORGE D. (1970), Hrsg., Being an Anthropologist. New York: Holt, Rinehart & Winston.

SPÖHRING, WALTER (1989), Qualitative Sozialforschung. Stuttgart: Teubner.

SPRENGER, FR. JAKOB, FR. H. INSTITORIS, FR. J. NIDER (1582), Malleorum quorundam maleficarum, tam veterum quam recentiorum authorum, 2 Bde., 1. Band. Frankfurt 1582: N. Basse (zuerst 1487).

STATISTISCHES BUNDESAMT (1990), Regionalsystematik. Amtliche Schlüsselnummern und Bevölkerungsdaten der Gemeinden und Verwaltungsbezirke in der Bundesrepublik Deutschland. Ausgabe 1989. Stuttgart: Metzler-Poeschel.

STEGMÜLLER, WOLFGANG (1969), Probleme und Resultate der Wissenschaftstheorie und Analytischen Philosophie. Band I. Wissenschaftliche Erklärung und Begründung. Berlin: Springer.

STEGMÜLLER, WOLFGANG (1973), Probleme und Resultate der Wissenschaftstheorie und Analytischen Philosophie. Band IV. Personelle und Statistische Wahrscheinlichkeit. Berlin: Springer.

SUDMAN, SEYMOUR und NORMAN M. BRADBURN (1982), Asking Questions, San Francisco: Jossey-Bass.

SUMASKI, WERNER (1977), Systematische Beobachtung. Grundlagen einer empirischen Methode. Hildesheim: Olms.

THEOPHRAST (o. J.), Charakterbilder. Deutsch von Horst Rüdiger. Bremen: Carl Schünemann.

TOLMAN, EDWARD C. (1962), *A Psychological Model*, in: PARSONS und SHILS (1962), S. 277-361.

TURBAN, EFRAIM und PAUL R. WATKINS (1988), Hrsg., Applied Expert Systems. Amsterdam: North Holland.

VAN DEN BERGHE, PIERRE L. (1979), Human Family Systems. An Evolutionary View, New York: Elsevier.

VAN DE VALL, MARK (1985), *Der Wertkontext praxisorientierter Sozialforschung: Ein zusammenfassendes Modell*, in: KLAGES (1985), 35-63.

VIDICH, ARTHUR J. und GILBERT SHAPIRO (1955), *A Comparison of Participant Observation and Survey Data*, in: »American Sociological Review« 20, 28-33.

VISCHER, FRIEDRICH TH. (1862), Faust. Der Tragödie dritter Theil in drei Acten. Tübingen: Laupp'sche Buchhandlung.

WEBB, EUGENE J., DONALD T. CAMPBELL, RICHARD D. SCHWARTZ,

LEE SECHREST (1966), Unobtrusive Measures - Nonreactive Research in the Social Sciences. Chicago: Rand McNally & Co (zuerst 1965).

WEBER, MAX (1978), *Die protestantische Ethik und der Geist des Kapitalismus*, in. Ders., Gesammelte Aufsätze zur Religionssoziologie, 7. Auflage. Tübingen: Mohr, 17-236 (zuerst 1904/1905).

WEBER, MAX (1982), Gesammelte Aufsätze zur Wissenschaftslehre, 5., erneut durchgesehene Auflage, hrsg. von Johannes Winckelmann. Tübingen: Mohr (zuerst 1922).

WEBER, MAX (1982a), *Die "Objektivität" sozialwissenschaftlicher und sozialpolitischer Erkenntnis*, in: WEBER (1982), 146-214.

WEIDMANN, ANGELIKA (1974), *Die Feldbeobachtung*, in: JÜRGEN KOOLWIJK und MARIA WIEKEN-MAYSER, Hrsg., Techniken der empirischen Sozialforschung. 3. Band. Erhebungsmethoden: Beobachtung und Analyse von Kommunikation. München: Oldenbourg.

WERTS, CHARLES E., KARL G. JÖRESKOG, ROBERT L. LINN (1972), *Identification and Estimation in Path Analysis with Unmeasured Variables*, in: »American Journal of Sociology« 78, 1469-1484.

WHYTE, WILLIAM FOOTE (1965), Street Corner Society. The Social Structure of an Italian Slum. 9. Auflage. Chicago: University of Chicago Press.

WITTGENSTEIN, LUDWIG (1969), Tractatus logico-philosophicus. Logisch-philosophische Abhandlung. Frankfurt: Suhrkamp (zuerst 1921).

YULE, GEORGE UDNY (1944), The Statistical Study of Literary Vocabulary. Cambridge: Unversity Press.

ZENTRUM FÜR UMFRAGEN, METHODEN UND ANALYSEN E. V. (1983), Hrsg., ZUMA-Handbuch sozialwissenschaftlicher Skalen. Mannheim: Informationszentrum Sozialwissenschaften.

ZÜLL, CORNELIA, PETER PH. MOHLER, ALFONS GEIS (1991), Computerunterstützte Inhaltsanalyse mit TEXTPACK PC. Stuttgart: Fischer.